Management der Europäisierung von Hochschulen und Forschungseinrichtungen

Studienreihe Bildungs- und Wissenschaftsmanagement

Herausgegeben von
Anke Hanft

Band 18

Die Studienreihe ist hervorgegangen aus dem berufsbegleitenden internetgestützten Masterstudiengang Bildungs- und Wissenschaftsmanagement (MBA) an der Carl von Ossietzky Universität Oldenburg.
www.mba.uni-oldenburg.de

Dirk Günnewig

Management der Europäisierung von Hochschulen und Forschungseinrichtungen

Europäische Bildungsprogramme, Forschungs- und Innovationsförderung

Waxmann 2017
Münster • New York

Bibliografische Informationen der Deutschen Nationalbibliothek
Die Deutsche Nationalbibliothek verzeichnet diese Publikation in der Deutschen Nationalbibliografie; detaillierte bibliografische Daten sind im Internet über http://dnb.d-nb.de abrufbar.

ISSN 1861-3284
Print-ISBN 978-3-8309-3534-6
E-Book-ISBN 978-3-8309-8534-1

www.waxmann.com
info@waxmann.com

Umschlaggestaltung: Pleßmann Design, Ascheberg
Satz: Stoddart Satz- und Layoutservice, Münster
Druck: Hubert & Co., Göttingen

Gedruckt auf alterungsbeständigem Papier,
säurefrei gemäß ISO 9706

Inhalt

Vorwort der Herausgeberin

Mit diesem Band wird ein neuer, zukünftig weiter auszubauender Schwerpunkt der Studienreihe eröffnet: das Forschungsmanagement. Hintergrund ist der wachsende Bedarf an einem professionellen Management von Forschungsprojekten und Forschungseinrichtungen in einem zunehmend kompetitiven Umfeld. Wenn wir diesen Schwerpunkt mit dem Management der Europäisierung von Hochschulen und Forschungseinrichtungen starten, dann hat dies seinen Grund.

EU-Förderprogramme sind schon aufgrund ihres Volumens für Hochschulen und Forschungseinrichtungen von hoher Bedeutung. Erfolgreiche Forschung erfordert ein Management, das auf die Besonderheiten der verschiedenen Fördermittelgeber zugeschnitten ist. Die Forschungsrahmenprogramme der Europäischen Union zählen mittlerweile zu den weltweit größten Forschungsfördermöglichkeiten und bieten der deutschen Wissenschaft zahlreiche Chancen für eine Unterstützung beabsichtigter Vorhaben. Allerdings sind die Anforderungen an das Projektmanagement bei den durch die Europäische Union geförderten Projekten besonders hoch. Um sich im Dickicht der oftmals nicht unmittelbar nachvollziehbaren Regelungen und Vorschriften zurechtzufinden, bedarf es einer Expertise, die über die Anforderungen des normalen Projektmanagements deutlich hinausreicht. Dies betrifft sowohl diejenigen, die selbst europäische Fördermittel beantragen wollen, als auch diejenigen, die andere bei der Antragstellung beraten. Ein stets aktueller Überblick zu bestehenden Fördermöglichkeiten und entsprechende Kompetenzen und Erfahrungen bei der Antragstellung sind zentrale Voraussetzungen für eine erfolgreiche Einwerbung der Mittel. Darüber hinaus ist das Projekt nach der Bewilligung über ein professionelles Projektmanagement zum erfolgreichen Abschluss zu führen. Je größer die geplanten Projekte sind und je mehr nationale und internationale Partner involviert sind, desto komplexer werden auch hier die Anforderungen an das Management.

Das Management der Europäisierung von Hochschulen umfasst aber nicht nur Forschungsvorhaben, sondern auch die verschiedenen Programme im Bereich des Beschäftigten- und Studierendenaustausches. Hier eröffnen sich Entwicklungspotentiale für Hochschulen und Forschungseinrichtungen, die bislang oftmals noch nicht genügend ausgeschöpft werden. Die Europäisierung des Hochschulraums, zu Unrecht unter dem Stichwort ‚Bologna' in Hochschulen manchmal negativ konnotiert, beinhaltet viele Chancen für eine zukunftsfähige Gestaltung von Studium und Lehre, die Studienangebote nicht nur regional und national, sondern auch international attraktiv machen. Gleichzeitig sind damit aber auch viele neue Herausforderungen für das Qualitätsmanagement verbunden, insbesondere wenn es um die Sicherung vorhandener nationaler Standards geht. Die Potentiale der Internationalisierung sind entsprechend im Management von Studium und Lehre im Kontext der eigenen Qualitätsansprüche zu bewerten. Dies gilt besonders für die sich international derzeit verbreitenden (grenzüberschreitenden) Franchise-Angebote.

Lesende dieses Bandes erhalten einen fundierten Überblick über die verschiedenen Facetten des Managements der Europäisierung von Hochschulen und Forschungseinrichtungen und damit eine Basis, um den gegenwärtigen und zukünftigen europäischen Herausforderungen ihrer Institutionen gerecht zu werden. Ich freue mich, dass Dirk Günnewig erstmalig einen fundierten Einstieg in dieses komplexe Thema bietet.

Wie alle in dieser Reihe erschienenen Bände ist dieses Buch als Studientext angelegt, der ein Fachgebiet des Bildungs- und Wissenschaftsmanagements in den Fokus nimmt und gleichzeitig Hilfestellung bei dessen Bearbeitung leistet. Neben den entsprechenden Verzeichnissen sind jedem Kapitel Diskussionsfragen angefügt, die derzeit in der öffentlichen Debatte dominierende Themen aufgreifen.

Mit der Studienreihe wird erstmalig im deutschsprachigen Raum von ausgewiesenen Experten eine systematische und wissenschaftlich fundierte Erschließung des Themas Bildungs- und Wissenschaftsmanagement an der Schnittstelle zwischen betriebswirtschaftlicher, organisatorischer und institutioneller Analyse unter Einbeziehung des rechtlichen und politischen Managementumfeldes vorgenommen. Wir möchten damit zu einer institutionengerechten Professionalisierung des Managements von Bildungs- und Wissenschaftsorganisationen beitragen.

Die Studienreihe ist hervorgegangen aus Studienmaterialien des berufsbegleitenden MBA-Studienganges „Bildungs- und Wissenschaftsmanagement“ an der Universität Oldenburg, der sich an (Führungs-)Nachwuchskräfte in Bildungs-, Weiterbildungs- und Wissenschaftsorganisationen richtet (www.mba.uni-oldenburg.de).

Anke Hanft

1. Einleitung

„Wissenschaft ist und war immer schon international. Sie lebt vom freien Austausch der Erkenntnisse und Methoden, aber auch vom freien Zugang zu den unterschiedlichen Forschungsgegenständen und -infrastrukturen.“ (WR, 2010a, 5).

Rund 80 Milliarden Euro für das Rahmenprogramm für Forschung und Innovation Horizont 2020 und dreizehn Milliarden Euro für verschiedene Bildungsprogramme unter der Dachmarke ERASMUS+ sind für die Jahre 2014 bis 2020 eindrucksvolle Zahlen, die durch weitere erhebliche Investitionen der EU in Bildung, Forschung und Innovation ergänzt werden. Sie zeigen nicht nur auf, welche Bedeutung die Europäische Union (EU) diesen Politikfeldern einräumt, sondern auch, dass sie für die Hochschulen und Forschungseinrichtungen in Deutschland besonders relevant sind.

Interessant sind für Hochschulen und Forschungseinrichtungen jedoch nicht nur die Finanzmittel und die damit verbundenen Möglichkeiten, Forschung und Entwicklung auf höchstem Niveau betreiben zu können und, in der Folge, möglichst am Markt erfolgreiche Innovationen hervorzubringen. Zudem ermöglichen sie auch die internationale Vernetzung, den wissenschaftlichen Austausch und eine hochkarätige wissenschaftliche Ausbildung und Weiterentwicklung auf den verschiedenen Karrierestufen.

Für Universitäten und Fachhochschulen gewinnt die Entwicklung starker Verbindungen zwischen den Bereichen des Wissensdreiecks aus Forschung, Innovation und Hochschulbildung damit eine große Bedeutung, wollen sie erfolgreich EU-Fördermittel einwerben und attraktive Standorte für Wissenschaftler der verschiedenen Qualifikationsstufen, Studierende, Unternehmenskooperationen und weitere Mittelgeber sein.

Aus politischer Sicht tragen all diese Aspekte zur Stärkung der Konkurrenzfähigkeit und Exzellenz des Wissenschafts- und Wirtschaftsstandortes Deutschland bei. Die politische Bedeutung geht über die Bildungs-, Forschungs- und Innovationspolitik hinaus, denn es wird über dieses Vehikel auch Gesellschaftspolitik betrieben: die EU-Förderung ist in wesentlichen Teilen auf einen Beitrag zur Lösung der großen gesellschaftlichen Herausforderungen, wie Ressourcenknappheit und den demographischen Wandel, aber auch auf Wachstum und Beschäftigung ausgerichtet.

Jedoch stellt sich aus politischer Sicht die Frage, wie man auf die neuen Herausforderungen der europäischen Bildungs-, Forschungs- und Innovationspolitik reagiert. Dies sind Fragen, die sich – zum Teil in abgewandelter Form – auch einzelnen Einrichtungen stellen. Der Forschungs- und Hochschulbereich ist mit Herausforderungen auf internationaler, nationaler und institutioneller Ebene konfrontiert. Diese Herausforderungen eröffnen zugleich auch neue Chancen für die Einrichtungen, ihre Aktivitäten in Lehre, Forschung, Transfer und Innovation zu reformieren: Beispiele sind die Curricula, die Mobilität von Studierenden und Wissenschaftlern sowie neue Verbindungen mit der Wirtschaft in konkreten Projekten.

Die Transformation der europäischen Bildungs-, Forschungs- und Innovationssysteme erfolgt je nach Sektor in einem unterschiedlichen Umfang und Tempo. Allen Bereichen ist jedoch gemein, dass die Transformation weiter läuft und auch künftig neue Herausforderungen, Chancen und Perspektiven für die Einrichtungen eröffnet. Mit ihnen und möglichen Reaktionen beschäftigt sich dieser Band der Studienreihe „Bildungs- und Wissenschaftsmanagement".

Europäische Bildungsprogramme, Forschungs- und Innovationsförderung sind für Hochschulen und Forschungseinrichtungen besonders relevant und daher auch das Management ihrer Europäisierung. Sind sie hier professionell aufgestellt, erhöht dies ihre Chancen, europäische Fördermittel zu akquirieren. Exzellente Wissenschaft und exzellente verwaltungsseitige Unterstützungsstrukturen sind die dafür wesentlichen Erfolgsgrundlagen, die sich gegenseitig verstärken können.

Die Aufgaben für Wissenschaftsmanager, die bei der Einwerbung von Fördermitteln unterstützen, beziehen sich auf sämtliche Phasen eines Projekts: Antragstellung (Information und Beratung) und Durchführung (Beratung, administratives Projektmanagement und Abrechnung). Die Professionalisierung der Wissenschaftsmanager greift auf, dass nicht jeder exzellente Forschende auch ein exzellenter Manager und ein Spezialist für die EU-Forschungsförderung sowie den Technologie- und Wissenstransfer ist. Zudem können Skaleneffekte nutzbar gemacht werden, wenn professionelle Manager für mehrere Projekte tätig werden und nicht jeweils Wissenschaftler neu für administrative Aufgaben in EU-Projekten „angelernt" werden müssen. Darüber hinaus können Strategien institutionellen Wissensmanagements besser nutzbar gemacht werden.

Die Publikation beschäftigt sich mit den Europäisierungsstrategien von Hochschulen und Forschungseinrichtungen bzgl. europäischer Bildungs-, Forschungs-, Entwicklungs- und Innovationspolitik und -förderung. Sie zeigt auf, wie dabei die Entwicklungsplanung und Strukturentwicklung sowie das Zusammenwirken von Wissenschaftsbetrieb und -management ineinandergreifen müssen. Die rechtlichen und politischen Europäisierungsprozesse auf Ebene des Bildungs- und Wissenschaftssystems stehen nicht im Mittelpunkt – sie werden nur insoweit berücksichtigt, wie sie konkrete Auswirkungen auf die Hochschulen und Forschungseinrichtungen besitzen.

Folgende Lernergebnisse liegen diesem Band zugrunde:

- Sie kennen die wesentlichen Bestandteile und Ziele der Strategie Europa 2020 bezogen auf den Bildungs-, Forschungs- und Innovationsbereich.
- Sie haben einen grundsätzlichen Überblick über das Angebot der Informations- und Beratungssysteme in Deutschland erhalten.

- Sie sind sensibilisiert für die Bedeutung von Europäisierungsstrategien für Hochschulen und andere Forschungseinrichtungen.
- Sie kennen Optionen der Gestaltung von Europäisierungsstrategien im wissenschaftlichen sowie administrativen Bereich einer Hochschule oder Forschungseinrichtung. Zudem sind Sie in der Lage, einrichtungsspezifische Strategien zu entwerfen. Sie kennen entsprechende Managementstrategien.
- Sie kennen geeignete Einstiegspunkte für eine vertiefte Beschäftigung mit dem Thema der europäischen Bildungs-, Forschungs- und Innovationspolitik.

In den Ausführungen werden **zwei Schwerpunkte** gesetzt:
1. Strukturen, Prozesse und Inhalte der Europäischen Politik und Förderung bezogen auf das Wissensdreieck,
2. Prozesse des Managements der Europäisierung von Forschungseinrichtungen und Hochschulen.

Bezogen auf den ersten Schwerpunkt werden die konkreten Förderprogramme und -initiativen, wie Erasmus+, Horizont 2020 mit seinen diversen Bestandteilen, COSME und viele weitere Programme der EU, in die zugrundeliegenden politischen forschungs-, innovations- und bildungspolitischen Strategien der EU eingeordnet. Dabei wird aufgezeigt, was die deutschen Hochschulen und Forschungseinrichtungen aktuell und in den nächsten Jahren erwartet und welche Chancen sich für die Einrichtungen und ihr Management bieten. Es wird kein historischer Abriss, sondern der Status quo dargestellt. Die Themen werden in diesen einleitenden Kapiteln nicht vertieft. Es werden lediglich die Grundlagen für die Beschäftigung mit dem Management der Europäisierung geschaffen.

Bezogen auf den **Bildungsbereich** werden nur Aspekte der Hochschulbildung und nicht der beruflichen Bildung, Weiterbildung und Schulbildung in den Blick genommen. Berücksichtigt werden jedoch auch die Querschnittsthemen im Bereich der Bildung – diese allerdings aus der Perspektive der Hochschulbildung, wie u.a. die Unterstützung der Mobilität, der Beschäftigungsfähigkeit und der Mehrsprachigkeit im Rahmen des Europäischen Forschungsraums. Der Bologna-Prozess wird nicht umfassend dargestellt, sondern nur dessen Ergebnis dort überblicksartig berücksichtigt, wo es angezeigt ist.

Die **Forschungs- und Innovationsförderung** mit ihren umfangreichen und facettenreichen Programmen sowie strategischen Grundlagen hält insbesondere mit dem neuen Rahmenprogramm für Forschung und Innovation – Horizont 2020 – neue Herausforderungen für Hochschulen, Forschungseinrichtungen und ihre Wissenschaftsmanager bereit. Das Rahmenprogramm ist nicht rein auf Forschung ausgerichtet, sondern nimmt das Hervorbringen von Innovationen als Ziel verstärkt in den Fokus: „Von der Idee zum Markt“ lautet das Motto. Für Hochschulen und Forschungseinrichtungen bedeutet dies, bereits frühzeitig die Verwertbarkeit von Forschungsergebnissen zu berücksichtigen und entsprechende Strategien zu entwickeln, um Forschende hier professionell zu unterstützen.

Den zweiten **Schwerpunkt** bilden die **Europäisierungsstrategien** von Hochschulen und Forschungseinrichtungen sowie die Gestaltung der administrativen Informations-, Beratungs- und Dienstleistungsstrukturen der Verwaltungen auf den Ebenen Zentrale, Fachbereich/Fakultät und Institut/Lehrstuhl.

Die Beschäftigung mit Internationalisierung gewinnt für Hochschulen an Bedeutung. Dieses Thema ist auch Gegenstand neuerer Forschungsarbeiten der Hochschulforschung (vgl. WR, 2010, 64; Kehm, Teichler, 2012, 445). Entsprechende Artikel tauchen oftmals nicht unter dem Titel der Internationalisierung auf, sondern sind eingebettet in Veröffentlichungen zu anderen Themengebieten der Hochschulforschung und des Wissenschaftsmanagements, wie Studierende, Lehre und Forschung sowie in der sogenannten grauen Literatur.

Die Entwicklung einer Europäisierungsstrategie wird als Querschnittsaufgabe in der Struktur- und Entwicklungsplanung bzw. Profilbildung und Differenzierung einer Hochschule oder Forschungseinrichtung begriffen. Die Europäisierungsstrategie ist strategisch hoch relevant für die Hochschulentwicklung bzw. Entwicklung einer Forschungseinrichtung. Sie ist damit auf deren Leitungsebene angekommen, da sie nicht nur für das Handeln und die Außendarstellung leitend ist, sondern auch in interne strategische Prozesse eingreift. Die Europäisierungsstrategie wird zunehmend als (ein weiteres) Steuerungsinstrument der Hochschulleitung verstanden.

Die Herausforderung für Wissenschaftsmanager ist, die Forschenden strategisch und operativ optimal zu unterstützen, damit sie sich erfolgreich an der für sie finanziell und wissenschaftlich attraktiven Antragstellung beteiligen. Hierzu müssen Verwaltungsstrukturen, Informationsflüsse und Unterstützungsdienstleistungen, aufbauend auf den individuellen Ressourcen einer Hochschule bzw. Forschungseinrichtung, entwickelt und angepasst werden. Hochschulen müssen das Wissensdreieck in den Blick nehmen und entsprechende Strukturen entwickeln.

Administrative Unterstützung durch Wissenschaftsmanager ist sowohl in der Phase der Beantragung von Fördermitteln als auch in der Projektdurchführung wichtig. Auf diese Weise können unausgeschöpfte Potenziale nutzbar gemacht werden, wenn nicht nur die Forschenden mit EU-Erfahrung erfolgreich Mittel einwerben, sondern auch die Neulinge auf diesem Gebiet. Insbesondere Letztere benötigen häufig professionelle Unterstützungsdienstleistungen.

Im Rahmen der Europäisierungsstrategie muss eine Hochschule auf der Grundlage ihrer spezifischen Ressourcen diverse Fragen beantworten. Hierzu gehört die Klärung der Unterstützung von Vorlaufforschung vor der Beantragung, die Unterstützung der Akquise europäischer Projekte, die Verhandlung von Aktivitäten von Wissenschaftlerinnen und Wissenschaftlern in der europäischen Bildungs-, Forschungs- und Innovationspolitik im Rahmen von Leistungsvereinbarungen, der Öffnung und Unterstützung für Studierende und Wissenschaftler aus ganz Europa, der engeren Kooperation mit europäischen Partneruniversitäten und einer intensivierten Beteiligung an gesamteuropäischen Forschungsverbünden, der Positionierung in europäischen Hochschulverbünden und gegenüber der Europäischen Kommission.

Bevor es richtig losgeht, wird in Kapitel 2 zunächst ein kurzer Überblick über die Grundlagen, bezogen auf die europäischen Verträge, Strukturen, Prozesse und politischen Strategien der EU, gegeben. Wer sich hiermit bereits auskennt, kann direkt mit Kapitel 3 starten. Das Abkürzungsverzeichnis in Kapitel 8 wird als ein hilfreiches Werkzeug empfohlen.

2. EU-Basics: Strukturen, Prozesse und Strategien

„Die Strukturen und Prozesse der EU sind undurchschaubar und viel zu kompliziert“, „die EU fördert sinnlose Projekte, wie einen Radweg, der im Nirgendwo endet“, und „Forschungsanträge sind viel zu aufwendig“ – diese Kritikpunkte geben einen Eindruck von der langen Liste der Vorbehalte gegenüber der EU und deren Förderung. Mit zahlreichen Vorurteilen, die gegenüber der Bildungs-, Forschungs- und Innovationspolitik der EU vorgebracht werden, wird im Folgenden aufgeräumt.

Mit einem wesentlichen Kritikpunkt kann jedoch kaum aufgeräumt werden: Die EU-Strukturen, -Prozesse und -Politikinhalte sind tatsächlich komplex. Ein Grund der Komplexität ist nicht zuletzt, dass die Mitgliedsstaaten (MS) in den rund fünfzig Jahren europäischer Integration eine EU in langen Verhandlungen „[...] nicht statisch aus einem fixen Bauplan [...] sondern gleichsam evolutionär“ (Joos, 2010, 70; vgl. auch Schmidt, Schünemann, 2013, 69) geformt haben. Die EU wird als Staatenverbund bezeichnet, in dem die Mitgliedsstaaten souverän sind, aber einen Teil ihrer Kompetenzen an die supranationale Organisation abgegeben haben und in anderen eng miteinander kooperieren.

Die Komplexität bildet sich auch in den relevanten Informationsquellen im Internet ab, recherchiert man zur Bildungs-, Forschungs- und Innovationspolitik sowie zur Struktur, zu den Prozessen und den politischen Inhalten der EU. Es gibt sogar Fortbildungskurse, wie Informationen im Internet zu Themen der EU gefunden werden können, bspw. bietet das European Institute of Public Administration (EIPA) einen Kurs mit dem Titel *„Europe on the Internet – Finding your Way through the European Information Jungle“* an.

Die Komplexität wird reduziert, wenn man sich mit den Strukturen, Prozessen und Inhalten der EU-Politik eingehend beschäftigt. Das Ziel von Kapitel 2 ist es, in einem Kurzüberblick die wesentlichen Grundlagen für die weitere Beschäftigung mit der Bildungs-, Forschungs- und Innovationspolitik der EU zu vermitteln. Darüber hinaus ist bei der Entwicklung von Europäisierungsstrategien die vertiefte Beschäftigung mit den politischen Strukturen und vor allem Prozessen der EU wichtig, um die eigene Strategie daran anzupassen – daher werden sie in den weiteren Kapiteln punktuell weiter vertieft.

2.1 Vertragliche Grundlagen

Die Tätigkeiten der EU beruhen auf Verträgen, die die Mitgliedsstaaten demokratisch und freiwillig gebilligt haben (vgl. KOM, 2013, 3). Die **vertragliche Grundlage** ist der Vertrag von Lissabon, der aus zwei Verträgen des Primärrechts besteht: Vertrag über die Europäische Union (EUV) und Vertrag über die Arbeitsweise der EU (AEUV). Sie regeln abschließend die Kompetenzen der EU. Die jeweils durch die Mitgliedsstaaten der EU eingeräumten Kompetenzen und die Arbeitsweise der EU unterscheiden sich je nach Politikfeld. Gemäß dem Subsidiaritätsprinzip kümmert sich die EU nur um die Aufgaben, die auf europäischer besser als auf nationaler Ebene erfüllt werden können. Grundlage des Souveränitätsgewinns der EU ist der Souveränitätsverzicht der Mitgliedsstaaten durch den Vertrag von Lissabon (vgl. Piepenschneider, 2012, 17).

Das Prinzip der begrenzten Einzelermächtigung ist für die EU handlungsleitend bei ihren Aktivitäten: Sie wird nur in Bereichen tätig, in denen sie von den Mitgliedsstaaten dazu ermächtigt wurde (vgl. Piepenschneider, 2012, 17). In der Bildungs-, Forschungs- und Innovationspolitik hat sie jeweils Kompetenzen unterschiedlicher Qualität. Das Spektrum reicht grundsätzlich von ausschließlichen, über geteilte und unterstützende bis hin zu Nicht-Zuständigkeiten.

Vier unterschiedliche **Gesetzesnormen** können als sogenanntes Sekundärrecht vom Europäischen Parlament (EP) verabschiedet werden: Verordnungen (gem. Art. 288, Abs. 2 AEUV; stehen über nationalem Recht und gelten unmittelbar EU-weit), Richtlinien (gem. Art. 288, Abs. 3 AEUV; müssen von den Mitgliedsstaaten in nationales Recht umgesetzt werden; sie geben Ziele vor, wobei die Umsetzung durch den jeweiligen Mitgliedsstaat entschieden wird), Beschlüsse (gem. Art. 288, Abs. 4 AEUV; sind für die Adressaten, wie Mitgliedsstaaten oder Unternehmen, in allen Teilen verbindlich) und Empfehlungen/Stellungnahmen (gem. Art. 288, Abs. 5 AEUV; unverbindlich) (vgl. KOM, 2013, 5; Schmidt, Schünemann, 2013, 205–207).

2.2 Strukturen der EU

Als die drei wichtigsten Institutionen der EU gelten der Rat der EU (im Folgenden mit Rat abgekürzt), die Kommission (KOM) und das Europäische Parlament (EP). Sie werden auch als *„institutionelles Dreieck“* bezeichnet.

Der **Europäische Rat** schwebt als oberstes Organ der EU über dem institutionellen Dreieck und setzt sich aus den Staats- und Regierungschefs der Mitgliedsstaaten zusammen. Der Europäische Rat legt die politischen Leitlinien und das Arbeitsprogramm der EU fest, er wird aber nicht gesetzgeberisch tätig. Der koordinierend tätige Präsident des Europäischen Rates darf parallel kein nationales Amt ausüben und verfügt über kein Stimmrecht. Im Europäischen Rat müssen Entscheidungen einstimmig fallen, weshalb es häufig zu Paketlösungen kommt. Mit der Paketlösung ist gemeint, dass mehrere Entscheidungen miteinander in Verbindung gefällt werden. Hierzu kann es kommen, wenn bezogen auf eine einzelne Entscheidung angesichts der erforderlichen Einstimmigkeit keine gemeinsame Entscheidung erreicht werden kann. Kompromisse werden möglich, wenn mehrere Entscheidungen zugleich – im Paket – verhandelt werden. Dann verzichtet ein Mitgliedsstaat auf ein bestimmtes eigenes Interesse, um ein anderes, von ihm höher gewichtetes Interesse durchzusetzen. Durch diese Paketlösungen steigen die Chancen auf Kompromisslösungen.

Zu Verwechslungen kommt es oftmals mit dem **Rat der EU**, der auch Ministerrat oder einfach nur Rat genannt wird. Seine wesentliche Aufgabe ist, als das primäre politische Steuerungsorgan der EU (vgl. Joos, 2010, 82; KOM, 2013, 4, 13) die EU-Politik verbindlich festzulegen und zu koordinieren. Er ist Teil der Legislativen (Kammer der Mitgliedsstaaten) und damit gesetzgeberisch tätig. Er teilt sich mit dem Europäischen Parlament die Haushaltskompetenz. Der Ministerrat verfügt über ein indirektes Initiativrecht. Indirekt, weil er die Kommission zum Tätigwerden auffordern kann. Weitere, vertraglich nicht vorgesehene Handlungsformen des Rates sind sogenannte Schlussfolgerungen und Entschließungen, die keine bindende, wohl aber eine politische Wirkung entfalten können. Mit Ersteren reagiert der Rat – meist auf Initiative der Ratspräsidentschaft – auf KOM-Mitteilungen. Der Rat hat zudem eine Exekutivfunktion, weil er Vorschriften zur Durchführung von Rechtsakten erlassen kann (vgl. Weidenfeld, 2013, 131). Die Entscheidungen fallen mit qualifizierter Mehrheit (vgl. Schmidt, Schünemann, 2013, 95).

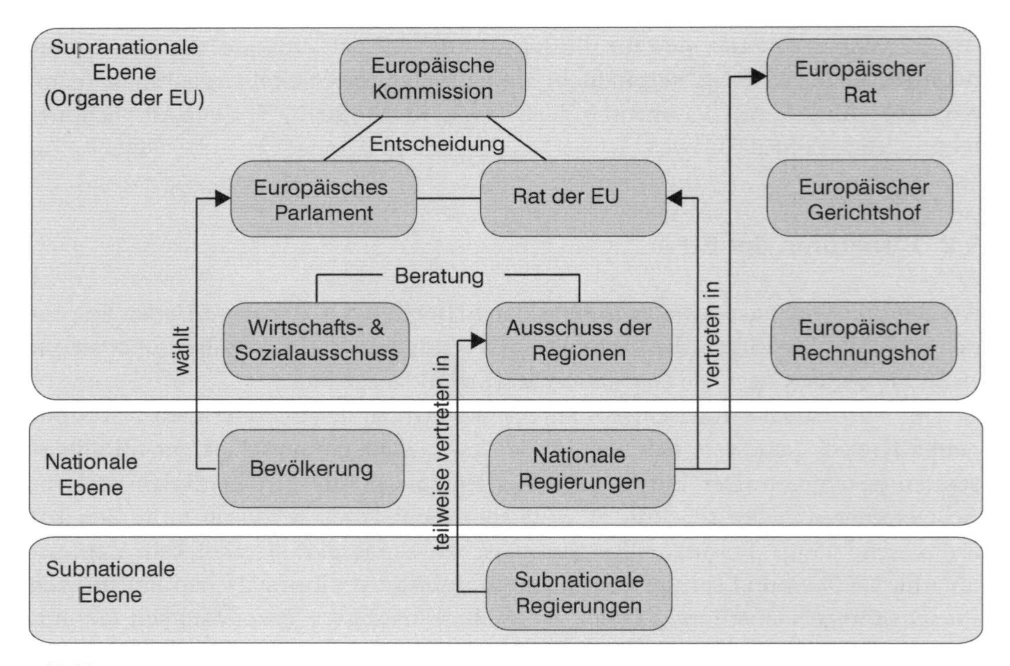

Abbildung 1:
Die Strukturen der EU

Mitglieder des Rates sind die jeweiligen Fachminister der Mitgliedsstaaten. Die Stimmgewichtung ist je nach Größe des Mitgliedsstaats unterschiedlich. Der Rat der EU tagt je nach Politikfeld in neun unterschiedlichen (Fach-)Formationen. Für die Forschungs- und Innovationspolitik ist der Rat für Wettbewerbsfähigkeit zuständig, für den Bildungsbereich der Rat für Bildung, Jugend und Kultur. Für Deutschland ist der Bundesminister für Bildung und Forschung jeweils federführend. Stellvertretend für den Bundesrat ist ein Minister eines Bundeslandes beteiligt.

Die inhaltliche Arbeit und Vorbereitung der Ratssitzungen erfolgt in wöchentlich tagenden Ratsarbeitsgruppen (RAG). In ihnen arbeiten Entsandte der Fachministerien der Mitgliedsstaaten auf Arbeitsebene zusammen.

Daneben ist der Ausschuss der Ständigen Vertreter (AStV) zu nennen. Er ist mit den Botschaftern der Mitgliedsstaaten besetzt und tagt vor dem Rat, um die Positionen im Vorfeld abzustimmen. Die Ratspräsidentschaft, die im halbjährlichen Wechsel bei einem der Mitgliedsstaaten liegt, koordiniert die Arbeit. Das Generalsekretariat unterstützt deren Arbeit.

Die Legislative (Bürgerkammer), das **Europäische Parlament** (EP), ist das zweite supranationale Organ der EU und damit Teil des Gesetzgebers. Es wird durch die EU-Bürger gewählt. Der Präsident wird für zwei Jahre aus der Mitte des Parlaments gewählt. Mit dem Vertrag von Lissabon wurden die Kompetenzen im Bereich der Gesetzgebung und des Haushalts deutlich erweitert – als gleichberechtigter Gesetzgeber neben dem Rat. Zudem kontrolliert das EP die Kommission und den Rat. Es verfügt jedoch über kein gesetzgeberisches Initiativrecht. Die Kommission wird zwar durch das EP gewählt, jedoch auf Vorschlag der Mitgliedsstaaten und nicht aus der Mitte des EP.

Die Abgeordneten sind in transnationalen Fraktionen gemäß ihrer politischen Ausrichtung organisiert. Der bei Parlamenten der Mitgliedsstaaten vorzufindende Disziplinierungsmechanismus kommt im EP oft nicht zum Tragen, wonach die stärksten Fraktionen entsprechend der Position der Regierung entscheiden.

Interessenvertreter müssen daher sowohl die Meinung der Kommission, des EP und des Rates im Blick behalten (vgl. Joos, 2010, 76). Mehrheiten hängen vom Einzelfall ab. Die Arbeit des EP ist in den im Vordergrund stehenden Fachausschüssen organisiert, die Entscheidungsvorlagen für die Verabschiedung im Plenum erarbeiten (vgl. Schmidt, Schünemann, 2013, 78). Die dortigen Berichterstatter besitzen, als für ein Vorhaben jeweils Benannte, eine wesentliche Bedeutung für die Meinungs- und Entscheidungsfindung im Ausschuss und im Plenum. Die einzelnen Abgeordneten und v.a. die Berichterstatter sind daher als Ziel der Interessenpolitik besonders relevant (vgl. Joos, 2010, 77).

Als Exekutive ist die **Europäische Kommission** (KOM) als supranationales Organ der EU mit ihren rund 25.000 Mitarbeitern (vgl. Piepenschneider, 2012, 128) für die Umsetzung der EU-Politik zuständig. Dazu gehören auch der Vorentwurf und die Ausführung des EU-Haushaltes. Die KOM ist auch ein Initiativorgan und unterbreitet den Gremien dementsprechend Vorschläge für neue Rechtsvorschriften. Allerdings können ihnen nur EP und Rat Rechtskraft verleihen. Für die Durchsetzungsfähigkeit ihrer Gesetzesinitiativen sucht die KOM daher in der Regel die enge Abstimmung mit EP und Rat (vgl. Piepenschneider, 2012, 20).

Jeder Mitgliedsstaat entsendet einen Kommissar, der für ein Ressort zuständig ist. Sie werden vom Europäischen Rat benannt und vom EP ernannt. Die KOM ist dem EP gegenüber verantwortlich. Die Kommissare können vom EP mittels eines Misstrauensvotums abgesetzt werden. Zwischen den Kommissaren gilt das Kollegialprinzip, während der KOM-Präsident primus inter pares ist. Der Kommissionspräsident wird vom EP parallel zu dessen Legislaturperiode gewählt und hinsichtlich seiner parteipolitischen Heimat soll er den Mehrheitsverhältnissen im EP entsprechen. Die Zahl der Kommissare entspricht zu zwei Dritteln der Anzahl an Mitgliedsstaaten, wobei ein gleichberechtigtes Rotationsprinzip vorgesehen ist. Der nationale Kommissar wird von den Mitgliedsstaaten meist als Vertreter nationaler Interessen verstanden, wenngleich er unabhängig und überparteilich ist (vgl. Piepenschneider, 2012, 21).

Unterhalb der Ebene der Kommissare ist die Kommission in Abteilungen, die sogenannten Generaldirektionen (GD), untergliedert. Dies ist die Fachebene, die in mehrere hierarchische Unterebenen unterteilt ist.

Für den Forschungsbereich ist insbesondere der Kommissar für Forschung, Innovation und Wissenschaft auf der politischen Ebene zuständig sowie die GD „Forschung und Innovation" (RTD) auf der administrativen Ebene. Für den Bildungsbereich ist der Kommissar für Bildung, Kultur, Mehrsprachigkeit und Jugend und die GD „Bildung und Kultur" (EAC) relevant.

Eine Besonderheit sind die Kabinette, die aus einer kleineren Anzahl Vertrauter des Kommissars bestehen, die gegenüber den Diensten und der GD weisungsbefugt sind (vgl. Joos, 2010, 80). Vorlagen werden von den GD erarbeitet und mit den Kabinetten abgestimmt.

Die Kommission wird bei der Durchführung von Maßnahmen durch verschiedene Agenturen unterstützt. Die wichtigsten für Bildung, Forschung und Innovation sind die Exekutivagenturen für die Forschung (REA), für Wettbewerbsfähigkeit und Innovation (EASME), für Bildung, Audiovisuelles und Kultur (EACEA) und des Europäischen Forschungsrates (ERC).

Während die EU in bestimmten Politikfeldern, wie Zoll und Währungspolitik, die alleinige Gesetzgebung innehat, und sich in anderen Bereichen, wie Binnenmarkt und Landwirtschaft, die Entscheidungsbefugnisse mit den Mitgliedsstaaten teilt, darf die EU in der Bildung die Mitgliedsstaaten nur bei deren gesetzgeberischen Initiativen unterstützen. Im Bereich der Forschung können parallele Maßnahmen erfolgen (vgl. KOM, 2013, 8).

Der **Europäische Gerichtshof** ist die Judikative und entscheidet bei Rechtsstreitigkeiten zwischen den Organen und den Mitgliedsstaaten. Die **Europäische Zentralbank** (EZB) ist für die Stabilität der Gemeinschaftswährung und die Währungspolitik zuständig. Der **Europäische Rechnungshof** (ERH) überprüft die Ordnungsmäßigkeit und Wirtschaftlichkeit der Haushalts- und Wirtschaftsführung der EU. Er kann auch Projektnehmer bspw. aus Wissenschaft und Forschung prüfen. Die **Europäische Investitionsbank** (EIB) ist die Bank der EU, die eng mit den Organen und den Mitgliedsstaaten zusammenarbeitet, um die EU-Politik umzusetzen. Ihr Kerngeschäft ist es, als Darlehensgeber zu fungieren. Der **Europäische Wirtschafts- und Sozialausschuss** besteht als beratende Einrichtung aus Vertretern der Zivilgesellschaft.

Der **Ausschuss der Regionen** (AdR) ist ein Nebenorgan der EU mit Beratungsfunktion für KOM, EP und Rat. Mitglieder sind Vertreter regionaler und lokaler Gebietskörperschaften. In der Entscheidungsfindung spielt der AdR im Wesentlichen keine Rolle, wohl aber gewinnt seine Funktion in der Phase der Politikformulierung an Bedeutung.

2.3 Prozesse der EU

An **Gesetzgebungsverfahren** sind Rat, Kommission (KOM) und das Europäische Parlament (EP) beteiligt.

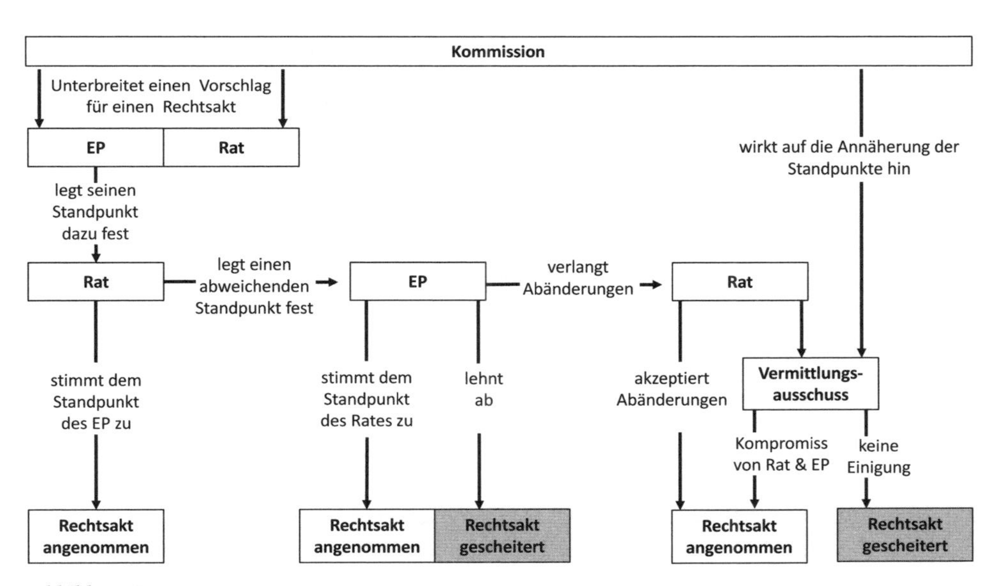

Abbildung 2:
Das Gesetzgebungsverfahren der EU nach Art. 294 des Vertrages über die Arbeitsweise der Europäischen Union, nach: Piepenschneider, 2012, 23.

Es sind drei Lesungen und bei Streitigkeiten ggf. ein Vermittlungsverfahren vorgesehen (vgl. Piepenschneider, 2012, 18). Ein bei der Verhandlung von Horizont 2020 angewendetes Instrument ist das der informellen partiellen Einigung. Hierbei werden Positionen informell zu Ende verhandelt und nur noch formal in den Gremien entschieden. Das alleinige Initiativrecht hat die KOM inne, wenngleich der Rat oder das EP oder Gruppen von Mitgliedsstaaten die KOM auffordern können, initiativ zu werden.

Bezogen auf den **Haushalt** gilt das Prinzip, dass die EU keine eigenen Steuern erhebt. Sie kann aber sogenannte eigene Einnahmen erzielen, die sich aus dem eigenen Recht ableiten. Die Mitgliedsstaaten entscheiden darüber. Im Kern hängt die EU von Mittelzuweisungen der Mitgliedsstaaten ab. Grundlage der finanziellen Planung der EU ist der sogenannte Mehrjährige Finanzrahmen, der für sieben Jahre von den Mitgliedsstaaten verabschiedet wird (vgl. Piepenschneider, 2012, 18). Er wird durch den jährlichen EU-Haushaltsplan konkretisiert. Rat und EP teilen sich die Zuständigkeit für den Haushalt, der von der KOM umgesetzt wird.

2.4 Deutschland in der EU

Die Bundesregierung ist im Rat der EU und im Europäischen Rat als Mitgliedsstaat vertreten. Die Arbeit vor Ort wird von der Ständigen Vertretung Deutschlands koordiniert. Die Bundesländer sind über einen gemeinsamen Bundesratsvertreter im Ministerrat sowie in Ratsarbeitsgruppen (RAG) vertreten, wobei die Verhandlungsführung beim Bund liegt.

Die Vertreter der Mitgliedsstaaten sind in den RAG-Sitzungen an Weisungen gebunden, die sie aus den jeweiligen Hauptstädten erhalten. Der eigentliche Verhandlungsprozess findet zwischen den Sitzungen der RAG statt. Dann können Positionen verhandelt und Allianzen geschmiedet werden. Die RAG-Sitzung dient eher zum Verkünden der Ergebnisse der informellen Vorverhandlungen.

Die Bundesländer verfügen über innerstaatliche Mitwirkungsrechte gemäß Art. 23 Grundgesetz (GG). Die Einzelheiten der Zusammenarbeit von Bund und Ländern im Bereich der EU werden durch das Gesetz über die Zusammenarbeit von Bund und Ländern in Angelegenheiten der Europäischen Union (EUZBLG) und die sogenannte Bund-Länder-Vereinbarung konkretisiert. Die Bundesländer können gegenüber dem Bund im Vorfeld Stellungnahmen abgeben. Der Bund muss je nach Festlegung des Grundgesetzes bzgl. der ausschließlichen Gesetzgebungszuständigkeit des Bundes, der konkurrierenden von Bund und Ländern oder der alleinigen Zuständigkeit der Länder in unterschiedlichem Maße die Stellungnahmen berücksichtigen.

Bezogen auf die RAG-Sitzungen haben die Bundesländer jedoch in der Regel kaum eine Chance, ihre Positionen abzustimmen und dem Bund gegenüber zu artikulieren. Der Grund ist, dass die Agenda und die Arbeitsdokumente der

RAG-Sitzungen meist erst wenige Tage vor der jeweiligen Sitzung vorliegen. Dieser Zeitraum ist zu kurz, um eine abgestimmte Ländermeinung zu artikulieren. Daher dient die Teilnahme an den RAG-Sitzungen für die Länder eher der Informationsbeschaffung und Kontaktpflege zu KOM und den Mitgliedsstaaten. In der RAG-Sitzung verfügen die Länder übrigens auch über kein Rederecht.

Die Länder können auch über den mit Beratungsfunktion ausgestatteten Ausschuss der Regionen (AdR) Einfluss nehmen, in den sie Mitglieder entsenden.

Die Länder sind v.a. mit ihren Landesvertretungen im Lobbying bzw. informellen Bereich aktiv. Hier nutzen sie insbesondere Lobbying-Instrumente, die auch zivilgesellschaftlichen Akteuren offenstehen. Kernaufgaben der Landesvertretungen sind die Informationsbeschaffung und v.a. die Interessenvertretung. Der Schwerpunkt der Tätigkeit der einzelnen Ländervertretungen liegt auf der Kontaktpflege zur KOM, denn dies ist oft die direkteste und erfolgversprechendste Möglichkeit, die Politik der EU aktiv mitzugestalten. Anknüpfungspunkte für Hochschulen und Forschungseinrichtungen sind Gegenstand von Kap. 5.2.3.

2.5 Strategische Grundlagen: Europa 2020

Die Europa-2020-Strategie – Vision einer europäischen Sozialen Marktwirtschaft des 21. Jahrhunderts – ist eine auf zehn Jahre angelegte, Politikfelder übergreifende Rahmenstrategie der EU. Sie wurde Anfang 2010 vom Rat verabschiedet (KOM, 2010). 2014 zog die EU u.a. mit einer Kommissionsmitteilung (KOM, 2014) Bilanz mit dem Fokus auf die Ziele der Europa-2020-Strategie.

Grundlage der Strategie ist eine Situationsanalyse bezogen auf die EU: Die Europa-2020-Strategie ist die Antwort der EU auf die Wirtschafts- und Finanzkrise. Sie wurde in einer Situation entwickelt, als die EU unter dem Eindruck der Wirtschafts- und Finanzkrise hinsichtlich ihres Wachstums und ihrer Produktivität hinter anderen Industrienationen zurückblieb (vgl. KOM, 2010, 8–11; KOM, 2014, 3). Zudem soll sie den strategischen thematischen Rahmen bilden, um einen Beitrag zur Lösung der großen gesellschaftlichen Herausforderungen der EU und ihrer Mitgliedsstaaten zu leisten: z.B. der demographische Wandel, der Klimawandel und die Sicherstellung der Energieversorgung.

Die Europa-2020-Strategie richtet die Politik der EU und der Mitgliedsstaaten auf gemeinsame Ziele aus. Dadurch soll die kritische Masse an Finanzmitteln und politischer Unterstützung gewährleistet werden, um wirtschafts-, beschäftigungs- und gesellschaftspolitische Ziele erreichen und im internationalen Wettbewerb bestehen zu können. Europa 2020 ist daher auf eine Partnerschaft der EU und der Mitgliedsstaaten ausgelegt und soll auf abgestimmte politische Maßnahmen aufbauen. Daher werden den Mitgliedsstaaten jeweils spezifische Maßnahmen zur Aufnahme in die nationalen Reformprogramme empfohlen. Dies greift auf, dass sich die Entwicklungsziele der Mitgliedsstaaten entsprechend ihrer eigenen, spezifischen Voraussetzungen und ihrem Entwicklungsstand unterscheiden.

Europa 2020 ist eine langfristig angelegte Strategie, die durch verschiedene Maßnahmen für jeweils einen kürzeren Zeithorizont konkretisiert wird. Als jährlicher Planungszyklus der Maßnahmen der EU und der Mitgliedsstaaten dient das sogenannte Europäische Semester zur wirtschaftlichen Koordination, Steuerung und Überwachung auf EU-Ebene.

Mit der Strategie werden wissensbasierte Innovationen zur Lösung gesellschaftlicher Herausforderungen eingesetzt. Die Europa-2020-Strategie räumt insbesondere dem sogenannten „Wissensdreieck“ aus Bildung, Forschung und Innovation einen hohen Stellenwert ein.

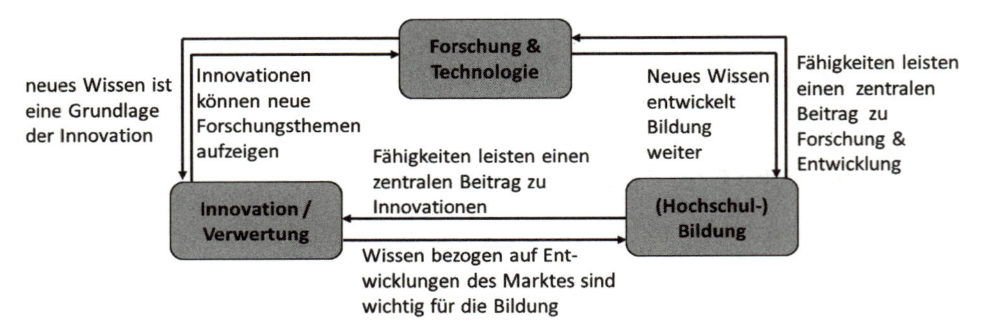

Abbildung 3:
Das Wissensdreieck (korrigiert und übersetzt nach Eurostat, 2013, 58)

Der Strategie liegt dabei das Ziel zugrunde, die Wettbewerbsfähigkeit der EU zu verbessern und strukturelle Defizite in den Griff zu bekommen. Dazu wird die Wachstumsstrategie in drei Ebenen strukturiert: drei Prioritäten werden auf fünf Kernziele heruntergebrochen, von denen sieben Leitinitiativen abgeleitet sind.

Drei **Prioritäten** sind der strategische Kern von Europa 2020:

- **Intelligentes Wachstum**
  Entwicklung einer auf Wissen und Innovationen gestützten Wirtschaft
- **Nachhaltiges Wachstum**
  Förderung einer ressourcenschonenden, ökologischeren und wettbewerbsfähigeren Wirtschaft
- **Integratives Wachstum**
  Förderung einer Wirtschaft mit hoher Beschäftigung und ausgeprägtem sozialen und territorialen Zusammenhalt

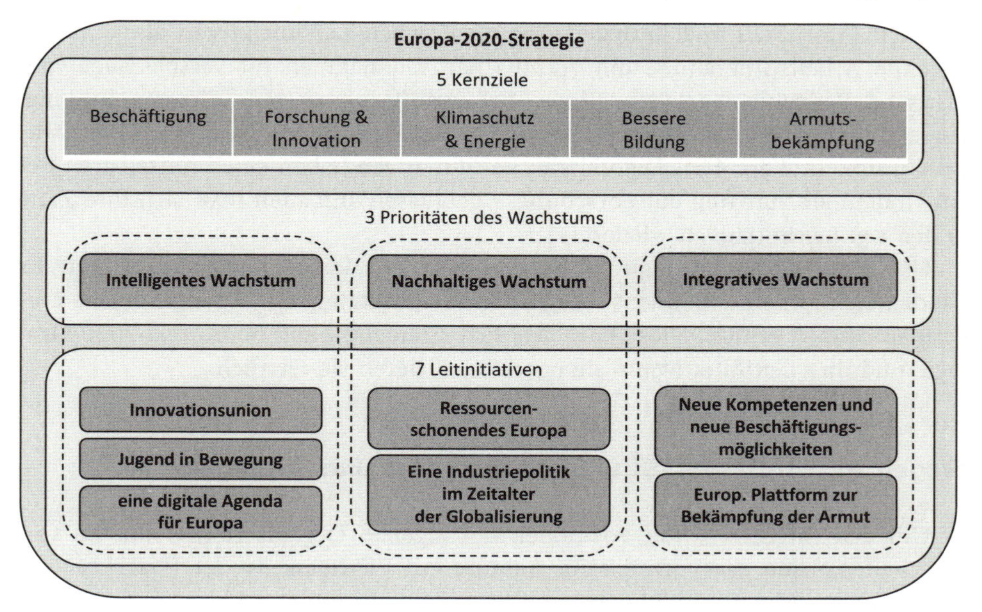

Abbildung 4:
Struktur der Europa-2020-Strategie (eigene Darstellung)

Die drei Prioritäten werden in fünf quantifizierbaren, miteinander verknüpften **Kernzielen** (vgl. KOM, 2010, 5) konkretisiert, die zum Teil Auswirkungen auf den Bildungs-, Forschungs- und Innovationssektor besitzen:

- 75% der Bevölkerung zwischen 20 und 64 Jahren sollen **Arbeitsplätze** haben.
- 3% des Bruttoinlandsproduktes (BIP) der EU wird für **Forschung und Entwicklung** (F&E) ausgegeben.
  Dieser BIP-Anteil wird als Indikator gewertet, der die Forschungsorientierung des Unternehmenssektors und das Kommittent der Regierung zugunsten der Unterstützung von F&E aufzeigt. Im Durchschnitt investierten die Mitgliedsstaaten und deren Unternehmen (EU-27) im Jahr 2011 2,03% des BIP in F&E (vgl. Eurostat, 2013, 52). Deutschland lag bei 2,84% (vgl. Mischke, 2013, 16). Angesichts der geringen Fortschritte in diesem Bereich geht die KOM nicht von einer Zielerreichung aus (vgl. KOM, 2014, 14).
- **20-20-20 Klimaschutz-/Energieziele** sind zu erreichen.
  Hiermit ist gemeint, dass die Treibhausgasemission um mindestens 20% gegenüber 1990 verringert, der Anteil erneuerbarer Energien am Energieverbrauch wie auch die Energieeffizienz auf jeweils 20% gesteigert werden sollen.
- Der **Anteil der Schulabbrecher** soll auf unter 10% sinken, mindestens 40% der jüngeren Generation sollte einen **Hochschulabschluss** erreichen.
- Die Zahl der **Armutsgefährdeten** soll unter 20 Millionen sinken.

Von den Prioritäten und Kernzielen wurden sieben **Leitinitiativen** als konkretisierende Arbeitsprogramme mit spezifischen Maßnahmen für verschiedene thematische Bereiche abgeleitet. Einen direkten Bezug zu den Themen Bildung, Forschung und Innovation haben **Jugend in Bewegung** (s. Kap. 3.1) und **Innovationsunion** (s. Kap. 4.1). Die übrigen Leitinitiativen haben einen mittelbaren Bezug, indem sie zum Teil auf Forschungsergebnissen aufbauen bzw. sich ihre Ziele in den v.g. Leitinitiativen wiederfinden.

Die Europa-2020-Strategie ist nicht direkt mit Finanzmitteln hinterlegt. Es handelt sich um eine Rahmenstrategie, deren Umsetzung durch verschiedene Fördermaßnahmen erfolgt. Diese beziehen sich strategisch auf die Europa-2020-Strategie und ihre Leitinitiativen – sie operationalisieren sie letztlich.

Fragen zu „EU-Basics: Strukturen, Prozesse und Strategien“

- Um den Interessen und Positionen der eigenen Organisation Gehör zu verschaffen, kann es sinnvoll sein, Akteure auf EU-Ebene in der Phase der europäischen Meinungsbildungs- und Entscheidungsfindungsphase zu kontaktieren. Versuchen Sie zu skizzieren, mit welchem Anliegen Sie welchen Akteur kontaktieren würden. Wie würden Sie konkret beim jeweiligen Akteur vorgehen?
- Wie schätzen Sie die Europa-2020-Strategie ein? Wird sie den Herausforderungen gerecht, die sich der EU in Zeiten der Wirtschafts- und Finanzkrise stellen? Was bedeutet die Europa-2020-Strategie ganz konkret für Ihre Organisation?

Literatur zur Vertiefung

Die folgenden Veröffentlichungen liefern jeweils einen kurzen Überblick über die Strukturen und Prozesse der Europäischen Union. Heinemann (2012) bietet einen sehr kompakten Überblick, der eine gute, schnelle Einarbeitung ermöglicht. Ausführlichere Standardwerke sind Schmidt, Schünemann (2013) sowie Weidenfeld (2013).

Heinemann, Friedrich et al. (2012): Europäische Union, Informationen zur politischen Bildung, 279, überarbeitete Neuauflage, Bundeszentrale für politische Bildung, Bonn.

Schmidt, Siegmar/Schünemann, Wolf J. (2013): Europäische Union, Eine Einführung, 2. Auflage, Baden-Baden.

Weidenfeld, Werner (2013): Die Europäische Union, 3., aktualisierte Auflage, unter Mitarbeit von Edmund Ratka, München, Paderborn.

3. Europäische Bildungspolitik und -förderung

> *„The fields of education, training, youth and sport can make a major contribution to help tackle the key challenges that Europe is facing both now and in the next decade."* (KOM, 2014a, 9)

Die Europa-2020-Strategie (vgl. Kap. 2.5) bezeichnet die Bildung als Schlüsselfaktor, um die sozioökonomische Krise der EU zu überwinden, Wachstum und Beschäftigung zu steigern sowie soziale Gleichheit und Inklusion voranzubringen (vgl. KOM, 2014a, 9).

Die Bildungspolitik ist ein primärer Zuständigkeitsbereich der Mitgliedsstaaten. Sie haben der EU nur eingeschränkte Kompetenzen eingeräumt. Aufgrund dieser kompetenzrechtlichen Situation kann die EU nur im Wege der als „offene Koordinierung" bezeichneten Form der Europäischen Zusammenarbeit tätig werden. Demnach setzen sich die Mitgliedsstaaten gemeinsame Ziele und werden bei deren Erreichung durch die KOM bspw. durch koordinative Tätigkeiten unterstützt (vgl. BMBF, 2010, 15). Die Methode dient auch dazu, gemeinsame Ziele zu identifizieren sowie Indikatoren und deren Erhebung zu definieren.

Die direkten Bildungskompetenzen der EU sind in Art. 165 AEUV niedergelegt. Demnach fördert die EU die Zusammenarbeit zwischen den Mitgliedsstaaten und unterstützt bzw. ergänzt ihre Tätigkeit unter strikter Beachtung der Verantwortlichkeit der Mitgliedsstaaten für die Gestaltung der Bildungssysteme (vgl. Odendahl, 2012, 880). Zur Umsetzung dienen Förderprogramme wie ERASMUS+ (vgl. Kap. 1.3). Sie sind nicht so angelegt, dass sie zu einer Harmonisierung nationaler Normen führen (vgl. Odendahl, 2012, 880).

Juristisch verbindliche Rechtsakte (vgl. Kap. 2.2) kann die EU im Bildungsbereich nicht erlassen. Die EU darf keine Maßnahmen zur Angleichung nationaler Bildungssysteme ergreifen. Handlungsinstrumente der EU sind im Bereich der Bildungspolitik Empfehlungen, Entschließungen und Schlussfolgerungen des Rates, Memoranden, Mitteilungen, Weiß-/Grünbücher der KOM (vgl. BMBF, 2010, 13f., 12–14).

Die bildungspolitischen Ziele der EU gehen auf den Vertrag von Lissabon (Art. 165 EUV, vgl. Kap. 2.1, KOM 2012) zurück und sind in der Europa-2020-Strategie (vgl. Kap. 2.5) und v.a. in deren Leitinitiative „Jugend in Bewegung" (vgl. Kap. 3.1) konkretisiert. Drei Kernziele sowie diverse damit korrespondierende Ziele können identifiziert werden.

Die **Europäisierung des Bildungswesens** ist ein bildungspolitisches Kernziel zur Ausbildung einer europäischen Identität und zur Verbesserung der Freizügigkeit von Personen. Demnach sollen europäische Fragestellungen in Bildungsgängen ebenso berücksichtigt werden wie das Erlernen anderer Sprachen.

Das Ziel der Europäisierung der Bildungssysteme in der EU geht mit dem zweiten Kernziel einher, der **Förderung der Mobilität der Lernenden und Lehrenden** (vgl. Kap. 1.3). Neben der Förderung von Auslandsaufenthalten werden hierzu auch Maßnahmen zur Anerkennung von Studienleistungen ergriffen.

Zum Dritten soll die **Qualität der europäischen Bildungssysteme** (vgl. Kap. 1.1, 1.2) als eines der zentralen bildungspolitischen Kernziele der EU gesteigert werden. Hierzu soll bspw. die **Zusammenarbeit von Bildungseinrichtungen** und deren Administration bzw. der politischen Entscheidungsträger der Mitgliedsstaaten verbessert werden. Die Zusammenarbeit kann vielfältig ausgeprägt sein, auf Einrichtungsebene u.a. in Form gemeinsamer Abschlüsse von Hochschulen, der gemeinsamen Entwicklung von Curricula und Austauschprogrammen. Auf Ebene der bildungspolitischen Entscheidungsträger der Mitgliedsstaaten unterstützt die EU Lernprozesse in dem Sinne, dass der Erfahrungs- und Informationsaustausch zwischen den Mitgliedsstaaten organisiert wird. Dies dient u.a. dazu, Best Practices kennenlernen zu können, in denen es einzelnen Mitgliedsstaaten gelingt, die Ziele der EU mustergültig umzusetzen. Hierzu werden Vergleiche der nationalen Bildungssysteme auf der Basis verabredeter Indikatoren und europäischer Durchschnittsbezugswerte (Benchmarks) angestellt (vgl. BMBF, 2010, 3, 16).

Die EU kann auf der Grundlage von Einzelermächtigungen durch die Mitgliedsstaaten die **Unterstützung, Koordinierung oder Ergänzung der nationalen Maßnahmen der Mitgliedsstaaten** übernehmen (vgl. BMBF, 2010, 12). Zur Umsetzung der Bildungspolitik werden z.B. zu bestimmten Themen sogenannte technische Arbeitsgruppen (Technical Working Group, TWG) aus hochrangigen Fachleuten aus verschiedenen Ländern eingerichtet, um die politische Meinungsbildung und Entscheidungsfindung zu beeinflussen.

Bezogen auf den Fokus dieser Publikation ist die TWG *„Modernisierung der Hochschulbildung“* relevant. Sie will Wege aufzeigen, wie die Mitgliedsstaaten die Qualität ihrer Hochschulsysteme, die Mobilität der Studierenden, die Verbindung von Bildung, Forschung und Wirtschaft zwecks Exzellenzsteigerung und regionaler (Weiter-)Entwicklung sowie die öffentliche Governance und die Finanzierung verbessern können.

3.1 Leitinitiative Jugend in Bewegung

Nein – um die Förderung der körperlichen Beweglichkeit von Jugendlichen in Form von Sport geht es bei diesem Programm nicht. Gegenstand ist die geistige Beweglichkeit. Die Leitinitiative (KOM, 2010a) *„Jugend in Bewegung – Eine Initiative zur Freisetzung des Potentials junger Menschen, um in der Europäischen Union intelligentes, nachhaltiges und integratives Wachstum zu erzielen“* ist ein Rahmenplan, der neue und bestehende Maßnahmen zusammenführt, um die Bildung und Beschäftigung junger Menschen in Europa zu verbessern. Sie soll einen Beitrag zu den Zielen der Europa-2020-Strategie (vgl. Kap. 2.5) leisten, insbesondere zum Ziel der Beschäftigungsquote von 75% (20- bis 64-Jährige).

Hierzu soll die Leistungsfähigkeit und internationale Attraktivität der Europäischen Hochschulbildung verbessert werden. Zudem soll der Übergang von Absolventen in Unternehmen erleichtert werden (vgl. KOM, 2010, 16).

Kernziele der Leitinitiative sind die Folgenden (vgl. KOM, 2010a, 3f.):

- **Steigerung der Leistung und internationalen Attraktivität der höheren Bildungseinrichtungen** – Die Leitinitiative nennt bezogen auf dieses Ziel u.a. die beiden Maßnahmen, einen neuen Plan für die Reform und Modernisierung der Hochschulbildung und für ein Benchmarking der Hochschulleistung vorzulegen.
- **Förderung der Mobilität von Studierenden und Auszubildenden zu Lernzwecken** – Alle Jugendlichen in der EU sollen die Möglichkeit erhalten, einen Teil ihrer beruflichen oder hochschulischen Ausbildung in einem anderen Mitgliedsstaat zu absolvieren.
- **Verbesserung der Qualität der allgemeinen und beruflichen Bildung** – Gezieltere, nachhaltigere und finanziell umfangreichere Investitionen in die allgemeine und berufliche Bildung fordert die EU von den Mitgliedsstaaten. Damit wird das Ziel der Qualitätssteigerung verfolgt.
- **Verbesserung der Beschäftigungschancen von Jugendlichen** – Hierzu sollen u.a. der Anteil der Hochschulabsolventen erhöht und verschiedene Maßnahmen ergriffen werden, die Jugendliche bei der Arbeitsplatzsuche unterstützen sollen.

Die Leitinitiative umfasst ein Bündel an Maßnahmen, die einerseits von der KOM und andererseits von den Mitgliedsstaaten ergriffen werden sollen (ausführlich vgl. KOM, 2010, 16; KOM, 2010a). Hierzu gehört u.a., dass die EU Mobilitäts-, Hochschul- und Forschungsprogramme strategisch integriert und eine Verbindung mit nationalen Programmen und Ressourcen befürwortet, um eine möglichst große Wirkung zu erzielen. Zudem sollen Modernisierungsprogramme der Hochschulen bzgl. der Lehrpläne, der Governance und der Finanzierung ausgebaut werden.

Des Weiteren umfasst die Leitinitiative Maßnahmen im Bereich des lebenslangen Lernens, zur Reduktion der Schulabbrecherquote und zur betrieblichen Ausbildung.

3.2 Bologna-Prozess

1999 beschlossen die Mitgliedsstaaten in der Bologna-Erklärung, einen Europäischen Hochschulraum zu schaffen, der durch eine hohe Qualität der Bildungsprozesse und Freizügigkeit bzw. Mobilität von Studierenden, Absolventen und Lehrenden innerhalb der EU gekennzeichnet ist. Kernstück des Bologna-Prozesses ist die EU-weite Einführung eines gestuften Bildungssystems, das in der Regel die beiden Qualifikationsstufen Bachelor und Master umfasst.

Als Ergebnis des Bologna-Prozesses haben die Mitgliedsstaaten (freiwillig) ein System geschaffen, das die gegenseitige Anerkennung von Studienleistungen, bspw. durch die Einführung der ECTS-Punkte (vgl. BMBF, 2010, 44), und Abschlüssen, garantieren und die Mobilität – auch für einzelne Semester – deutlich erleichtern soll. Damit gehen auf nationaler und europäischer Ebene Maßnahmen zur Sicherung von Qualitätsstandards einher.

Für die Hochschulen bedeutete die Einführung der konsekutiven Studienstruktur einen hohen Aufwand, denn die Lehrpläne, Prüfungsordnungen etc. mussten überarbeitet und implementiert werden. Zudem wurde zur Qualitätssicherung ein System der Akkreditierung der neuen Studiengänge aufgebaut.

Die KOM unterstützt die Mitgliedsstaaten bei der Umsetzung durch politische Initiativen, Diskussionspapiere und -foren sowie durch die Programme zur Förderung der Mobilität (vgl. BMBF, 2010, 24). Seit 2001 ist die KOM Vollmitglied im Bologna Prozess – die Mitgliedschaft eröffnet ihr Einfluss. Odendahl (2012, 882) merkt an, dass die KOM dort starken Einfluss auf die inhaltliche Ausgestaltung der Themen ausübt – die KOM werde zum Teil als treibende Kraft bei der Errichtung eines einheitlichen europäischen Hochschulraums angesehen. Ihr Ziel der Vereinheitlichung der Hochschulbildungssysteme kann die KOM damit vorantreiben.

Unterstützung und Beratung erhalten die Hochschulen in Deutschland bei der Umsetzung der Bologna-Reform vor allem durch den DAAD.

Zum Bologna-Prozess existiert eine umfangreiche hochschulpolitische Diskussion, die aufgrund des Fokus dieser Publikation hier nicht nachgezeichnet wird.

3.3 Erasmus+

„Forschende wie Institutionen profitieren von der Mobilität", stellt der Wissenschaftsrat (WR) fest (Lochte, 2010). Erasmus+ (E+) ist das neue gemeinsame strategische Dach für eine Reihe weiterer EU-Bildungsprogramme, die früher jeweils unter eigenem Namen losgelöst voneinander liefen. Sie werden im Folgenden dargestellt. Eines davon ist das erfolgreichste EU-Bildungsprogramm „Erasmus", das aufgrund seiner Bedeutung Namenspate für sämtliche Bildungsprogramme der EU geworden ist.

Als Meilenstein der europäischen Hochschulkooperation wird das Erasmus-Bildungsprogramm für Hochschulen bezeichnet – als Durchbruch, einen europäischen Bildungsraum zu schaffen (vgl. Hahn, 2004, 41). Das Programm setzte die Mitgliedsstaaten und ihre Hochschulen unter Druck, die Mobilität vor allem von Studierenden zu erleichtern. Die Schaffung des European Credit Transfer Systems (ECTS) erleichtert die Anerkennung von im europäischen Ausland erworbenen Studienleistungen. Die internationale oder zumindest europäische Kompatibilität der Abschlüsse wird durch die Einführung der konsekutiven Studienstruktur mit Bachelor- und Masterabschlüssen (Bologna-Prozess) gegeben. Wären diese Maßnahmen nicht ergriffen worden, wäre die Beteiligung am Austausch für Studierende deutlich weniger attraktiv. Das Diploma Supplement ist eine formelle Beschreibung der erworbenen Kenntnisse, Fähigkeiten und Kompetenzen, die zumeist mit dem Abschlusszeugnis ausgehändigt wird. Dieses dient der weiteren Verbesserung und Anerkennung der Studienabschlüsse und damit der Erleichterung der europäischen Mobilität: Es enthält detaillierte Informationen zum Studiengang (vgl. Hahn, 2004, 41).

Bewährte Maßnahmen der Mobilität werden in der neuen Programmperiode um neue ergänzt, wie bspw. um die strategischen Partnerschaften im Hochschulbereich (vgl. DAAD, 2013, 3). Anhand von E+ wird die europäische Bildungspolitik für Hochschulen konkret, weshalb an dieser Stelle vertieft darauf eingegangen wird. Aufgrund des Fokus dieser Publikation werden von den bislang eigenständigen EU-Programmen, die jetzt unter dem Dach von E+ (KOM, 2013b) gebündelt sind, im Folgenden nur das Programm Erasmus (Hochschulbildung) und zum Teil die Programme zur Förderung der internationalen Kooperation (Erasmus Mundus, Tempus, Alfa, Edulink und das Programm für die Zusammenarbeit mit Industrieländern) betrachtet. Die weiteren Programme von E+, das Programm für lebenslanges Lernen (Erwachsenenbildung), Leonardo da Vinci (berufliche Bildung), Comenius (Schulbildung), Grundtvig (Erwachsenenbildung) und die Programme für den Sport werden daher ausgeklammert.

Das 1987 etablierte und unter dem Dach von E+ fortgeführte Erasmus-Programm gilt als das erfolgreichste EU-Bildungsprogramm (vgl. Maiworm, Over, 2013, 1). Die Maßnahmen im Bereich der Hochschulbildung stehen im Mittelpunkt der Betrachtung.

Die grundlegenden Ziele von E+ entsprechen den bildungs-, aber auch einigen sozial- und gesellschaftspolitischen Zielen der E2020-Strategie: E+ soll zur Lösung der (Jugend-)Arbeitslosigkeit beitragen, indem die Qualifikation junger Menschen durch persönliche Unterstützungsmaßnahmen sowie strukturelle und prozessorale Veränderungen verbessert wird. Politische Ziele bestehen darin, einen strategischen Rahmen für die Koordination der nationalen und z.T. regionalen Bildungspolitik zu bilden und zum europäischen Hochschulraum beizutragen.

Die Ziele von E+ werden anhand der sog. Schlüsselaktionen (bzw. Leitaktion) deutlich, die das Programm strukturieren und die Maßnahmen zur Zielerreichung konkretisieren:

Schlüsselaktion 1 für Hochschulen: Mobilität von Einzelpersonen

Die Mobilitätsförderung von Einzelpersonen zu Lern- und Lehrzwecken ist das zentrale Element europäischer Bildungspolitik (vgl. BMBF, 2010, 30). Im Hochschuljahr 2012/2013 haben 35.000 Studierende aus Deutschland in einem anderen Mitgliedsstaat und 30.000 Menschen aus den Mitgliedsstaaten in Deutschland studiert (vgl. DAAD, 2014). 4.000 Personen aus Deutschland haben in Europa Lehrtätigkeiten übernommen.

Durch diese Maßnahmen soll die Qualität der (Hochschul-)Bildung und der wissenschaftliche Austausch in der EU verbessert werden. Aber auch weitere gesellschaftspolitische Ziele werden verfolgt, z.B. die Ausbildung einer europäischen Identität (hierzu ausführlich Maiworm, Over, 2013; vgl. auch KOM, 2014a, 11).

Schwerpunkt von Erasmus ist, innereuropäische Auslandsaufenthalte zu fördern, um damit die Mobilität von Studierenden (Bachelor, Master, Promotion) und Lehrenden zu erhöhen (vgl. KOM, 2014a, 15). Auch Mitarbeiter von Unternehmen aus europäischen Ländern, die Lehraufträge an einer Hochschule in einem anderen Mitgliedsstaaten übernehmen, können unterstützt werden.

Rund zwei Drittel des Budgets von Erasmus 2014 bis 2022 sind dafür vorgesehen, Auslandsaufenthalte im Rahmen von Ausbildung, Studium und Lehre zu ermöglichen. Mehr als vier Millionen Menschen werden von 2014 bis 2020 hierfür Zuschüsse erhalten (KOM, 2013a). Für die studentische Mobilität liegt die Zielmarke bei zwei Millionen und macht damit den größten Anteil aus.

In Folge der Zeit im europäischen Ausland soll den Studierenden und wissenschaftlichen Mitarbeitern kein Nachteil entstehen. Daher wird die Anerkennung von im Ausland erworbenen Leistungsnachweisen (Credit Points) und Abschlüssen sowie die Mitnahme von Fördermitteln unterstützt. Die Kürzel EQF, ECTS, ECVET, EQAVET, EQAR, ENQA und NARIC (vgl. Abkürzungsverzeichnis im Anhang) stehen für Maßnahmen, um staatenübergreifend Transparenz bzgl. der Abschlüsse und Bildungsinhalte zu schaffen.

Zur Unterstützung der Mobilität und der Kooperation von Hochschulen werden zudem E+ Joint Master Degrees (JMDs) durch die EU gefördert. Dies sind integrierte europäische Studienprogramme (vgl. KOM, 2014a, 15). Damit werden die Ziele der Steigerung der Qualität, Innovation und Attraktivität der Europäischen Hochschulbildung sowie die Verbesserung der Qualifikation und Beschäftigungsfähigkeit der Absolventen verfolgt.

Schlüsselaktion 2 für Hochschulen: Partnerschaften für Innovationen und den Austausch guter Praktiken

Bildungsinnovationen sind Gegenstand dieser Schlüsselaktion. Die meisten Neuerungen halten innerhalb dieser Schlüsselaktion insbesondere die sogenannten „Erasmus Strategic Partnerships" für die Hochschulen bereit (vgl. DAAD, 2013, 5). Ziel der Maßnahme ist, den Erfahrungs- und Wissensaustausch im Sinne von Wissensallianzen von Bildungseinrichtungen in der EU zu fördern (vgl. KOM, 2014a, 15). Themen können bspw. die Gründungsförderung, die Steigerung der Beschäftigungsfähigkeit von Absolventen oder innovative Lehrmethoden sein.

Mit den Maßnahmen der Schlüsselaktion wird explizit die Internationalisierungsstrategie der Hochschule unterstützt, indem die EU regionale oder thematische Netzwerke und ggf. flexible Maßnahmen fördert. Verschiedene Maßnahmen existieren im Rahmen der Schlüsselaktion. Zu den flexiblen Maßnahmen gehört z.B. die gemeinsame Entwicklung von Curricula und Sommerschulen. Mit der neuen Maßnahme der „Erasmus Strategic Partnerships" werden Hochschulen bei der Umsetzung ihrer Modernisierungsstrategie unterstützt. Mindestens drei Hochschulen aus drei unterschiedlichen Mitgliedsstaaten müssen sich an einem Antrag in dieser Programmlinie beteiligen. So können z.B. die Entwicklung von gemeinsamen Studienprogrammen und Modulen, Hochschul-Unternehmens-Kooperationen und die transnationale Zusammenarbeit von Studierendenunterstützungsdienstleistungen sowie die auf eine längere Zeit ausgerichtete Mobilität von Mitarbeitern der Einrichtungen unterstützt werden – aber auch Angebote, um Qualifikationen wie Kreativität, Innovation und Unternehmergeist zu fördern. Auch IT-basierte Maßnahmen, die dem Wissensaustausch von Lehrenden dienen, werden im Rahmen der Schlüsselaktion gefördert.

Eine weitere Maßnahme dieser Schlüsselaktion sind die sogenannten „Knowledge Alliances". Dies sind strukturierte Partnerschaften zwischen Hochschulen und Unternehmen. Sie dienen dazu, die Beschäftigungsfähigkeit zu erhöhen und den Unternehmergeist zu fördern. Auf diese Wiese sollen mehr Innovationen hervorgebracht werden. Zudem werden verschiedene Maßnahmen zur Stärkung der Kooperation der Hochschulen in den Mitgliedsstaaten mit europäischen Nachbarstaaten und Staaten in Asien, Afrika und Lateinamerika unterstützt. Dieser Bereich der Partnerschaften umfasst einen Anteil von 28% des Erasmus-Budgets und dient dem sogenannten Capacity Building in den Partnerländern.

Schlüsselaktion 3 für Hochschulen: Politikunterstützung

Die Schlüsselaktion „Support for policy reform“ unterstützt die Entwicklung von Fachwissen für eine evidenzbasierte politische Entscheidungsfindung (vgl. KOM, 2014a, 15). Hierzu werden themenbezogene und/oder staatenspezifische Analysen zu Bildungsthemen durch die KOM gefördert. Zudem werden Maßnahmen im Rahmen der Methode der offenen Koordinierung ergriffen, um politische Reformen anzuregen, an deren Umsetzung die Mitgliedsstaaten nicht faktisch, aber z.T. politisch gebunden sind.

Ein wesentlicher Kern dieser Aktion ist auch die Unterstützung des Bolognaprozesses (vgl. Kap.1.2). 4,2% des Budgets sind für Maßnahmen in diesem Bereich vorgesehen.

Für die Laufzeit von 2014 bis 2020 liegt das Budget von E+ bei 14,7 Mrd. € (KOM, 2013a). Im Vergleich zur vorherigen siebenjährigen Finanzperiode steigen damit die Mittel um 40%.

Bei der Umsetzung wird zwischen Teilnehmern („Participants“) und teilnehmenden Organisationen („participating organisations“) unterschieden. Die Beteiligungsregeln unterscheiden sich je nach Mitgliedsstaaten. Die teilnehmenden Organisationen managen die jeweiligen E+-Projekte.

Auf EU-Ebene ist die Exekutivagentur „European Commission’s Education, Audiovisual and Culture Executive Agency“ für die Umsetzung zuständig. Der Deutsche Akademische Austauschdienst (DAAD, vgl. https://eu.daad.de/de/) berät als nationale Agentur bzgl. E+ und ist der Link zwischen den teilnehmenden Organisationen und der KOM. Zu ihren Aufgaben gehört u.a. über E+ zu informieren, einen fairen und transparenten Auswahlprozess sicherzustellen und das Programm in Deutschland zu implementieren und zu überwachen (vgl. KOM, 2014a, 19).

Fragen zu „Europäische Bildungspolitik und -förderung“

- Welche Anknüpfungspunkte bieten die europäischen Bildungsprogramme für Ihre Organisation und deren Strategie? Brechen Sie die Ansätze der Europa-2020-Strategie, der Leitinitiative Jugend in Bewegung und Erasmus+ konkret auf die eigene Einrichtung herunter.

Literatur zur Vertiefung

BMBF (2010): EU-Bildungspolitik, Bundesministerium für Bildung und Forschung, Bonn, Berlin. – *Diese Broschüre bietet einen guten Überblick über die verschiedenen bildungspolitischen Maßnahmen der EU.*

KOM (2010a): „Jugend in Bewegung", Eine Initiative zur Freisetzung des Potentials junger Menschen, um in der Europäischen Union, intelligentes, nachhaltiges und integratives Wachstum zu erzielen, Mitteilung der Kommission an das Europäische Parlament, den Rat, den Europäischen Wirtschafts- und Sozialausschuss und den Ausschuss der Regionen, veröffentlicht am 15.9.2010, KOM (2010) 477 endgültig, Brüssel. – *Dies ist der Originaltext der Leitinitiative. Die Lektüre ist für den vertieften Einstieg in die Thematik empfehlenswert und zeigt Hintergründe der verschiedenen Maßnahmen auf.*

KOM (2014a): ERASMUS+, Programme Guide, Valid as of 1 January 2014, Version 2: 27/02/2014, Brüssel, abgerufen am 31.3.2014, online unter: http://ec.europa.eu/programmes/erasmus-plus/documents/erasmus-plus-programme-guideen.pdf. – *Der „Programme Guide" ist ein Originaldokument. Es ist eine sinnvolle Lektüre, wenn konkret Maßnahmen oder Aktivitäten entwickelt werden müssen.*

4. Europäische Forschungs- und Innovationspolitik

Forschung und Innovation (F&I) sind in den Strategien und Maßnahmen wie Europa 2020, Innovationsunion, Europäischer Forschungsraum und Horizont 2020 zentrale Säulen einer nachhaltigen Wachstums- und Wirtschaftspolitik der EU. Forschung und Entwicklung unterliegen gemäß Art. 4 Abs. 3 AEUV der geteilten Zuständigkeit der KOM und der MS.

Handlungsbedarf im Bereich der Forschungs- und Innovationspolitik leitet die EU von den Herausforderungen der Wirtschafts- und Finanzkrise sowie dem Wettbewerb mit anderen Wirtschafts- und Wissenschaftsstandorten ab. Sie stellt in Veröffentlichungen fest, dass die Staaten am besten durch diese Krisen kommen, die eine hohe Forschungs- und Innovationsintensität haben – Deutschland gilt der KOM als ein gutes Beispiel (vgl. KOM, 2013c, 4).

Das Wissenschaftsverständnis ist wesentlich ein wirtschaftliches – dabei wird nach dem wirtschaftlichen bzw. finanziellen Nutzen von Forschung gefragt. Eine rein dem Erkenntnisinteresse folgende Wissenschaft steht nicht im Fokus der europäischen Projektförderung.

Der Handlungsbedarf und die Ziele der europäischen F&I-Politik werden anhand der Strategie des Europäischen Forschungsraums und der Innovationsunion sowie der davon abgeleiteten Maßnahmen, wie Horizont 2020, deutlich. Sie gehen auf Art. 179 Abs. 1 AEUV zurück, gemäß dem die EU das Ziel hat,

> „[…], ihre wissenschaftlichen und technologischen Grundlagen dadurch zu stärken, dass ein europäischer Raum der Forschung geschaffen wird, in dem Freizügigkeit für Forscher herrscht und wissenschaftliche Erkenntnisse und Technologien frei ausgetauscht werden, die Entwicklung ihrer Wettbewerbsfähigkeit einschließlich der ihrer Industrie zu fördern sowie alle Forschungsmaßnahmen zu unterstützen, die aufgrund anderer Kapitel der Verträge für erforderlich gehalten werden.“

Mit dem Vertrag von Lissabon wurde erstmals eine geteilte Zuständigkeit im Bereich Forschung geschaffen, womit ein Konsultationszwang der EU und der Mitgliedsstaaten vorgesehen wurde. Auch die Rolle der KOM hat sich vom Forschungsförderer zum Forschungsministerium gewandelt, denn die Umsetzung bestimmter (Fach-)Politiken wurde als Ziel definiert.

Die EU verfügt über zahlreiche Förderinstrumente für F&I. Im Mittelpunkt der Aufmerksamkeit von Hochschulen und Forschungseinrichtungen steht **Horizont 2020**, das meist transnationale F&I-Projekte, aber auch die Mobilität von Forschern mit einem Budget von 79,4 Mrd. € fördert (vgl. Kap. 4.3). Zudem ist ein hoher Anteil der Mittel der sog. **ESI Fonds** (EFRE, ESF, Kohäsionsfonds und INTERREG = 350 Mrd. €, ELER = 85 Mrd. €, EMFF = 5,5 Mrd. €) (vgl. Reppel,

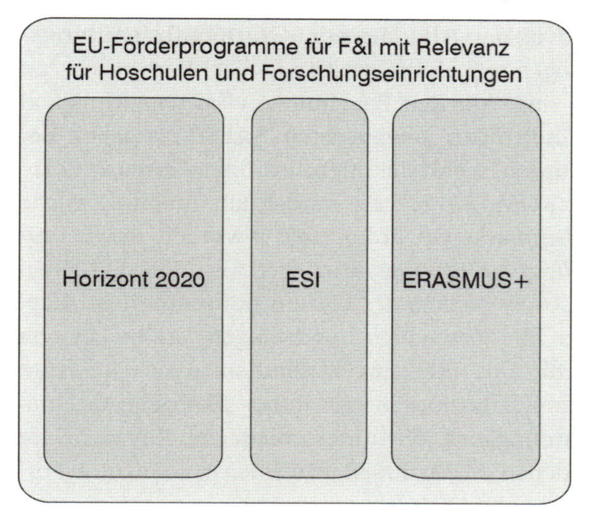

Abbildung 5:
EU-Förderprogramme für Förderung und Innovation mit Relevanz für Hochschulen und Forschungseinrichtungen (eigene Darstellung)

2014a) für F&I vorgesehen (vgl. Kap. 4.4). Auch das Programm **Erasmus+,** mit einem Budget von 14,5 Mrd. €, unterstützt nicht nur die Bildung, sondern auch den F&I-Bereich (vgl. Kap. 3.3).

Für Hochschulen und Forschungseinrichtungen sind die weiteren Programme der EU mit Bezug zur F&I-Förderung weniger relevant. Lediglich der Vollständigkeit halber seien daher **Creative Europe für F&I in der Kultur und Kreativwirtschaft** mit einem Fördervolumen von 1,4 Mrd. € und der **„digital service"**, **Teil** der **Connecting Europe Facility (CEF)** für EU-weite e-Government-Plattformen (e-ID, eProcurement, elektronische Gesundheitsdaten, etc.), mit 0,85 Mrd. € genannt. Sie werden hier jedoch nicht vertieft.

Neben der Förderung durch die EU unterstützen natürlich auch unterschiedliche einzelstaatliche Maßnahmen die Forschung, Entwicklung und Innovation. Dadurch können u.a. auch gezielte Anreize für private Investitionen in diesen Bereichen gesetzt werden (vgl. KOM, 2012c). Unter bestimmten Umständen kann eine solche finanzielle Unterstützung aus öffentlichen Mitteln als Beihilfe gewertet werden, die in dem **Gemeinschaftsrahmen für staatliche Beihilfen für Forschung, Entwicklung und Innovation** (F&E&I-Rahmen) geregelt wird. Ziel des Beihilferechts ist, dass gleiche Wettbewerbsbedingungen für alle Unternehmen und Mitgliedstaaten im Binnenmarkt gewährleistet sind. Ausnahmen sind möglich: „Beihilfen zur Förderung der Entwicklung gewisser Wirtschaftszweige oder Wirtschaftsgebiete, soweit sie die Handelsbedingungen nicht in einer Weise verändern, die dem gemeinsamen Interesse zuwiderläuft" (Art. 107 Abs. 3 Buchstabe c AEUV). Im F&E&I-Rahmen werden Kriterien für die Prüfung der Vereinbarkeit staatlicher Beihilfen festgelegt und in der **Allgemeinen Gruppenfreistellungsverordnung (AGVO)** Voraussetzungen aufgeführt, welche F&E&I-Kategorien von der vorherigen Anmeldung befreit sind. Mit den Regelungen wird dem Umstand Rechnung getragen, dass die gesellschaftlich gewünschten F&E&I-Ausgaben der Unternehmen geringer ausfallen würden, wenn die öffentlich finanzierten Anreize nicht gesetzt werden würden (vgl. KOM, 2012c). Es werden aber auch mögliche Wettbewerbsverzerrungen im Binnenmarkt gewürdigt. 2014 wurden der Beihilferahmen und die Gruppenfreistellungsverordnung aktualisiert (vgl. KOM, 2014f).

Während die Maßnahmen der EU im Bereich der Bildungsförderung (vgl. Kap. 3) für Hochschulen eindeutig und für Forschungseinrichtungen, außer bei den Erasmus+-Mobilitätsprogrammen für Dozenten, im Wesentlichen nicht relevant sind, haben die Forschungs- und Innovationsfördermaßnahmen für beide Akteursgruppen eine große Bedeutung, wenngleich die unterschiedliche Relevanz der im Folgenden genannten verschiedenen Maßnahmen für Hochschulen und Forschungseinrichtungen im Einzelnen konkretisiert werden muss.

Auch die Auseinandersetzung mit den Strategien Innovationsunion (vgl. Kap. 4.1) und Europäischer Forschungsraum (vgl. Kap. 4.2) ist für diese Einrichtungen relevant, denn sie können für ihre strategische Positionierung, aber auch für ihre Forschungs- und Unterstützungsprozesse wichtige Hinweise geben, wie im Folgenden argumentiert werden wird.

Insbesondere die Hochschulen haben eine gute Ausgangsposition, sich erfolgreich um eine europäische Förderung zu bemühen: „Als einzige Institution bilden sie das Wissensdreieck – bestehend aus Bildung, Forschung und Innovation – unter einem Dach ab und wirken mit ihren Ausbildungs- und Forschungsleistungen als Zukunftslabore und Impulsgeber für die regionale Entwicklung.“ (HRK, 2012a).

4.1 Leitinitiative Innovationsunion

Die Leitinitiative Innovationsunion innerhalb der Europa-2020-Strategie (vgl. Kap. 2.5) richtet die Forschungs-, Innovations- und Energiepolitik der EU neu aus (vgl. Originaldokumente: KOM, 2010c). Diese Themen werden als Grundlage dafür gesehen, die – v.a. in der E2020-Strategie niedergelegten – Ziele der EU in den Bereichen Beschäftigung, Bildung, Wettbewerbsfähigkeit und gesellschaftliche Herausforderungen (ausführlich s. Kap. 4.3.3) zu erreichen (vgl. Eurostat, 2013, 56; Mischke, 2013, 16). Die Förderung von Innovationen steht im Mittelpunkt der Europa-2020-Strategie (KOM, 2010c). Grundlage der Innovationsunion ist ein umfassendes Innovationskonzept, „[...] das sowohl Innovationen aus der Forschung, als auch Innovationen von Geschäftsmodellen, Gestaltung, Markenpolitik und Dienstleistungen einbezieht, sofern sich daraus Vorteile für die Nutzer ergeben und besondere Begabungen in Europa vorhanden sind." (vgl. KOM, 2010c, 8).

Zudem wird ein Überwachungsverfahren in Form regelmäßiger Berichte installiert, das den politischen Entscheidungsträgern der EU aufzeigt, inwieweit die Strategie von den Mitgliedsstaaten umgesetzt wird („European Semester").

Die Leitinitiative konkretisiert die Ziele der E2020-Strategie:

- **Stärkung der Wissensbasis und Verringerung der Fragmentierung** – Die Leitinitiative soll dazu beitragen, den Europäischen Forschungsraum (s. Kap. 4.2) zu realisieren sowie die nationale bzw. regionale Politik und deren Maßnahmen möglichst auf die gleichen politischen Ziele auszurichten und sie damit gegenseitig zu verstärken (vgl. KOM, 2010c; Eurostat, 2013a, 18). Auf wissenschafts- und forschungspolitischer Ebene wird durch die Leitinitiative die Reformierung der Hochschulbildung eingefordert:

  > „Die europäischen Hochschulen sollten von Überregulierung und Detailmanagement befreit werden und im Gegenzug voll rechenschaftspflichtig werden. Die Hochschulen müssen nach Auftrag und Perspektiven vielfältiger werden und es muss eine intelligente fächerübergreifende Spezialisierung vorgenommen werden." (KOM, 2010c, 9f.).

  Auch der Austausch zwischen Wissenschaft und Wirtschaft soll verbessert werden:

  > „Die Wirtschaft sollte stärker in die Entwicklung der Lehrpläne und die Doktorandenausbildung einbezogen werden, damit die vermittelten Fähigkeiten den Anforderungen von Unternehmen besser entsprechen." (KOM, 2010c, 10).

- **Guten Ideen auf den Markt verhelfen** – Die Rahmenbedingungen für (Unternehmens-)Innovationen in der EU sollen verbessert werden. Dazu zählt, Hindernisse abzubauen, die es Unternehmen erschweren, neue Ideen auf den Markt zu bringen, sowie einen leichteren Zugang zu Finanzierungsmitteln, insbesondere für KMU, zu erreichen (vgl. KOM, 2010c, 3, 7f.). Dadurch soll dazu beigetragen werden, die sogenannte Innovationslücke (Innovation Gap, Valley of Death) zwischen Forschungsergebnissen und deren Anwendung im Markt zu schließen.
- **Für einen möglichst großen sozialen und territorialen Zusammenhalt** – Die Innovationsunion tritt an, die sogenannte Innovationskluft zwischen den innovativsten und den übrigen Regionen zu verringern (vgl. KOM, 2010c, 23). Umgesetzt wird dieses Ziel v.a. durch die Strukturfonds (vgl. Kap. 4.4).

- **Größerer gesellschaftlicher Nutzen** – Der mit der Innovationsunion neu eingeschlagene Weg der Innovationsförderung der EU richtet den Politikbereich so aus, dass dessen (Förder-)Maßnahmen einen Beitrag zur Lösung großer gesellschaftlicher Herausforderungen (vgl. Kap. 4.3) leisten (vgl. Bergmann, 2012, 297). Die Herausforderungen werden politisch definiert. Die Veröffentlichung zu dieser Leitinitiative liefert einen Themenkatalog, an dem sich die EU-Forschungs- und -Innovationspolitik der nächsten Jahre orientiert (vgl. KOM, 2010c, 3). In dem Zusammenhang zielt die Innovationsunion darauf ab, soziale Innovationen voranzubringen:

  > „Dabei geht es darum, den Einfallsreichtum von Wohltätigkeitsorganisationen, Vereinen und Sozialunternehmern anzuzapfen, um nach neuen Wegen zur Lösung gesellschaftlicher Probleme zu suchen, für die der Markt oder der öffentliche Sektor keine befriedigenden Antworten hat.“ (KOM, 2010c, 24).

  Die Zusammenarbeit zwischen Forschung und Gesellschaft soll hierbei verbessert werden.

Mit der Innovationsunion wurden zudem die sog. **Europäischen Innovationspartnerschaften (EIP)** etabliert (vgl. KOM, 2010c, 26–31; KoWi, 2014). Ihr Ziel ist, die Zusammenarbeit von Interessenträgern auf EU-, nationaler und regionaler Ebene im Bereich der Innovation in den Feldern der großen gesellschaftlichen Herausforderungen zu fördern. Die EIPs sollen auch der besseren Koordinierung bereits bestehender Instrumente und Aktivitäten, wie z.B. Joint Technology Initiatives (JTIs), Joint Programming Initiatives (JPI), European Technology Platforms (ETPs), dienen. Sie verfügen über keine eigene Rechtsform und sind kein eigenes Förderinstrument (vgl. KoWi, 2014).

Die Innovationsunion verfügt über kein eigenes Budget. Vielmehr ist das Förderprogramm für Forschung und Innovation, Horizont 2020 (vgl. Kap. 4.3), auf die Prioritäten der Innovationsunion ausgerichtet (vgl. KOM, 2010c, 13). Die KOM hat zur Umsetzung die Aufgabe übernommen, einen strategischen Forschungsplan zu entwickeln, der die großen gesellschaftlichen Herausforderungen in den Blick nimmt. Zudem hat sie die Instrumente zur Innovationsförderung weiterentwickelt, indem sie die Maßnahmen der Forschungs- und der Innovationsförderung mit Horizont 2020 in einem Programm gebündelt hat.

Die Beschäftigung mit solchen strategischen Veröffentlichungen wie der Innovationsunion ist für Hochschulen und Forschungseinrichtungen sinnvoll, um die Hintergründe und die strategischen Zielsetzungen zu verstehen, die hinter Initiativen wie dem Europäischen Forschungsraum (EFR) und dem konkreten Förderprogramm Horizont 2020 stehen. Die Veröffentlichungen der EU zur Innovationsunion fordern bspw., die Forschungs- und Innovationssysteme der Mitgliedsstaaten besser miteinander zu verknüpfen und ihre Leistungen – wie auch die Bildungssysteme – qualitativ zu verbessern (vgl. KOM, 2010c, 3). D das Qualifikationsniveau angehoben und wissenschaftliches Spitzenperso geworben werden. Zudem nennt die Innovationsunion die Forschungsthemen, die im Mittelpunkt der EU-Forschungs- und -Innovationspolitik der nächsten Jahre stehen.

Außerdem bietet die Innovationsunion, aufgrund ihres Einsatzes für die Reform der Forschungs- und Innovationssysteme in der EU (vgl. KOM, 2010c, 5), strategische Ansatzpunkte für die Entwicklung der Europäisierungs- und Innovationsstrategie der eigenen Einrichtung.

4.2 Europäischer Forschungsraum

Der Europäische Forschungsraum (EFR) ist das Herzstück der E2020-Strategie (vgl. Kap. 2.5) und dessen Leitinitiative „Innovationsunion“ (vgl. Kap. 4.1; KOM, 2012a, 2). Er wird in Art. 179 AEUV des Vertrags von Lissabon 2008 erstmals festgelegt, wodurch die EU zum ersten Mal ein höheres Gewicht gegenüber den Mitgliedsstaaten erhält. Der EFR hängt eng mit dem durch den Bologna-Prozess vorangebrachten Europäischen Hochschulraum zusammen (vgl. Kap. 3.2; WR, 2010a, 27).

4.2.1 Strategische Ziele des EFR

Das zentrale Ziel des EFR ist, die Fragmentierung der nationalen Forschungssysteme in der EU und die Barrieren zu überwinden, die dem freien Austausch von Wissen und der Mobilität der Forschenden entgegenstehen (vgl. Stamm, 2014, 28).

Die grundsätzlichen **strategischen Zielsetzungen** des EFR sind,
- einen Beitrag zur Überwindung der Wirtschafts- und Finanzkrise zu leisten,
- Wachstum und die Schaffung von Arbeitsplätzen zu fördern,
- die Forschungsleistungen in der EU zu verbessern,
- die Rahmenbedingungen für Forschung in der EU zu verbessern,
- die Fragmentierung der Europäischen Forschungssysteme zu reduzieren,
- regionale Diskrepanzen bei den Forschungs- und Innovationsleistungen zu reduzieren,
- die Konkurrenzfähigkeit der Strukturen und Prozesse der Forschung sowie deren Förderung in der EU und damit die Wettbewerbsfähigkeit Europas zu sichern,
- die Kohärenz der einzelstaatlichen und europäischen Politiken zu gewährleisten und

- die Abwanderung von Wissenschaftlern (Brain Drain), v.a. aus weniger entwickelten Regionen, zu stoppen (vgl. KOM, 2012a, 3).

Dazu koordinieren die EU und die Mitgliedsstaaten ihre Tätigkeiten im Bereich der Forschung und der technologischen Entwicklung.

Der EFR besteht aus 28 nationalen Forschungssystemen der Mitgliedsstaaten. Sie sollen getrennt bleiben in Bereichen, in denen es von Vorteil für die Mitgliedsstaaten und die EU ist, dass die Forschungssysteme unterschiedliche (regionale) Stärken aufweisen. Sie sollen jedoch EU-weit verknüpft und interoperabel sein, damit die Wissenschaftslandschaft der EU international wettbewerbsfähig aufgestellt ist (vgl. KOM, 2012a, 3).

Ein wesentlicher Bestandteil des EFR ist die „fünfte Grundfreiheit" der EU – die Freizügigkeit der Forschenden und der Freie Verkehr von Wissen und Technologie entsprechend dem Gemeinsamen Markt (vgl. KOM, 2012a, 3).

Die Grundlage sind ein Grünbuch der KOM (KOM, 2007) zum EFR sowie zwei Mitteilungen der KOM aus 2000 (KOM, 2000) und 2012 (KOM, 2012a). Der Lissabon-Vertrag nimmt den EFR als ein Kernziel der EU auf. Damit ist die Verwirklichung des EFR eine rechtliche Verpflichtung der EU. Die KOM veröffentlichte am 17.07.2012 die Mitteilung (KOM, 2012a) „Eine verstärkte Partnerschaft im Europäischen Forschungsraum im Zeichen von Exzellenz und Wachstum". Das erneut formulierte politische Ziel war die Verwirklichung des EFR bis 2014. Damit ist gemeint, dass wesentliche Ziele des EFR zu diesem Zeitpunkt umgesetzt sind. Es setzt sich jedoch zunehmend das Verständnis durch, dass der EFR – anders als der Binnenmarkt – nie vollendet sein wird, sondern dass es sich um einen fortlaufenden Prozess handelt. Der Aspekt wird in Kapitel 1.2.2 vertieft.

Durch die in der Mitteilung aus 2012 dargestellten Maßnahmen sollen die Strukturen und Prozesse der Forschung und deren Förderung in der EU weltweit konkurrenzfähig werden. Zudem sollen sie Antworten auf die großen gesellschaftlichen Herausforderungen bieten, wie den Klimawandel, eine alternde Bevölkerung oder den Wandel zu einer ressourcenschonenden Gesellschaft.

> „Die folgende Definition des EFR stützt sich auf den Lissabon-Vertrag und die Schlussfolgerungen des Europäischen Rates: ein gegenüber der Welt offener, auf den Binnenmarkt gestützter vereinter Forschungsraum, in dem Freizügigkeit für Forscherinnen und Forscher herrscht und wissenschaftliche Erkenntnisse und Technologie frei ausgetauscht werden und durch den die Union und ihre Mitgliedsstaaten ihre wissenschaftlichen und technologischen Grundlagen, ihre Wettbewerbsfähigkeit und ihre Fähigkeit zur gemeinsamen Bewältigung großer Herausforderungen stärken." (KOM, 2012a, 3).

Eine Grundlage der Mitteilung der KOM (2012a) ist ihre **Situationsanalyse**, die einen Handlungsbedarf festgestellt. Sie erkennt eine schwächer werdende Stellung der EU in der weltweiten Forschungs- und Innovationslandschaft sowie eine anhaltende Abwanderung wissenschaftlicher Talente und etablierter Wissenschaftler (Brain Drain) v.a. in die USA. Sie bestätigt die unterschiedliche Qualität in den einzelnen Mitgliedsstaaten und die fragmentierte Struktur der Forschungslandschaft der EU.

Zur Dokumentation des Handlungsbedarfs dient auch der jeweilige Anteil der Investitionen in Forschung und Entwicklung (F&E) am Bruttoinlandsprodukt (BIP). Zielmarke der EU ist, 3% private und öffentliche Investitionen sicherzustellen. Durchschnittlich investierten die Mitgliedsstaaten (EU-27) im Jahr 2011 2,03% des BIP in F&E (vgl. Eurostat, 2013, 52), Deutschland 2,84% (vgl. Mischke, 2013, 16).

Als ein Problem gilt die sogenannte Innovationslücke („Innovation Gap", „Death Valley of Innovation"). Damit ist gemeint, dass Forschungsergebnisse häufig nicht in die Anwendung bzw. zur wirtschaftlichen Verwertung in den Markt gelangen: „Europe is good in turning Euro into science but not in turning science into Euro" (Bergmann, 2012, 393). Die stärkere Ausrichtung der Forschungsförderung auf Innovationen bzw. auf den damit verbundenen wirtschaftlichen Nutzen folgt der Logik, dass Unternehmen nur in diesem Fall mehr Geld in die Forschung fließen lassen (vgl. Durinke, 2010, 15).

Zudem erkennt die EU ihren **Koordinierungsbedarf** aufgrund unabgestimmter europäischer, nationaler und regionaler Förderprogramme. Deren Folge sind Doppelförderungen und fehlende (politische konsistente) Schwerpunktsetzungen angesichts begrenzter Ressourcen. Bestimmte Forschungsgebiete erfordern einen Einsatz auf europäischer Ebene, denn sie sind komplex und benötigen umfangreiche finanzielle Ressourcen, die einzelne Nationalstaaten nicht alleine zu leisten imstande sind. Durch die gemeinsame Zielausrichtung und Bündelung der finanziellen, aber auch personellen Ressourcen verspricht sich die EU, einen signifikanteren Beitrag zur Lösung der komplexen großen gesellschaftlichen Herausforderungen leisten zu können.

4.2.2 Politische Ziele des EFR

Die Mitgliedsstaaten hatten sich auf das **politische Ziel** verständigt, den EFR bis 2014 zu verwirklichen (vgl. KOM, 2012a, 2). Der Umsetzung dieser Verabredungen kam eine hohe Bedeutung zu: Die KOM-Veröffentlichungen zum EFR haben zwar Empfehlungscharakter; jedoch kann die KOM auf der Grundlage von Art. 182 Abs. 5 AEUV verschiedene Maßnahmen, bis hin zu legislativen, zur Vollendung des EFR ergreifen, sollten die Fortschritte der Mitgliedsstaaten unzureichend sein (vgl. KOM, 2012a, 19). Jedoch lehnt die Bundesregierung legislative Maßnahmen in diesem Zusammenhang ab, denn für die deutsche Wissenschaftspolitik würde das Ergreifen legislativer Maßnahmen durch die EU bedeuten, dass neben Bund und dem jeweiligen Bundesland eine dritte legislative Ebene entstehen würde (vgl. HRK, 2013), die relevante und zu beachtende Rahmenbedingungen für ihre Arbeit darstellen könnte. Stattdessen setzt die Bundesregierung auf eine umfangreiche Dokumentation ihrer Fortschritte in Richtung des EFR, um aufzuzeigen, dass die Ziele des EFR ohne legislative Maßnahmen der EU erreicht werden.

Um die nationalen Reformen zur EFR-Politik und deren Umsetzung zu überwachen und zu evaluieren, wurde der sogenannte **ERA Monitoring Mechanism** (EMM) als indikatorengestütztes Monitoringsystem geschaffen (vgl. KOM, 2012a, 19). Gegenstand sind statistische Daten zu den nationalen Forschungssystemen, aber auch die jeweilige Forschungspolitik und ihre Implementation. 2012 wurde in einer ersten Erhebung unter den Forschungseinrichtungen und Hochschulen sowie mit Hilfe ergänzender statistischer Daten der KOM die Ausgangslage erhoben. Die Daten im Rahmen des EMM sind hoch relevant, denn sie entscheiden die politische Frage, ob die oben genannten legislativen Maßnahmen durch die EU ergriffen werden können.

Die erste Erhebung der EU wies jedoch erhebliche statistische Mängel auf. So wurden z.B. Einrichtungen in Deutschland höchst unterschiedlich angeschrieben: bspw. hat die KOM sich mal an einzelne Max-Planck-Institute, mal an die Zentrale in München gewandt. Zudem ist es zu Mehrfachzählungen von Mittelflüssen oder Personal gekommen – damit sind die ersten Ergebnisse wenig aussagekräftig. Bereits das Ausfüllen der Fragebögen war problematisch, da einige Fragestellungen nicht eindeutig formuliert waren, Begriffsdefinitionen fehlten und offene Fragen bzgl. des Datenschutzes bestanden.

Angesichts dessen hat die Allianz der Wissenschaftsorganisationen im Januar 2013 ihre Mitglieder in Abstimmung mit dem Bundesministerium für Bildung und Forschung (BMBF) aufgefordert, den von der KOM verschickten Fragebogen nicht zu beantworten. Stattdessen wurde unter Federführung des BMBF ein erster Bericht in Zusammenarbeit mit den Ländern und den Wissenschaftsorganisationen erarbeitet. Dieser beschrieb den Stand der Umsetzung des EFR in Deutschland und den Status quo des deutschen Forschungs- und Innovationssystems. Bei der zweiten Umfrage in 2014 hatte die HRK den Hochschulen angeboten, für Rückfragen beim Ausfüllen zur Verfügung zu stehen, um die Hochschulen zu entlasten bzw. eine Gesamtberichterstattung für die deutschen Hochschulen zu übernehmen (vgl. Hochschulrektorenkonferenz, 2013). Dabei bot sie ihren Mitgliedern an, Fragen – soweit möglich – aus bestehenden Daten zu beantworten und die Hochschulen nur bei offenen Fragen zu kontaktieren. Dadurch hat die HRK den Aufwand für die Hochschulen reduziert.

Ausgehend von der ersten Basiserhebung der KOM werden jährlich Erhebungen durchgeführt, um die Fortschritte des EFR zu dokumentieren. Der EMM soll eine kohärente Datenbasis, bezogen auf die Implementierung des EFR, werden. Er soll auch den Mitgliedsstaaten Daten zur Reflexion nationaler Reformen bieten, indem nationale Bedingungen berücksichtigt werden. Den Mitgliedsstaaten und den Forschungsorganisationen soll die Erhebung zudem Best-Practice-Beispiele aufzeigen. Die Berichtspflichten für die Hochschulen sind in Folge des EMM gestiegen (vgl. HRK, 2013).

4.2.3 Bedeutung von Partnerschaften zwischen Mitgliedsstaaten und KOM

Die Verwirklichung des EFR erfolgt primär durch die **Partnerschaft** der Mitgliedsstaaten und der KOM. Die Partnerschaft wurde 2012 als sogenannte EFR-Partnerschaft um Forschungseinrichtungen erweitert (vgl. KOM, 2012a, 6f.). Damit ist der EFR für Hochschulen und Forschungseinrichtungen noch relevanter geworden:

> „Das Konzept des Europäischen Forschungsraums prägt die europäische sowie die nationalen Forschungslandschaften in immer größerem Maße und ist ein Faktum, dem sich kein Akteur in Europa mehr entziehen kann." (GWK, 2011, 4).

Hochschulen und Forschungseinrichtungen wurden in die Partnerschaft einbezogen, weil sie in Folge der politischen Reformen der letzten Jahre über autonome Kompetenzen verfügen, die die Mitgliedsstaaten nicht beeinflussen. Es werden jedoch nicht einzelne Forschungseinrichtungen und Hochschulen angesprochen, sondern nur (europäische) Verbände und Dachorganisationen. Einige von ihnen haben mit der KOM Partnerschaftsvereinbarungen unterschrieben, in denen sie ihre generelle Bereitschaft zur Mitwirkung an der Vollendung des EFR ausdrücken. Ein Beispiel für einen Unterzeichner ist Science Europe, eine grenzübergreifende Initiative von Forschungs- und Forschungsfördereinrichtungen in Europa. Mitglieder aus Deutschland sind u.a. die Deutsche Forschungsgemeinschaft (DFG) und die Max-Planck-Gesellschaft (MPG). Science Europe will eine starke Stimme für die Wissenschaft in Europa sein.

Zur Umsetzung des ERF sind drei **Maßnahmentypen** vorgesehen:
- Maßnahmen der KOM (v.a. Koordinationsaufgaben),
- Maßnahmen der Mitgliedsstaaten und
- Maßnahmen der (weiteren) Forschungsförderinstitutionen und Forschungsorganisationen.

Im Kern müssen die Mitgliedsstaaten – sofern ihre Forschungs- und Hochschulsysteme nicht bereits den EFR-Kriterien entsprechen – innerstaatliche Reformen realisieren (vgl. KOM, 2012a, 18). Die KOM ergreift Koordinierungs- und Unterstützungsmaßnahmen, wie Mobilitätsprogramme und Informationsaustausch.

Aufgrund von Art. 182, Abs. 5 AEUV und durch ihr Initiativrecht (vgl. 2.2) kann die KOM den EFR stärker als bisher mitgestalten.

4.2.4 Prioritäre Handlungsfelder des EFR

Die EFR-Ziele werden anhand seiner fünf **prioritären Handlungsfelder** bzw. **Schwerpunktbereiche** deutlich. Sie wurden in der ursprünglichen KOM-Veröffentlichung seit 2008/2009 zum EFR als sogenannte fünf EFR-Initiativen benannt sowie mit der KOM-Mitteilung 2012a (7ff) modifiziert und ergänzt zu Prioritäten, die mit bestimmten Maßnahmen konkretisiert wurden. Im Folgenden werden nur die aktuellen Prioritäten genannt. Sie verdeutlichen die Relevanz des EFR für die deutschen Hochschulen und Forschungseinrichtungen. In den Ausführungen zu den einzelnen Initiativen ist verschiedentlich davon die Rede, dass die EU die Mitgliedsstaaten und die Einrichtungen „ersucht", bestimmte Aktivitäten vorzusehen. Sie kann auf der Grundlage des Gemeinschaftsrechts aktuell nicht die zuvor angesprochenen einzuhaltenden legislativen Maßnahmen und damit Vorschriften erlassen. Stattdessen kann die EU nur bei den Mitgliedsstaaten und Einrichtungen dafür werben, in einer bestimmten Weise zu agieren. Damit haben ihre Äußerungen eher einen Empfehlungscharakter.

1. **Erhöhte Leistungsfähigkeit und Effektivität der nationalen Forschungssysteme**
   Ziel ist, eine qualitativ höherwertige Forschung und eine offenere, transparentere, wettbewerbsgestützte und leistungsorientierte Vergabe nationaler Projektfördermittel zu erreichen. Der Ausbau internationaler, peer-review-basierter Bewertungsverfahren und die Anpassung nationaler Vorschriften an gemeinsame europäische strategische und thematische Ziele sind Kernziele des EFR. Auch für die institutionelle Förderung sollen qualitätsgeleitete Indikatoren genutzt werden. Auf diese Weise soll ein effektiver und effizienter öffentlicher Mitteleinsatz erreicht werden (vgl. KOM, 2012a, 7).
   Hierzu ergreifen die KOM und die Mitgliedsstaaten verschiedene Maßnahmen. Die KOM will das gegenseitige Lernen der Mitgliedsstaaten bzgl. des Abbaus rechtlicher Barrieren unterstützen, um den EFR zu etablieren.

2. **Optimale länderübergreifende Zusammenarbeit und entsprechender Wettbewerb**
   Auf den verschiedenen Ebenen Region, Mitgliedsstaaten und EU sollen abgestimmte Forschungspläne und -programme zu den großen gesellschaftlichen Herausforderungen (vgl. Kap. 4.3) dazu beitragen, einen relevanten Beitrag zu deren Lösung zu leisten. Die Forschungsagenden der Mitgliedsstaaten werden durch die thematische Koordinierung durch die EU beeinflusst (vgl. GWK,

2011, 5), jedoch aufgrund (bislang) fehlender legislativer Maßnahmen nicht bestimmt.

Die KOM fordert die Mitgliedsstaaten auf, einen angemessenen Teil ihrer nationalen Fördermittel auf die thematischen Ziele („Gesellschaftliche Herausforderungen“) der EU-Forschungsförderung auszurichten. Die hierzu genutzten Mittel sollen komplementär sein und sich damit gegenseitig verstärken. Ein weiterer Aspekt ist die länderübergreifende Zusammenarbeit bei der Finanzierung zentraler Forschungsinfrastrukturen auf paneuropäischer Grundlage. Die länderübergreifende Zusammenarbeit soll dazu beitragen, dass die Mittel der EU und der Mitgliedsstaaten durch strategische Forschungspläne auf gemeinsame Ziele konzentriert werden und dadurch eine möglichst große Wirkung entfalten. Ein wichtiges Instrument ist in diesem Zusammenhang das Joint Programming. Hierbei koordinieren die Mitgliedsstaaten ihre Förderung bezogen auf bestimmte Themen (vgl. GWK, 2011, 5) mit Unterstützung der KOM.

Dieses Vorgehen hat Auswirkungen auf die Hochschulen und Forschungseinrichtungen, die sowohl in nationalen als auch in europäischen Programmen mit Ausschreibungen in bestimmten Themengebieten konfrontiert werden und im Hinblick darauf den gesellschaftlichen Nutzen ihrer Projekte verdeutlichen müssen.

Aus strategischer Sicht der Einrichtungen erscheint es angebracht, angesichts der relativen Langfristigkeit dieser strategischen Ausrichtung ihre eigenen Forschungsförder- und Einrichtungsstrategien entsprechend zu strukturieren.

Die Forschungsakteure werden ersucht, über ihre Verbände gemeinsame Finanzierungsgrundsätze zu vereinbaren sowie Modelle der federführenden Einrichtung („Lead-Agency“-Verfahren), der grenzüberschreitenden Förderung („Money Follows Cooperation Line“, „Money Follows Researcher“) und sonstige Modelle der grenzüberschreitenden Zusammenarbeit anzuwenden (vgl. KOM, 2012a, 10).

3. Offener Arbeitsmarkt für Forscherinnen und Forscher

Die Mobilität von Forschern ist ein wesentliches Ziel europäischer Bildungs- (vgl. Kap. 3.3) und Forschungspolitik (vgl. Kap. 3.1). Hierzu sollen im EFR v.a. bürokratische Hindernisse beseitigt werden, die einem europäischen Arbeitsmarkt für Forscher entgegenstehen (vgl. KOM, 2012a, 12). Transparente, offene und leistungsbezogene Einstellungsverfahren werden hier gefordert. Legislative Entwicklungen im Bereich des allgemeinen Aufenthalts- und Sozialversicherungsrechts unterstützen die spezifischen Maßnahmen im Forschungsbereich.

Die KOM fordert (in der Mitteilung KOM, 2012a, 12) bspw., dass Fördermittel dem Forscher („Money Follows Researcher“) folgen, wenn er die Einrichtung (europaweit) wechselt. Zudem sollen Nicht-Staatsangehörige oder Nicht-Ansässige Zugang zu staatlichen Stipendien erhalten können. Außerdem sollen die KOM, die Mitgliedsstaaten, aber auch die Hochschulen und Forschungseinrichtungen Maßnahmen ergreifen, die die Laufbahnaussichten von Nachwuchsforschern verbessern, Geschlechtergerechtigkeit unterstützen, die soziale Absicherung verbessern und die Mobilität zwischen Hochschulen und Unternehmen erleichtern (vgl. KOM, 2012a, 12).

Die KOM fordert z.B. von den Hochschulen und Forschungseinrichtungen, dass sie sämtliche Stellenausschreibungen über das Portal „EURAXESS Jobs" bekannt geben und Strategien zur Förderung der Laufbahnentwicklung von Forschern verfolgen, die im Einklang mit der Human-Resources-Strategie für Forscher der KOM stehen. Zudem sollen sie strukturierte Doktorandenprogramme entwickeln, die sich an den Grundsätzen für innovative Doktorandenausbildung orientieren. Des Weiteren sollen sie strukturierte Programme zur Mobilität zwischen Industrie und Hochschule aufsetzen (vgl. KOM, 2012a, 13).

Die auf die Erhöhung der Mobilität abzielenden Maßnahmen zur Umsetzung des EFR halten damit weitere Herausforderungen für Hochschule und Forschungseinrichtungen bereit:

> „Mit der Entwicklung des Europäischen Forschungsraums und der zunehmenden Internationalisierung der Wissenschaft hat sich der Wettbewerb um die besten Forschungsprojekte, Kooperationspartner und wissenschaftliches Spitzenpersonal erheblich verstärkt. Für die deutschen Wissenschaftsorganisationen und Universitäten und damit den Forschungsstandort Deutschland ist es entscheidend, sich in dieser weltweiten Konkurrenzsituation erfolgreich zu behaupten." (GWK, 2011, 6).

Neben den strategischen Fragen des Haltens von Spitzenpersonal an der eigenen Einrichtung stellen sich für die aufnehmende Einrichtung verschiedene rechtliche Herausforderungen, wie das Besserstellungsverbot, die Vergabe von Sachbezügen („Fringe Benefits"), der Vergaberahmen für Leistungsbezüge und die flexiblere Gestaltung von Altersversorgungsmodellen (vgl. GWK, 2011, 7) und Dual-Career-Optionen für die Partner von Forschenden.

4. Gleichstellung der Geschlechter und Berücksichtigung des Gleichstellungsaspekts in der Forschung

Die unterschiedliche Verteilung der Geschlechter auf die unterschiedlichen wissenschaftlichen Qualifikationsstufen und auf die Leitungsebenen sowie die unterschiedlichen jeweiligen Karrierechancen sollen im EFR behoben werden (vgl. KOM, 2012a, 14). Seit einer Ratsentscheidung von 2005 sollen Führungspositionen in öffentlich finanzierter Forschung zu 25% durch Frauen besetzt sein. Im Jahr 2009 wurden allerdings erst 13% erreicht (vgl. KOM, 2012a, 14f.).

Zudem soll im EFR zur Diversifizierung der Ansichten und Konzepte in der Forschung und Förderung von Exzellenz beigetragen werden.

Die Organisationen der Forschungsakteure werden (z.B. mit der Mitteilung KOM, 2012a, 15) ersucht,

> „[...] institutionelle Veränderungen in Bezug auf das HR-Management, die Finanzierung, die Entscheidungsfindung und die Forschungsprogramme durch Gleichstellungspläne mit folgender Zielsetzung zu verwirklichen: Durchführung von Folgenabschätzungen/Audits von Verfahren und Methoden zur Ermittlung geschlechterspezifischer Ungleichheiten; Umsetzung innovativer Strategien zur Behebung etwaiger Ungleichheiten; Festlegung von Zielen und Überwachung des Fortschritts anhand von Indikatoren."

5. **Optimaler Austausch von, Zugang zu und Transfer von wissenschaftlichen Erkenntnissen, auch über den digitalen EFR**
   Die Gewährleistung des Zugangs und der Aufnahme von Wissen durch alle EU-Bürger ist ein Ziel des EFR. Dadurch sollen Forschung und Innovationen gefördert werden (vgl. KOM, 2012a, 16). Hiermit ist insbesondere die Förderung des freien Zugangs zu Wissen („Open Access") gemeint sowie der freie Internetzugang zu mit öffentlichen Mitteln geförderten wissenschaftlichen Veröffentlichungen und Daten.

   Hochschulen und Forschungseinrichtungen müssen entsprechende Voraussetzungen bei sich schaffen. Mit der KOM-Mitteilung (2012a, 17) werden die Organisationen der Forschungsakteure ersucht,

   > „[...] Maßnahmen des offenen Zugangs zu Veröffentlichungen und Daten aus öffentlich finanzierter Forschung zu beschließen und umzusetzen; die Einführung der elektronischen Identität und von digitalen Forschungsdienstleistungen voranzutreiben und zu fördern; für optimale Querverbindungen und strategische Partnerschaften zwischen Hochschulen und Industrie zu sorgen und gemeinsame Verbundforschungspläne festzulegen, um eine maximale Verwertung der Forschungsergebnisse zu erreichen; die Anerkennung und die Professionalisierung von Wissenstransfertätigkeiten zu verbessern und die Rolle der Wissenstransferbüros zu stärken."

Bei den Zielen des EFR – wie bei allen Veröffentlichungen der EU zu deren Strategien – ist zu beachten, dass sie sich an alle Mitgliedsstaaten richten. Daher können verschiedene Ziele bereits in Deutschland umgesetzt sein, weil dies bereits langjährige Praxis ist, während andere Mitgliedsstaaten durch die KOM-Veröffentlichungen erst zur Zielerreichung gebracht werden müssen. Der Bundesrat stellt in seiner Stellungnahme zur KOM-Mitteilung 2012a fest, dass die von der KOM genannten Schwerpunktbereiche zur Schaffung des EFR in Deutschland bereits weitgehend umgesetzt und wesentliche Fortschritte erreicht seien (vgl. Bundesrat, 2012, 1).

In der öffentlichen und interessenpolitischen Debatte wird die KOM-Mitteilung (vgl. KOM, 2012a) grundsätzlich positiv aufgenommen, nicht zuletzt, weil die Mitgliedsstaaten zu den früheren, ähnlich lautenden Mitteilungen zum EFR bereits Zusagen gegeben haben. Zudem haben verschiedene Akteure der Wissenschaftslandschaft in der Vergangenheit zum EFR positiv Stellung bezogen. Einer der Gründe hierfür ist, dass bereits heute circa 15% der öffentlichen Forschungsfördermittel in europäischer Abstimmung vergeben werden, es Joint Programming bereits gibt und die Mitnahme von Fördermitteln durch Forschende in gewissem Umfang bereits möglich und damit Mobilität gegeben ist. Zu Letzterem gibt es bspw. bilaterale Abkommen der DFG.

Für die Umsetzung des EFR existiert kein eigenes EU-Budget, sondern er wird v.a. durch Horizont 2020 umgesetzt (vgl. Kap. 4.3). Zudem existieren Schnittstellen zu anderen Programmen, wie dem innovations- und forschungsbezogenen Teil der Strukturfonds (vgl. Kap. 4.4).

4.3 Horizont 2020

Das Rahmenprogramm für Forschung und Innovation, Horizont 2020, ist das weltweit größte, in sich geschlossene Forschungs- und Innovationsprogramm und das Hauptinstrument der EU für diesen Bereich. Es löst das bisherige siebte Forschungsrahmenprogramm (FRP) ab. Zudem integriert es das frühere Programm für Wettbewerbsfähigkeit und Innovation (CIP) sowie das Europäische Institut für Technologie (EIT). Damit ist es erstmals kein reines Forschungs-, sondern auch ein Innovationsförderprogramm – daher wird es nicht als achtes Forschungsrahmenprogramm bezeichnet. Durch die Integration von Forschung und Innovation in einem einzelnen Rahmenprogramm deckt Horizont 2020 die komplette Wertschöpfungskette von der Grundlagenforschung bis zu marktnahen Innovationen ab.

Die Europa-2020-Strategie (vgl. Kap. 2.5), die Innovationsunion (vgl. Kap. 4.1) und zum Teil auch der EFR (vgl. Kap. 4.2) bilden den strategischen Rahmen von Horizont 2020. Auch wenn es in vielen Bereichen neu ist, sind viele Elemente von Horizont 2020 bereits im 7. FRP angelegt (vgl. Gaul, 2012). Eine zentrale Neuerung ist, dass Horizont 2020 einen umfassenden Innovationsbegriff berücksichtigt, der über den Bereich technologischer Innovationen hinausgeht. So werden auch Dienstleistungen darunter gefasst.

Hier geht es um den Impact der Forschung, damit gute Projekte nicht mit dem Abschlussbericht in der Schublade verschwinden, sondern in die Umsetzung zu

Gunsten der Menschen und der Wirtschaft der EU gelangen. Ausführliche Informationen zu dem Ansatz bietet die KOM-Mitteilung 2013e.

Das Budget für Horizont 2020 beträgt für 2014 bis 2020 77 Mrd. € (vgl. BMBF, 2013, 5), womit es der drittgrößte Posten im EU-Haushalt ist. Dies verdeutlicht die Bedeutung, die die EU der Förderung von Forschung und Innovation einräumt, um ihre Ziele zu verwirklichen.

Bei dem Betrag von 77 Mrd. € wird in sogenannten laufenden Preisen gerechnet. Das bedeutet, dass die Inflationsrate berücksichtigt wird und nicht die konstanten Preise mit Bezugspunkt des Jahres des Beschlusses von Horizont 2020.

Die Relevanz des Programms muss nicht weiter diskutiert werden, denn sie ist – wie in den folgenden Ausführungen deutlich wird – eindeutig gegeben:

> „Horizont 2020 ist [...] ein für Hochschulen, Forschungsinstitute und Unternehmen gleichermaßen geeignetes Förderprogramm, welche Forschungs- und Entwicklungsprojekte, Demonstrationsvorhaben oder Innovationsmaßnahmen auf europäischer Ebene durchführen wollen“ (BMBF, 2013, 2).

Für Hochschulen und in den meisten Fällen auch für Forschungseinrichtungen ist der Zugewinn an wissenschaftlichen Erkenntnissen bereits der zentrale Nutzen eines Projektes. Die Verwertbarkeit gewinnt an Bedeutung, insbesondere weil sie von der Wissenschaftspolitik und den Ausschreibungen verlangt wird.

Für Unternehmen birgt die Beteiligung wirtschaftliche Risiken. Hierzu zählt, dass die geplanten Ergebnisse nicht erreicht werden könnten. Des Weiteren besteht ein Verwertungsrisiko, dass die Ergebnisse nicht wirtschaftlich nutzbar gemacht werden können. Hinzu kommt das Kostenrisiko, wonach der Kostenplan nicht eingehalten werden könnte, sowie das Zeitrisiko, dass das Projekt nicht im geplanten Zeitraum abgeschlossen wird (vgl. Durinke, 2010, 22). Die Zusammenarbeit von Unternehmen und Wissenschaft besitzt für die Beteiligten Vorteile, wenn das Ziel der wirtschaftlichen Verwertbarkeit im Vordergrund steht.

Die Ziele von Horizont 2020 können wie folgt strukturiert werden:

1. **Überwinden der Wirtschafts- und Finanzkrise, steigern der Wettbewerbsfähigkeit, des (Wirtschafts-)Wachstums und des Wohlstands**
   Der Rat und das EP teilten in der politischen Verhandlung von Horizont 2020 die Einschätzung und Beobachtung, dass die Staaten gut aus der Krise gekommen sind, die im Vorfeld bereits deutlich in Forschung und Innovation investiert haben (vgl. Reul, 2014). Der Investition in Forschung wird ein hoher Stellenwert eingeräumt, denn davon verspricht sich die EU für länger anhaltende sowie künftige Krisen gerüstet zu sein.

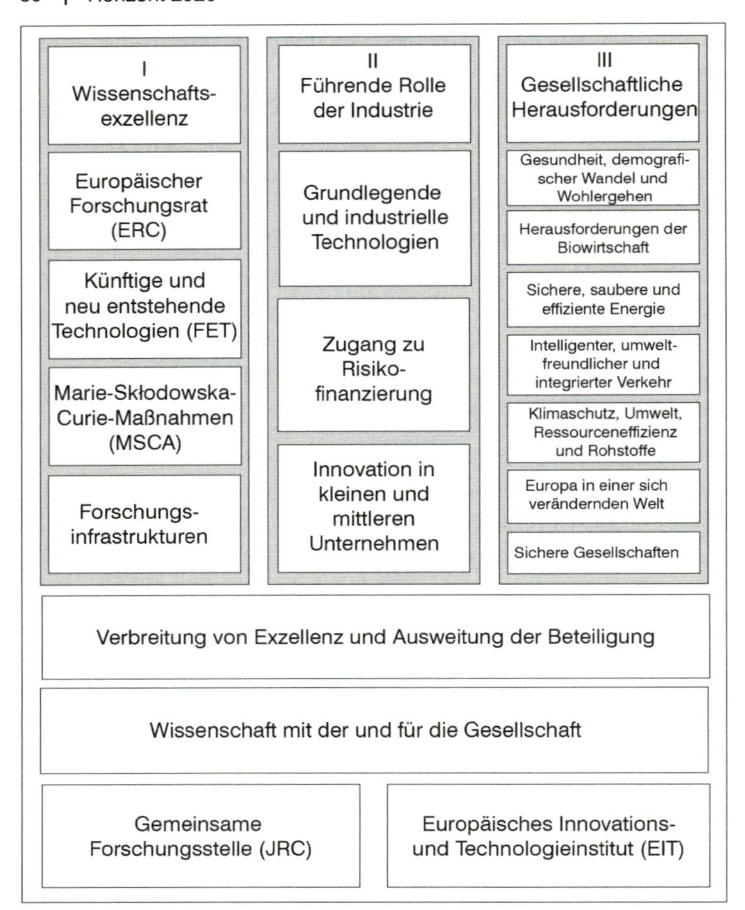

Abbildung 6:
Struktur des Programms Horizont 2020 (Quelle: BMBF 2013, 5).

Um diesen Aspekt politisch handhabbar zu machen, wurde als Indikator der Anteil der Forschungsinvestitionen am BIP herangezogen: Auf diese Weise kam das sogenannte 3%-Ziel zustande. In diesem Zusammenhang steht auch das Ziel, das mit Horizont 2020 verfolgt wird, die Wettbewerbsfähigkeit der EU im internationalen Wettbewerb der Wirtschaftsräume wie auch das (Wirtschafts-)Wachstum zu stärken und damit den sozialen Wohlstand zu verbessern. Aber auch der soziale Zusammenhalt innerhalb der EU soll gestärkt werden (vgl. BMBF, 2013, 2).

2. **Berücksichtigung der kompletten Wertschöpfungskette**
   Horizont 2020 ist, wie bereits erwähnt, kein reines Forschungs-, sondern zusätzlich auch ein Innovationsförderprogramm. Damit gewinnt der Impact der

Forschung im Sinne von am Markt eingesetzter Technologien und Dienstleistungen an Bedeutung. Die komplette Wertschöpfungskette von der Grundlagenforschung bis hin zur (nahe) marktfähigen Innovation soll gefördert werden, um das sogenannte Death Valley der Innovationen zu überwinden. Dieser Begriff bezeichnet das Problem, dass die Forschungsprojekte gute Ergebnisse hervorbringen, diese aber nicht in die Anwendung kommen, weil eine Förderlücke für die Weiterentwicklung der Forschungsergebnisse in (nahe) marktfähige Produkte existiert. Durch den integrierten Ansatz, Forschung und Innovation in einem einzelnen konsistenten Rahmenprogramm zu fördern, trägt Horizont 2020 zur Lösung dieser Problematik bei. Auf diese Weise soll Horizont 2020 zur Erreichung der v.g. Ziele bzgl. der Wettbewerbsfähigkeit und des Wachstums beitragen, indem u.a. neue Arbeitsplätze geschaffen werden.

3. **Beitrag zur Lösung der großen gesellschaftlichen Herausforderungen**
   Horizont 2020 weist eine Missionsorientierung auf – als Ziel wird ein strategischer Nutzen für die EU verfolgt. Damit ist gemeint, dass Themen in den Fokus der Förderung gestellt werden, die für die EU große gesellschaftliche Herausforderungen darstellen.

4. **Förderung von Schlüsseltechnologien (Key Enabling Technologies KET)**
   Neben der politischen Definition von Förderthemen ist ein Teil des Programms auf sogenannte Schlüsseltechnologien ausgerichtet, in deren Entwicklung Europa führend bleiben oder werden soll. Diese Technologien (z.B. Nano- und Biotechnologie) wurden als entscheidend für das Wachstum und die Wettbewerbsfähigkeit der europäischen Wirtschaft identifiziert.

   > „Schlüsseltechnologien sind wissensintensiv, multidisziplinär, geprägt von schnellen Innovationszyklen, erfordern in der industriellen Umsetzung hohen Kapitalaufwand und hochqualifizierte Arbeitskräfte" (BMBF, 2013, 3).

Die v.g. Ziele werden in Horizont 2020 in drei getrennten, aber einander verstärkenden Schwerpunkten (Wissenschaftsexzellenz, Führende Rolle der Industrie, Gesellschaftliche Herausforderungen) und vier weiteren Programmelementen umgesetzt.

Die folgende Tabelle vermittelt einen Eindruck bzgl. der Bedeutung der einzelnen Bereiche:

Programmlinie	Mittelansatz
I. Wissenschaftsexzellenz	**24.441**
Europäischer Forschungsrat (ERC)	13.095
Künftige und neu entstehende Technologien(FET)	2.696
Marie-Skłodowska-Curie-Maßnahmen (MSCA)	6.162
Forschungsinfrastrukturen	2.488
II. Führende Rolle der Industrie	**17.016**
Grundlegende und industrielle Technologien	13.557
Zugang zu Risikofinanzierung	2.842
Innovation in kleinen und mittleren Unternehmen (KMU)	616
III. Gesellschaftliche Herausforderungen	**29.679**
Gesundheit, demografischer Wandel und Wohlergehen	7.472
Herausforderungen der Biowirtschaft	3.851
Sichere, saubere und effiziente Energie	5.931
Intelligenter, umweltfreundlicher und integrierter Verkehr	6.339
Klimaschutz, Umwelt, Ressourceneffizienz und Rohstoffe	3.081
Europa in einer sich verändernden Welt	1.310
Sichere Gesellschaften	1.695
Verbreitung von Exzellenz und Ausweitung der Beteiligung	**817**
Wissenschaft mit der und für die Gesellschaft	**462**
Gemeinsame Forschungsstelle (JRC)	**1.903**
Europäisches Innovations- und Technologieinstitut (EIT)	**2.711**
Horizont 2020 insgesamt	**77.028**

Abbildung 7:
Vorläufige Verteilung der Mittel für Horizont 2020 auf die einzelnen Bereiche (in Mio. €, laufende Preise) (Quelle: BMBF, 2013,11)

4.3.1 Wissenschaftsexzellenz

Die verschiedenen Maßnahmen von Horizont 2020 dienen der Förderung von exzellenter Forschung. Eine Voraussetzung für die Beteiligung ist, dass die Antragsteller ihre bereits vorhandene wissenschaftliche Qualität bzw. Reputation dokumentieren. Es handelt sich nicht um ein Programm zur Heranführung an die Exzellenz.

Europäischer Forschungsrat

Kernziel des Europäischen Forschungsrates (ERC, European Research Council) ist die Förderung grundlagenorientierter Forschung, sogenannter bahnbrechender „Pionierforschung“, die sich an der Grenze des aktuellen Wissens befindet. Er ist allein dem Kriterium der Exzellenz verpflichtet. Zielgruppe der Förderung sind individuelle Wissenschaftler, die im wissenschaftlichen Wettbewerb im Peer-Review-Verfahren vergebene Grants erwerben können. Der ERC mit seiner qualitätsorientierten Personenförderung hat eine besonders wissenschaftsnahe Arbeitsweise (vgl. Gaul, David, 2009, 20; Stamm, 2014, 36).

Kennzeichnend ist die Themenoffenheit des Programms. Somit können sich Wissenschaftler aller Disziplinen beteiligen. Zudem ist ein kompetitives Bewerbungsverfahren etabliert, bei dem die wissenschaftliche Exzellenz als alleiniges Auswahlkriterium gilt. Anders als bei Horizont-2020-Verbundprojekten ist hierbei die Einreichung als individueller Antragsteller ohne Konsortien und Netzwerke möglich. Die Organisation, an der der Wissenschaftler arbeitet, muss die erforderlichen Infrastrukturen bereitstellen, um die Förderung abzuwickeln und ihm die Forschung zu ermöglichen.

Die Hauptmaßnahmen des ERC sind verschiedene Förderlinien für Wissenschaftler unterschiedlicher Erfahrungsstufen: Die ERC Starting Grants richten sich an jüngere Nachwuchswissenschaftler in der Zeit zwischen zwei und sieben Jahre nach ihrer Promotion. Die Ausschreibungen der ERC Consolidator Grants adressieren bereits etablierte Nachwuchswissenschaftler, die sieben bis zwölf Jahre zuvor promoviert haben. Erfahrene Wissenschaftler können sich um die ERC Advanced Grants bewerben. Es werden jeweils zwischen 2 und 3,5 Mio. € über maximal fünf Jahre vergeben. Die Mittelhöhe unterscheidet sich je nach Grant. Gegenstand der ergänzenden Programmlinie Proof of Concept ist die Förderung der Ausschöpfung des Innovationspotenzials von in ERC-Projekten generierten Ideen und Erfindungen. Hier stehen bis zu 150.000 € für ERC-Grant-Inhaber (ERC Grant Holder) als zusätzliche Förderung bereit.

Für den ERC wurde eine Struktur geschaffen, an dessen strategischer Spitze der sogenannte Wissenschaftliche Rat steht. Seine Mitglieder sind 22 hochrangige Wissenschaftler, die die wissenschaftliche Strategie des von der EU-Kommission verabschiedeten Arbeitsprogramms festlegen. Die administrativen und koordinierenden Aufgaben übernimmt die Exekutivagentur des ERC (European Research Council Executive Agency, ERCEA). Sie verwaltet die Ausschreibungen und die geförderten Projekte. Die Finanzierung erfolgt aus Horizont-2020-Mitteln.

Das Prinzip der Autonomie der Wissenschaft liegt der ERC-Förderung zugrunde: In den vorgenannten Strukturen erfolgt die Auswahl der Themen und der Geförderten durch wissenschaftliche Gremien im Rahmen eines internationalen Peer-Review-Verfahrens. Die Grants sind mobil und können bei einem Arbeitgeberwechsel vom Grant-Inhaber zum neuen Arbeitgeber mitgenommen werden. Für Wissenschaftseinrichtungen ist es besonders relevant, Grant-Inhaber in ihrer Einrichtung beschäftigt zu haben, denn sie besitzen ein hohes Renommee, das letztlich auch positiv auf die Einrichtung ausstrahlt.

ERC-Beratung bietet die NKS ERC (www.nks-erc.de). Ausführliche Informationen zum ERC liefert eine Publikation des BMBF (2014b).

Künftige und neue entstehende Technologien (FET)

Im Rahmen der FET werden exzellenzorientierte und visionäre Verbundforschungsvorhaben gefördert. Das Kernziel ist, dass Forscher aller Disziplinen neue, visionäre Technologiefelder bearbeiten. 60 Prozent der Mittel sind für themengebundene Forschungscluster („FET Proactive") und Großprojekte („FET Flagships") reserviert. 40 Prozent sind für themenoffene Einzelvorhaben vorgesehen („FET Open").

Marie-Skłodowska-Curie-Maßnahmen (MSCA)

Die MSCA dienen der Mobilität und Karriereentwicklung von Nachwuchswissenschaftlern. Die Maßnahmen unterteilen sich in drei Bereiche, in denen Forschungsaufenthalte von Postdoktoranden, Personalaustauschprogramme und europäische Netzwerke zur Doktorandenausbildung gefördert werden. Neben der sektoralen wird zudem die intersektorale Mobilität zwischen dem Wissenschafts- und Unternehmensbereich gefördert. Die MSC- und die ERC-Maßnahmen unterscheiden sich darin, dass Erstere die internationale Mobilität in der Förderphase zur Voraussetzung hat.

Ergänzend zu den oben genannten Maßnahmen existiert das sogenannte CO-FUND-Programm unter dem Dach der MSCA. Hiermit kofinanziert die EU nationale Programme für Doktoranden und Post-Docs. Die Förderung wird mit der Auflage verbunden, die eigenen Programme entsprechend der MSCA-Maßnahmen auszurichten. Zu den Auswirkungen der MSCA-Maßnahmen auf die berufliche Laufbahn ihrer Träger hat die EU-Kommission eine Studie veröffentlicht (KOM, 2014g). Ein Ergebnis der Studie ist, dass die Geförderten des Programms höhere Chancen auf dem Arbeitsmarkt haben. Zudem zeigt sich, dass sie bei späteren Anträgen für ERC-Grants erfolgreicher als ihre Mitbewerber sind.

Forschungsinfrastrukturen

Einige wissenschaftliche Disziplinen benötigen für ihre Arbeit große Forschungsinfrastrukturen. Es sind erhebliche Investitionen erforderlich, die von einzelnen Staaten schwer finanziert werden können. Zudem werden solche Großinfrastrukturen oft durch Wissenschaftler einzelner Staaten nicht ausgelastet, weil nicht die erforderliche kritische Masse an entsprechenden Spezialisten erreicht wird. Die Maßnahmen in diesem Bereich von Horizont 2020 dienen der effizienten Nutzung solcher Infrastrukturen, dem vereinfachten transnationalen Zugang zu ihnen und dem Austausch von Forschenden verschiedener Mitgliedsstaaten. Fördervoraussetzung ist, dass die Infrastrukturen eine besondere Bedeutung für den Forschungsstandort Europa aufweisen.

4.3.2 Führende Rolle der Industrie

Horizont 2020 ist im Vergleich zum Vorgängerprogramm in einigen Teilen noch stärker auf die Interessen der europäischen Industrie ausgerichtet (vgl. Raue, 2014). Fokussierter als in den anderen Programmbereichen zielt dieser Teilbereich darauf ab, den Wirtschaftsstandort Europa im Bereich seiner Industrie nachhaltig zu stärken.

Grundlegende und industrielle Technologien
Zur Erreichung des oben genannten Ziels soll die Entwicklung neuer Technologien beitragen – insbesondere Industrie- und Schlüsseltechnologien, die mit diesen Maßnahmen gefördert werden. „Schlüsseltechnologien („Key Enabling Technologies“) sind von systemischer Bedeutung für die Wirtschaft. Innovationen auf diesem Gebiet erfordern entsprechende technologien- und sektorenübergreifende Forschungsansätze“ (BMBF, 2013, 6). Die multidisziplinären Förderlinien sind auf die Unterstützung der Forschung, (marktnaher) Entwicklung und Demonstration in bestimmten Technologiefeldern thematisch ausgerichtet (z.B. Informations- und Kommunikationstechnologien, Nanotechnologien).

Zugang zur Risikofinanzierung
Die Europäische Investitionsbank (EIB) wird in diesen Bereich von Horizont 2020 unter Nutzung der Europäischen Investitionsfonds eingebunden, um innovativen Unternehmen den Zugang zur Risikofinanzierung zu erleichtern (vgl. KOM, 2014e). Zielgruppe der verschiedenen Finanzierungsinstrumente mit dem Namen „InnovFin – EU Finance for Innovators“ (EU-Finanzmittel für Innovatoren) im Rahmen von Horizont 2020 sind Einzelempfänger (v.a. auch forschungsorientierte KMU). Rückzuzahlende Darlehen, Garantien oder Rückbürgschaften werden für Forschungs- und Entwicklungsvorhaben gewährt (vgl. BMBF, 2013, 6). Laut der ehemaligen Kommissarin für Forschung, Innovation und Wissenschaft (bis 2014), Máire Geoghegan-Quinn, sind Finanzierungsinstrumente „[...] eine innovative Möglichkeit, in wachstumsrelevante Unternehmen und Tätigkeiten zu investieren“ (KOM, 2014e). Die EU reagiert mit den neuen Instrumenten auf ihre Feststellung, dass die EU bei den Unternehmensinvestitionen in Innovationen im internationalen Vergleich zurückfällt (vgl. KOM, 2014e).

Oftmals kennen die Hochschulen und Forschungseinrichtungen die Unterstützungsmöglichkeiten der Europäischen Investitionsbank (EIB) nicht – zu Unrecht, denn EU-weit hat sie bspw. im Jahr 2013 Finanzierungen in Höhe von 15,5 Mrd. € für den Bereich Innovation und Bildung vergeben (vgl. Münt, 2014).

Eigentümer der EIB sind die 28 Mitgliedsstaaten. Ihre Ziele sind nachhaltiges Wachstum und Beschäftigung, der wirtschaftliche und soziale Zusammenhalt und die ökologische Nachhaltigkeit in der EU (vgl. Münt, 2014). Die Unterstützung von F&E&I erfolgt durch drei unterschiedliche Produkte der EIB (vgl. ebd.):

- **Finanzieren** – Darlehen, Garantien und Kapitalbeteiligungen,
- **Kombinieren** – von EIB-Finanzierungen mit EU-Haushaltsmitteln (Projektanleihen-Initiative), risikoreichere Projekte zur Innovationsförderung,
- **Beraten** – Projekte durchführen, Unterstützung Öffentlicher-Privater Partnerschaften.

Innovationen in kleinen und mittleren Unternehmen (KMU)
KMU spielen eine besondere Rolle für die Innovationskraft einer Wirtschaft und stehen damit auch im Fokus vieler Bereiche von Horizont 2020. Das Teilprogramm zielt auf den Ausbau von Kapazitäten für das Innovationsmanagement in kleinen und mittleren Unternehmen sowie auf weitere indirekte Unterstützungsmaßnahmen ab. Die direkte inhaltliche Projektförderung ausschließlich von KMU ist im sogenannten „KMU-Instrument“ in den Programmbereichen „Führende Rolle der Industrie“ und „Gesellschaftliche Herausforderungen“ angelegt.

4.3.3 Gesellschaftliche Herausforderungen

Dieser Schwerpunkt stellt themen- bzw. missionsorientiert politisch definierte gesellschaftliche Herausforderungen in den Mittelpunkt der Förderung. „Die Themen der gesellschaftlichen Herausforderung sind nicht sonderlich originell, sondern es sind die typischen, die sich nicht nur europa-, sondern weltweit stellen“, stellt der Präsident der Helmholtz-Gemeinschaft, Mlynek, fest (Mlynek, 2014). Die Originalität ist nicht das Entscheidende. Das Entscheidende ist, dass gesellschaftliche Themen und nicht industrie- oder allgemeinwirtschaftspolitisch gesetzte Themen eine wesentliche Säule des Programms ausmachen. Bei der Förderphilosophie dieses Teils von Horizont 2020 wird die Gesellschaft in den Mittelpunkt gestellt. Die Wirtschaft und auch die Wissenschaft haben eher dienenden Charakter: (Inter- und transdisziplinäre) Forschung und Innovation sollen dazu beitragen, die gesellschaftlichen Herausforderungen zu bewältigen. Der höchste Anteil an den Horizont-2020-Mitteln ist für diesen Bereich vorgesehen.

4.3.4 Gesundheit, demographischer Wandel und Wohlergehen

Der demographische Wandel – die alternde Gesellschaft – ist einer der Beweggründe, dass sich die Forschungs- und Innovationsförderung verstärkt um die Verbesserung der Gesundheit in der EU bemüht.

Ernährungs- und Lebensmittelsicherheit, nachhaltige Land- und Forstwirtschaft, marine, maritime und limnologische Forschung und Biowirtschaft
Die Sicherstellung der Versorgung der Menschen mit Nahrungsmitteln ist angesichts des Klimawandels und der wachsenden Weltbevölkerung eine der großen gesellschaftlichen Herausforderungen. Gegenstand der Förderung ist insbesondere die Verbesserung der Leistung, Wettbewerbsfähigkeit und Nachhaltigkeit im Sinne der Ressourcenschonung der Produktionsketten (vgl. BMBF, 2014a).

Sichere, saubere und effiziente Energien
In der Europa-2020-Strategie wurden verschiedene energiepolitische Ziele festgeschrieben, wie die Senkung der sogenannten Treibhausgase oder die Erhöhung der Energieeffizienz (vgl. Kap. 2.5). Die Fördermaßnahmen von Horizont 2020 sollen einen Beitrag zur Lösung dieser großen gesellschaftlichen Herausforderung leisten. Gefördert werden v.a. umsetzungsorientierte Projekte.

Intelligenter, umweltfreundlicher und integrierter Verkehr
Die Infrastruktur und die Prozesse des Verkehrs sind von enormer Bedeutung für das Funktionieren der Wirtschaftsströme. Aufgrund des Umfangs des Verkehrs ist zudem relevant, diese Ströme intelligent zu managen und den Energieverbrauch möglichst zu reduzieren. Europaweite, unteroperable verkehrstechnische Lösungen sind Gegenstand der Förderung.

Klimaschutz, Umwelt, Ressourceneffizienz und Rohstoffe
Angesichts der enormen Auswirkungen des gestiegenen Energiebedarfs der Mitgliedsstaaten auf das Klima und die Umwelt ist diese gesellschaftliche Herausforderung von großer Bedeutung. Die Gründe und Auswirkungen werden ebenso untersucht wie Gegen- und Präventionsmaßnahmen. Der effiziente Umgang mit Ressourcen und Rohstoffen ist ein Schwerpunkt. Die NKS Umwelt berät Antragsteller.

Europa in einer sich verändernden Welt – Integrative, innovative und reflektierende Gesellschaften
Dieser Bereich greift nicht eine einzelne gesellschaftliche Herausforderung auf, sondern ist eine Art Meta-Herausforderung. Im Zentrum stehen die gesellschaftlichen und sozialen Hintergründe, aber auch die Auswirkungen der anderen gesellschaftlichen Herausforderungen, wie die der alternden Gesellschaft. Vor allem Themen der sozial-, geistes- und wirtschaftswissenschaftlichen Forschung sind hier verortet. Beratung bietet die NKS Sozial-, Wirtschaft- und Geisteswissenschaften für Antragsteller.

Sichere Gesellschaften
Die Sicherheitsbedrohungen für die EU, ihre Wirtschaftssysteme und Bürger, auf die die EU mit Fördermaßnahmen reagieren will, sind vielfältig: Terrorismus, (organisierte) Kriminalität, aber auch Katastrophen (wie z.B. Industrieunglücke), die unwillentlich von Menschen verursacht sind, Präventionskonzepte und -maßnahmen sind ebenso Gegenstand der (Förder-)Maßnahmen im Rahmen von Horizont 2020 wie auch das frühzeitige Erkennen von Risiken und die Intervention bei tatsächlichen Problemlagen. Nur Themen der zivilen Sicherheit werden gefördert – also keine militärischen Maßnahmen. Jedoch kann die „Dual-Use"-Problematik nicht völlig ausgeschaltet werden, nach der das Risiko besteht, dass Forschungsergebnisse für die zivile Sicherheit auch für militärische Zwecke genutzt werden können. Für die Thematik der gesellschaftlichen Herausforderung ist die Nationale Kontaktstelle (NKS) Sicherheit zuständig.

Neben den drei großen Schwerpunktbereichen existieren vier **weitere Programmelemente von Horizont 2020**:

4.3.5 Verbreitung von Exzellenz und Ausweitung der Beteiligung

Voraussetzung der Beteiligung an Horizont 2020 ist, dass die Antragsteller exzellente Forscher sind. Hingegen dienen eher andere Programme der Heranführung an die Exzellenz, wie v.a. die Strukturfonds oder nationale oder regionale Förderprogramme. Die Folge dessen war in der Vergangenheit, dass nicht alle EU-27-Mitgliedsstaaten von dem Vorgängerprogramm, dem siebten Forschungsrahmenprogramm, gleichermaßen profitierten – insbesondere die neuen Mitgliedsstaaten waren z.T. nur unzureichend vertreten.

Diese Staaten konnten in den Verhandlungen zu Horizont 2020 im Rat dieses Programmelement neu in der europäischen Forschungsförderung verankern. Das kohäsionspolitische Ziel ist, die Kluft im Bereich der Forschung und Innovation zwischen entwicklungsstarken und weniger entwickelten Mitgliedsstaaten zu reduzieren. Damit wird das Ziel verfolgt, das gesamte Potenzial der Wissenschaft der EU nutzbar zu machen.

Die Zielgruppe der Maßnahmen sind Einrichtungen in den folgenden innovationsschwachen Ländern: Bulgarien, Estland, Kroatien, Lettland, Litauen, Luxemburg, Malta, Polen, Portugal, Rumänien, Slowakei, Slowenien, Tschechische Republik, Ungarn und Zypern. Ein wichtiges Instrument der Durchführung sind dabei Partnerschaften mit Einrichtungen innovationsstarker Regionen bzw. Mitgliedsstaaten.

Das Programmelement umfasst vier Instrumente (vgl. BMBF, 2013, 7):

- **„Teaming“** – Exzellenzzentren in innovationsschwachen Regionen oder Mitgliedsstaaten werden durch intensive Partnerschaften zwischen forschungsstarken und weniger forschungsstarken Einrichtungen neu aufgebaut oder bestehende aufgewertet bzw. modernisiert. Diese anspruchsvolle Phase soll auf Einrichtungsebene durch die Teambildung mit einer exzellenten Einrichtung unterstützt und erleichtert werden. Die Maßnahmen dienen der Information, Beratung und Schulung. Die Teaming-Maßnahmen werden aus Horizont 2020 unterstützt, die KOM erwartet aber auch ein eigenes finanzielles Engagement der geförderten Regionen, die sie aus den Strukturfonds (vgl. Kap. 4.4) erbringen können.
- **„Twinning“** – Zielgruppe dieser Maßnahme sind aufstrebende wissenschaftliche Einrichtungen aus einer innovationsschwachen Region. Sie sollen bei ihrer Wachstums- und Exzellenzstrategie durch Partnerschaften bzw. Austausch von Wissen mit mindestens zwei etablierten Einrichtungen unterstützt werden. Genutzte Maßnahmen sind Personaltausch, Peer-Beratung, Workshops, Sommerschulen etc.
- **„ERA Chairs“** – Herausragende Wissenschaftler erhalten Anreize zur Übernahme eines Lehrstuhls in Einrichtungen mit hohem Exzellenzpotenzial. Gegenstand der Maßnahme ist die Förderung des Forschungsumfelds der jeweiligen Einrichtung in einer innovationsschwachen Region.
- **Fazilität für Politikunterstützung** („Policy Support Facility“) – Diese Maßnahmen unterstützen die vorgenannten Regionen bei der Gestaltung, Durchführung und Bewertung forschungs- und innovationspolitischer Maßnahmen, bspw. bei der Entwicklung von Strategien der intelligenten Spezialisierung, bei der sie sich an den eigenen spezifischen Stärken orientieren. Die Maßnahmen richten sich an die zuständigen Behörden.

4.3.6 Wissenschaft mit der und für die Gesellschaft

Dieses Programmelement zielt darauf ab, die gesellschaftliche Akzeptanz und das Interesse für die Wissenschaft und deren Ergebnisse zu verbessern. Ein wesentliches Ziel ist, soziale Innovationen voranzubringen – dies wird auch mit den anderen Programmelementen und -schwerpunkten verfolgt. Gesellschaftliche Belange und Bedenken sollen in Forschungs- und Innovationsvorhaben ausreichend berücksichtigt werden. Bürger sollen am Forschungsgeschehen beteiligt werden. Ein Ziel der Förderung ist auch, junge Menschen für wissenschaftliche Karrieren zu begeistern.

4.3.7 Gemeinsame Forschungsstelle (GFS)

Unter dem Dach der GFS sind sieben Forschungsinstitute als wissenschaftlicher Dienst der KOM gebündelt. Ihre Aufgaben bestehen in der nachfrageorientierten wissenschaftlich-technischen Unterstützung der KOM für die Konzeption, Entwicklung, Umsetzung und Evaluation der EU-Politiken (vgl. BMBF, 2013, 9). Die nicht nuklearen Forschungsthemen der GFS werden durch Horizont 2020 gefördert.

4.3.8 Europäisches Institut für Technologie (EIT)

Ziel des EIT ist, Ideen in marktfähige Produkte umzusetzen. (Verwaltungs-)Sitz des 2008 gegründeten Instituts ist Budapest, wenngleich es im Kern ein virtuelles Institut mit einer dezentralen Struktur ist. Herzstück des EIT sind die „Wissens- und Innovationsgemeinschaften“ (Knowledge and Innovation Communities, KICs). Sie bilden das Wissensdreieck ab, das aus Bildung, Forschung und Innovation besteht. Dementsprechend sollen sie exzellente Innovationen hervorbringen, Unternehmensgründungen unterstützen und sich in der Ausbildung engagieren. Die Themen der KICs werden der EU vom KIC-Verwaltungsrat vorgeschlagen.

In Projektgruppen des KICs wird inhaltlich gearbeitet. Sie bestehen aus mindestens drei Partnern aus mindestens zwei Staaten und mit mindestens einem Unternehmen. Finanziert wird ein KIC über seine gesamte Laufzeit nur zu 25% aus EU-Mitteln, die durch Finanzmittel der Beteiligten ergänzt werden.

Die Konsortien stellen sich mitunter schon ein bis zwei Jahre vor der Veröffentlichung der konkreten Ausschreibung lediglich auf der Grundlage allgemeiner thematischer Ankündigungen auf. Die frühe Konsortialbildung ist erforderlich, denn ein KIC ist laut dem EU-Büro des BMBF „[...] ein komplexes Gebilde, das zahlreiche Partner vereint, die Inhalte, Ziele, Arbeitsweisen und Rechtsformen ihres Clusters aushandeln müssen.“ (Holdinghausen, 2012, 15).

Ein Querschnittsthema von Horizont 2020 ist die **Gleichstellung der Geschlechter**. Die Chancengleichheit und die Genderdimension muss in allen Phasen eines Projektes berücksichtigt werden. Bspw. ist die Ausgewogenheit der Geschlechter in den antragstellenden Forscherteams in manchen Fällen ein Faktor in der Begutachtung der Anträge. Der Auseinandersetzung mit der Thematik kommt daher eine gewisse Bedeutung zu. Existieren Konzepte der Einrichtungen der Antragsteller zu dieser Thematik, kann dies die Antragstellung erleichtern, da solche Konzepte nicht erst entwickelt werden müssen. Zu der Thematik wurde eine nationale Kontaktstelle eingerichtet: Die Kontaktstelle *„Frauen in die EU-Forschung“*.

Für die Antragstellung in Horizont 2020 sind die **Beteiligungsregeln** („rules for participation“) besonders relevant (Originaltext: KOM, 2013d, Zusammenfassung: KoWi, 2013). Sie sind die rechtliche Grundlage für die Durchführung von

Projekten. Mit den Beteiligungsregeln von Horizont 2020 verfolgte Ziele sind die Vereinfachung der Regeln, der Bürokratieabbau und die Verkürzung der Zeit zwischen der Antragstellung und der Bewilligung (Time to Grant, T2G).

Während beim 7. FRP anfangs dafür zwölf Monate und am Ende zehn Monate üblich waren, ist die verpflichtende Vorgabe bei Horizont 2020 eine Frist von maximal acht Monaten. Dies bringt einerseits Vorteile für die Antragsteller, z.B. einen schnelleren Maßnahmenbeginn. Andererseits führt dies aber auch zu Nachteilen, vor allem dem weitgehenden Wegfall der Verhandlungsphase. In ihr konnten in der Vergangenheit die Schwächen des Antrages behoben werden. Von den Gutachtern kritisierte Aspekte, die in den Vorgängerprogrammen noch verhandelt werden konnten, werden jetzt bereits in der Begutachtung als Minuspunkte bewertet. Zudem wird der Antragsteller mit Änderungen der Gutachter, z.B. Kürzungen, konfrontiert, über die nicht mehr verhandelt werden kann: *„Take it or leave it“* lautet dabei die Devise. Daher kommt es jetzt darauf an, dass der Antrag besonders ausgestaltet ist (vgl. Raue, 2014).

Die wichtigste Mindestteilnahmevoraussetzung für Horizont-2020-Projekte bezieht sich auf die Anzahl an Antragstellern. Antragsberechtigt sind Hochschulen, Forschungseinrichtungen, Unternehmen und verschiedene weitere Rechtspersonen. In der Regel beantragen mindestens drei voneinander unabhängige Einrichtungen aus drei unterschiedlichen EU-Mitgliedsstaaten oder assoziierten Staaten der EU-Förderung für Verbundforschung – erfolgreiche Anträge liegen häufig weit über dieser Mindestanzahl (vgl. BMBF, 2013, 10). Ausnahmen sind die folgenden: ERC-Ausschreibungen, Marie-Skodowska-Curie-Maßnahmen, KMU-Instrument (Voraussetzung: europäischer Mehrwert), Koordinierungs- und Unterstützungsmaßnahmen, Maßnahmen der Kofinanzierung von Programmen, im Arbeitsprogramm festgelegte und begründete Fälle (vgl. Diekmann, 2014).

Neben den Mitgliedsstaaten können auch sogenannte assoziierte Staaten und Drittstaaten an Projekten beteiligt werden, allerdings mit unterschiedlichen Zugangschancen zu den finanziellen Fördermitteln der EU.

Mehrere Grundsätze liegen der EU-Förderung zugrunde (vgl. Diekmann, 2014):

- Gebot der **Kofinanzierung** (mit Eigenmitteln),
- **Gewinnerzielungsverbot** (kein Profit),
- **keine Doppelfinanzierung** (durch europäische oder weitere Förderer),
- **einheitliche Förderquote** pro Maßnahme (grundsätzlich: max. 100% der in einem Katalog definierten erstattungsfähigen Kosten (direkte Kosten); Ausnahme: marktnahe Vorhaben: max. 70% der erstattungsfähigen Kosten (Ausnahme sind nichtgewinnorientierte Einrichtungen: in allen Projekten max. 100%); indirekte Kosten: einheitliche Pauschale von 25% der direkten erstattungsfähigen Kosten).

Die Kommission gibt Leitfäden für die Antragstellenden („Guide for Applicants") bezogen auf die einzelnen Teilprogramme von Horizont 2020 heraus.

Die Förderinhalte der Ausschreibungen von Horizont 2020 werden in einem Verfahren festgelegt, das sich von der Vorgehensweise der bisherigen Programme unterscheidet: Die Grundzüge des Programms sowie die inhaltlichen Leitlinien für die thematisch festgelegten Programme (wie die Gesellschaftlichen Herausforderungen) sind für die siebenjährige Laufzeit im sogenannten „Spezifischen Programm" als Teil der Verabschiedung von Horizont festgelegt. Darauf aufbauend wird für jeweils zwei- bis dreijährige Teilabschnitte ein detaillierteres strategisches Programm erarbeitet. Zur Operationalisierung dienen zweijährige **Arbeitsprogramme**, die sich jeweils auf die ersten beiden Jahre eines strategischen Programms beziehen. Auf deren Grundlage erfolgen jährliche Ausschreibungen. Die Ausschreibungen aus verschiedenen Förderlinien können auch unter ein gemeinsames thematisches Dach, sogenannte Focus Areas (Schwerpunktthemen), gestellt werden.

Die **Ausschreibungen** und auch die **Einreichung der Förderanträge** erfolgen über das zentrale, internetbasierte Teilnehmerportal (Participant Portal) der EU (vgl. http://ec.europa.eu/research/participants/portal/desktop/en/home.html). Die Anträge können nur bezogen auf eine dort veröffentlichte Ausschreibung eingereicht werden, nicht initiativ. Die zeitintensiven Prozesse der Suche und Koordination verschiedener Projektpartner beginnen häufig nicht erst mit der Ausschreibung, sondern idealerweise bereits zuvor auf der Grundlage der v.g. Arbeitsprogramme (vgl. BMBF, 2013, 16). Für eine strategische Vorbereitung empfiehlt es sich für potenzielle Antragsteller zudem, das spezifische Programm zu prüfen. Dabei stellt sich die Frage, inwieweit das eigene Forschungsthema in das thematische Grundkonzept von Horizont 2020 passt.

Nach dem Ende der Einreichungsfrist werden die Anträge durch eine unabhängige fachliche Jury aus Peers begutachtet. Die folgenden Bewertungskriterien mit verschiedenen Unterkriterien und je nach Programmlinien mit unterschiedlichem Schwerpunkt sind relevant (vgl. BMBF, 2013, 18):

- Exzellenz,
- Wirkung und Auswirkung (Impact),
- Qualität und Effizienz der Durchführung.

Die Vertragspartner der KOM sind – auch bei individuellen Fördermaßnahmen wie Stipendien – nicht die einzelnen Wissenschaftler, die das Projekt aufgrund ihrer wissenschaftlichen Expertise und ihrem Antrag eingeworben haben, sondern die entsprechenden Einrichtungen („Host Organisation") (vgl. BMBF, 2013, 10). Nicht zuletzt aufgrund der einzugehenden Verpflichtungen ist es für Hochschulen und Forschungseinrichtungen relevant, einen Überblick über die Aktivitäten der Wissenschaftler zu erhalten, um steuernd eingreifen zu können.

Die Förderquoten wurden im Vergleich zu den Vorgängerprogrammen vereinheitlicht:

	Förderquote	Indirekte Kosten
Forschungsnahe Projekte (alle Antragsteller)	100%	25%
Marktnahe Projekte – kommerzielle Antragsteller	70%	25%
Marktnahe Projekte – nicht kommerzielle Antragsteller	100%	25%

Tabelle 1:
Förderquoten in Horizont 2020

Die Förderquote bezieht sich auf die erstattungsfähigen Kosten, die in den Beteiligungsregeln definiert sind. Sie stehen in einem unmittelbaren Zusammenhang mit dem Projekt (z.B. Personalkosten) und müssen notwendig und wirtschaftlich gerechtfertigt sein (vgl. BMBF, 2013, 10; KoWi, 2013, 4). Sie werden in der EU-Haushaltsordnung (vgl. KOM, 2014b) definiert. Die Dokumentation der für ein Projekt geleisteten Arbeitszeit, z.B. mit Hilfe von Stundenzetteln, ist eine Voraussetzung.

Die Förderung der indirekten Kosten bzw. des Overheads beträgt 25% der erstattungsfähigen direkten Kosten. Dies sind Kosten, die den Einrichtungen entstehen, aber nicht dem jeweiligen Projekt konkret zugeordnet werden können. Es wird eine Pauschale abgerechnet. Unter anderem Deutschland hatte in den Verhandlungen im Rat erfolglos versucht, die tatsächlichen indirekten Kosten im Zuge einer Vollkostenrechnung abzurechnen. Je nach Kostenstruktur der Einrichtung des Antragstellers kann die Pauschale die tatsächlichen Kosten decken, einen Überschuss oder Verlust darstellen. Bei Letzterem sind interne Querfinanzierungen erforderlich. Diese können jedoch negative wirtschaftliche Folgen haben, insbesondere wenn eine Einrichtung überaus erfolgreich entsprechende Mittel einwirbt – vom „zu Tode siegen" wird hierbei flapsig gesprochen.

Die EU-seitigen Programmmanagementaufgaben werden bei vielen Programmteilen nicht mehr durch die KOM selbst wahrgenommen, sondern zunehmend durch von ihr beauftragte Agenturen (Externalisierung). Dies dient der Entlastung der KOM sowie der Beschleunigung der Abwicklung von Antragsprozessen und der Projektdurchführung.

Diese Maßnahme dient unter anderem dazu, die Zeit vom Ende der Ausschreibungsfrist bis zur Förderentscheidung **(Time2Grant, TTG)** deutlich auf acht Monate zu reduzieren.

Es wurden auch die erforderlichen Prüfbescheinigungen (Audits) eines externen Wirtschaftsprüfers oder der Innenrevision reduziert, die jetzt nur einmal am Ende des Projektes benötigt werden.

Die Anforderungen beziehen sich auf die Verbreitung bzw. Veröffentlichung von Forschungsergebnissen bzw. den Schutz geistigen Eigentums – sie stellen auch neue Herausforderungen für Forschungseinrichtungen und Hochschulen dar. In einigen Ausschreibungen können bestimmte Anforderungen hinsichtlich **Open-Access**-Veröffentlichungen (OA) gestellt werden.

4.4 Strukturfonds

Die Bedeutung der Regionen als Handlungsebene wächst auch im Bereich der EU-Forschungs- und -Innovationspolitik (vgl. BMBF, 2014): Nicht nur das fachpolitische Rahmenprogramm Horizont 2020 (vgl. Kap. 4.3), sondern auch die Europäischen Strukturfonds fördern Forschung und Innovation in einem signifikanten Umfang. Es ist hier ein Betrag in Höhe von 86 Mrd. € für die Jahre 2014 bis 2020 (vgl. Reppel, 2014; KOM, 2014c) und damit ein zu den 80 Mrd. € des Horizont-2020-Programms vergleichbarer Betrag vorgesehen. Für Deutschland stehen von den allgemeinen EU-Strukturfondsmitteln 19,2 Mrd. € für die Kohäsionspolitik bereit (vgl. KOM, 2014d). Davon sind ca. sechs Milliarden Euro für F&I eingeplant (vgl. BMBF, 2014). Jedoch gehen die Strukturfonds in der Förderung deutlich über den F&I-Bereich hinaus: insgesamt sind 32,5% des EU-Haushaltes von 2014 bis 2020 (351,8 Mrd. €) für die Strukturfonds vorgesehen.

Das **vorrangige Ziel** der Strukturfonds ist – entsprechend dem Vertrag von Lissabon (Art. 176 AEUV) und der Europa-2020-Strategie –, die wirtschaftlichen, sozialen und territorialen Unterschiede in der EU zu verringern, zu Wirtschaftswachstum sowie zur Schaffung von Arbeitsplätzen beizutragen. In der Förderperiode von 2014 bis 2020 wurde die Strategie entsprechend der Europa-2020-Strategie (vgl. Kap. 2.5) ausgerichtet: Sie soll zu intelligentem, nachhaltigem und integriertem Wachstum beitragen (vgl. KOM, 2011).

Die neue Förderperiode von 2014 bis 2020 besitzt aufgrund einer geänderten Prioritätensetzung eine besondere Relevanz für Hochschulen und Forschungseinrichtungen in Folge neuer Zugangsmöglichkeiten zu den Fördergeldern (vgl. HRK, 2012a, 2). Einige ihrer Ziele, wie die Stärkung des regionalen Wissensdreiecks, entsprechen denen der Strukturfonds, weshalb die Hochschulrektorenkonferenz (HRK) die Hochschulen und Forschungseinrichtungen als „[...] wichtige Träger der EU-Kohäsionspolitik [...]“ (HRK, 2012a, 3) bezeichnet, die die Fördermöglichkeiten von den Strukturfonds systematisch für Investitionen u.a. in Forschungsinfrastrukturen, Promotionsprogramme oder die Förderung von Unternehmensgründungen und Wissenstransfer nutzen.

Forschung, technologische Entwicklung und Innovation sind auch eines von elf thematischen Zielen der Kohäsionspolitik (vgl. BMBF, 2014). Bezogen auf diesen Schwerpunktbereich des Ausbaus von Forschung, technischer Entwicklung und Innovation ist das zentrale Ziel, die regionale Forschungsexzellenz zu fördern, um die Wettbewerbsfähigkeit der Regionen, aber auch die EU als Ganzes im Bereich Forschung und Innovation zu stärken. Des Weiteren soll die Nutzung von Strukturfonds auch eine Hebelwirkung bzgl. verstärkter privater Investitionen in F&I zur Folge haben.

Die Prioritäten erhalten entsprechend dem spezifischen Entwicklungsstand eine auf einzelne Mitgliedsstaaten zugeschnittene Schwerpunktsetzung, die in einer Partnerschaftsvereinbarung zwischen KOM und der Regierung des Mitgliedsstaates festgelegt werden. Für Deutschland ist die Förderung von Forschung und Innovation einer von vier Schwerpunkten (vgl. KOM, 2014d).

In der Förderperiode der Strukturfonds von 2014 bis 2020 ist eine Voraussetzung, dass jede Region eine **Strategie zur Intelligenten Spezialisierung** (RIS3 – Research and Innovation Strategies for Smart Specialisation) entwickeln muss. Sie dient dazu, die regionalen Stärken, Alleinstellungsmerkmale und Wettbewerbsvorteile bei der Entwicklung der Forschungs- und Innovationspolitik im Rahmen der Förderung des Europäischen Fonds für regionale Entwicklung (EFRE) zu berücksichtigen. Es ist eine Strategie des Stärkens von Stärken. Zudem soll das regionale Innovationssystem unterstützt werden, indem mit EFRE-Mitteln geförderte Innovation zur Stärkung der regionalen Wirtschaft beitragen soll. Dem liegt das folgende Ziel zugrunde:

> „Auf regionaler Ebene sollten Forschungs- und Innovationspolitik mit Industrie- und Standort-, Infrastruktur- sowie Bildungs- und Sozialpolitik effektiv koordiniert werden, um den spezifischen regionalen Herausforderungen gerecht zu werden und eine nachhaltige Entwicklung zu befördern." (BMBF, 2014).

Die Fördermaßnahmen müssen sich in die Strategie einpassen.

An der Entwicklung der regionalen Strategie der intelligenten Spezialisierung wurden die diversen Stakeholder inklusive der Hochschulen und Forschungseinrichtungen in den Ländern beteiligt, wenngleich die HRK (2012a, 4) 2012 noch die mangelnde Beteiligung in einigen Bundesländern kritisiert. Auf diese Weise soll verhindert werden, dass die Strategie rein politisch getrieben an der tatsächlichen Situation vorbei entwickelt wird. Zudem soll dadurch die Unterstützung der Stakeholder erreicht werden, um einen zusätzlichen Outcome zu schaffen.

Auch darüber hinaus verfolgt die KOM in der neuen Förderperiode der Strukturfonds das Ziel, einen höheren Outcome und einen höheren Impact mit der europäischen Förderung von F&I und deren Wirkung auf (Wirtschafts-)Wachstum, Wettbewerbsfähigkeit und Beschäftigung zu erzielen. Daher unterstützt die EU den komplementären und sich gegenseitig verstärkenden Einsatz der EU-Fördermittel der unterschiedlichen Programme. Konkret hat die KOM zwischen den Strukturfonds und Horizont 2020 eine Verbindung geschaffen, indem die sogenannte **Brückenbildung** zwischen diesen Programmen eingefordert wird. Sie wird im weiteren Verlauf des Kapitels dargestellt. Ziel der Kombination der Förderprogramme ist auch, die komplette Wertschöpfungskette von der Grundlagenforschung bis zur Markteinführung abzudecken und damit die Wirtschaftsexzellenz in den Regionen zu fördern. Es soll aber auch eine weitere Stärkung der Wissenschaftsexzellenz unterstützt werden. Die beiden Programme behalten allerdings trotz der Brückenbildung ihre Schwerpunktsetzung bei: Horizont 2020 die Exzellenzförderung und EFRE die Förderung der Kohäsion.

Bei den eingangs genannten 86 Mrd. € Förderung von F&I durch die Strukturfonds ist jedoch zu beachten, dass die EU-Förderung gemäß den **Beteiligungsregeln** 50% dieses Betrages umfasst und der Rest aus Mitteln der Region, ggf. der Antragsteller oder Dritter, bestritten werden muss. Die genaue Aufteilung der Kofinanzierung der Region und der Antragsteller wird in der jeweiligen Ausschreibung niedergelegt. Die Fördermittel werden im Schwerpunkt in der jeweiligen Region ausgegeben, es sind auch verschiedene Regionen übergreifende Projekte möglich, wenn dies eine Ausschreibung explizit vorsieht. Die Strukturfonds werden von KOM und den Regionen gemeinsam verwaltet. Letztere richten hierfür spezielle Verwaltungsbehörden („*Managing Authorities*") ein – in Deutschland sind sie meist Teil des für Wirtschaftsfragen zuständigen Ministeriums. Diese Behörden sind für den Entwurf und – nach Abschluss der Verhandlung mit der KOM (Generaldirektion Regionale Entwicklung) – die Implementierung des sogenannten *operationellen Programms* (OP) zuständig. Das OP ist ein Antrag der jeweiligen Mitgliedstaaten bzw. Regionen (in Deutschland sind dies die Bundesländer) auf Fördermittel aus den europäischen Strukturfonds, in dem die Schwerpunkte der Förderpolitik mit der KOM abgestimmt werden. Sie bilden den verbindlichen Rahmen für Ausschreibungen der Regionen oder Mitgliedsstaaten.

Die EFRE-Verwaltungsbehörde organisiert – meist über Projektträger – die Ausschreibung von Projekten, deren Auswahl, die Evaluation und das Controlling von einzelnen Programmen. Die KOM ist neben der Verhandlung des OP für die Überwachung der Implementierung durch die Regionen, die Zahlung der Mittel an die Regionen und die finanzielle Überwachung zuständig.

Die zuvor genannte **Brückenbildung** (auch als Synergien bezeichnet) zwischen den Strukturfonds und Horizont 2020 ist eines der politischen Ziele der EU, das in der Regulierung zu den Strukturfonds operationalisiert wurde (vgl. CPR, 2013). Sie ist in der EFRE-Verordnung v. 17.12.2013 (Abs. 9) verankert: „Um gemäß der Verordnung (EU) Nr. 1303/2013 mit den [...] aus dem Unionshaushalt finanzierten Investitionen im Bereich Forschung und Entwicklung einen möglichst hohen Zusatznutzen zu bewirken, werden **Synergien** insbesondere zwischen der Durchführung des **EFRE** und der Initiative **„Horizont 2020"** [...] **angestrebt**, wobei jedoch deren **unterschiedliche Ziele zu beachten** sind." (EP,

Rat, 2013, Abs. 9; vgl. auch EP, Rat, 2013). Sie wird dort jedoch nicht näher spezifiziert. Die Leitfäden für Entscheidungsträger und Zuwendungsempfänger zur Brückenthematik wurden allerdings erst im Laufe des Jahres 2014 verabschiedet – angesichts dessen, dass mit der Brückenbildung Neuland betreten wird, kommt diese Konkretisierung spät, weshalb hohe Unsicherheiten bzgl. der Umsetzung entsprechender Maßnahmen eingangs der Förderperiode existieren. Insbesondere zu Beginn einer neuen siebenjährigen Programmlaufzeit sind viele Fragen noch offen, weil die KOM zwar die Rechtstexte, häufig aber nicht die Erläuterungen ab dem Start bereitstellen kann. Auch die Beratungssysteme müssen sich erst mit den neuen Bedingungen vertraut machen.

Hochschulen und Forschungseinrichtungen werden mit der Brückenbildung mittelbar konfrontiert. Die EFRE-Ausschreibungen können Hinweise darauf enthalten, die entsprechende Aussagen der Antragsteller einfordern oder deren Fördervoraussetzungen einschränken. Grundsätzlich können Aussagen zur Brückenbildung die Erfolgschancen von EFRE-Anträgen erhöhen.

Zur konkreten Brückenbildung werden verschiedene Optionen eröffnet, die von den für EFRE zuständigen Ländern in den OP und den Ausschreibungen von EFRE-Projekten in unterschiedlichem Ausmaß berücksichtigt werden. Bspw. kann die Förderung aus Horizont 2020 und den Strukturfonds in einem Projekt oder einer Gruppe koordinierter Projekte erfolgen – einzelne Kostenpositionen müssen jedoch den beiden Förderquellen eindeutig zugeordnet werden können (vgl. Art. 65(11) CPR). Neben parallelen sind auch sequentielle Projekte möglich, die sich gegenseitig unterstützen. Des Weiteren können abgelehnte Horizont-2020-Projekte aus Strukturfonds gefördert werden, die zwar positiv evaluiert wurden, aber aufgrund begrenzter finanzieller Mittel in Horizont 2020 nicht zum Zuge kamen.

Es existieren mehrere Grundregeln der KOM für die Brückenbildung. Erstens dürfen EFRE-Mittel nicht als Ersatz nationaler, regionaler oder privater Mitfinanzierung genutzt werden (vgl. Reppel, 2014a). Sieht z.B. ein Horizont-2020-Innovationsprojekt einen 30-prozentigen Eigenanteil eines KMU vor, kann dieser nicht aus ESIF-Mitteln finanziert werden. Zweitens ist eine Doppelförderung nicht erlaubt. Demnach dürfen dieselben Kostenelemente bzw. Ausgabenpositionen in einem Projekt nicht aus zwei Quellen bezahlt werden. Insbesondere bei einer parallelen oder sequentiellen Förderung eines (Groß-)Projekts aus den beiden unterschiedlichen Finanzierungsquellen stellt dies eine Herausforderung dar.

Weitere Herausforderungen bestehen, die Brückenbildung zu realisieren:

Horizont 2020	EFRE
Europäisches Verbundprojekt, i.d.R. mindestens drei Partner aus drei Mitgliedsstaaten	Regional, auch Einzelförderung möglich
unabhängig von der geographischen Lage	abhängig von der geographischen Lage
Fokus: Individuelle F&I-Projekte	Fokus auf Aufbau von F&I-Kapazitäten, zur Stärkung der regionalen Wirtschafts- und Forschungsstrukturen für höhere Wertschöpfung und Wissensintensität (intelligente Spezialisierung)
(vorhandene) Exzellenz der Antragsteller aus Wissenschaft und Wirtschaft ist Kernkriterium für die Förderentscheidung	Entwicklung hin zur zukünftigen Exzellenz der regionalen Akteure aus Wissenschaft und Wirtschaft
Zentrale Verwaltung durch die KOM	Geteilte Verwaltung durch Region und KOM
Unterschiedliche Beteiligungsregeln (in NRW für Hochschulen & Forschungseinrichtungen in EFRE angeglichen)	
Unterschiedliche Kofinanzierungssätze (in NRW für Hochschulen & Forschungseinrichtungen in EFRE angeglichen)	

Tabelle 2:
Herausforderungen der Brückenbildung, ergänzt nach Reppel, 2014a.

Die Strukturfonds können dennoch für Hochschulen und Forschungseinrichtungen eine attraktive Mittelquelle sein.

Fragen zu „Europäische Forschungs- und Innovationspolitik“

- Wählen Sie aus den unterschiedlichen Förderoptionen eine aus (z.B. die ERC Grants) und diskutieren Sie die Relevanz dieser Option für Ihre Organisation. Wägen Sie ein Engagement vor dem Hintergrund der eigenen Ressourcen und Strategien ab.

Literatur zur Vertiefung

KOM (2010c): Leitinitiative der Strategie Europa 2020 Innovationsunion, Mitteilung der Kommission an das Europäische Parlament, den Rat, den Europäischen Wirtschafts- und Sozialausschuss und den Ausschuss der Regionen vom 6. Oktober 2010 – Brüssel, 8.2.2016, KOM(2010) 546, SEK(2010) 1161, endgültig, abgerufen am 10.5.2014, online unter: http://ec.europa.eu/research/innovation-union/pdf/innovation-union-communication_de.pdf

Grundlagenpapier der EU zur Innovationsunion, die Lektüre vermittelt einen guten Einblick in die Ziele und die Strategien der EU im Bereich der Förderung von Innovationen. Sie hilft, die Entscheidungen bezogen auf das neue Rahmenprogramm für Forschung und Innovation gut nachvollziehen und einordnen zu können.

BMBF (2013): Horizont 2020 im Blick, Informationen zum neuen Rahmenprogramm für Forschung und Innovation, Bundesministerium für Bildung und Forschung, Stand: Dezember 2013, Bonn, Berlin. *Guter Kurzüberblick über Horizont 2020 und seine Teilbereiche.*

5. Management der Entwicklung von Europäisierungsstrategien

> „Für die Akteure des Forschungssystems hat sich der Fokus ihres strategischen Handelns ausgeweitet. Neben nationalen Strategien sind heute auch Europäisierungs- und Internationalisierungsstrategien notwendig, um im internationalen Wettbewerb erfolgreich abzuschneiden." (GWK, 2011, 5)

Der Wissenschaftsrat (WR) und die Hochschulrektorenkonferenz (HRK) empfehlen Hochschulen und Forschungseinrichtungen die Entwicklung einer Internationalisierungs- (vgl. Lochte, 2010; HRK, 2012, 6) inklusive einer Europäisierungsstrategie: Dies ist nicht mehr Kür, sondern Pflicht.

Während die deutschen Hochschulen und Forschungseinrichtungen zu Zeiten des 6. FRP (2002–2007) die Akquise europäischer Fördermittel eher anlassbezogen und kaum strategisch betrieben haben, wird sie seit dem 7. FRP (2007–2013) verstärkt als Bestandteil der allgemeinen Entwicklungsstrategie betrachtet (vgl. Gaul, David, 2009, 20; Blossfeld, 2012, 15; HRK, 2012, 6). Horizont 2020 verstärkt den Bedarf zur Entwicklung einer Europäisierungsstrategie, die sämtliche Kernprozesse der Forschungseinrichtung in Forschung und Transfer sowie bei einer Hochschule zudem in der Hochschulbildung berücksichtigt. Die Entwicklung einer Europäisierungsstrategie ist kein Selbstzweck, sondern sollte im Interesse einer Leistungssteigerung der Einrichtung betrieben werden (vgl. GWK, 2011, 5).

Der Handlungsbedarf für Hochschulen und Forschungseinrichtungen zur Europäisierung speist sich aus unterschiedlichen Quellen, die eine unterschiedliche Qualität und Verbindlichkeit aufweisen und zum Teil einrichtungsspezifisch hinsichtlich ihrer konkreten Auswirkungen zu bewerten sind:

Zunächst sind **direkte Maßnahmen** der EU zu nennen, wie die Initiativen zur Bildung des Europäischen Hochschulraums (Bologna (vgl. Kap. 3.2) und Erasmus+ (vgl. Kap. 3.3)), des Europäischen Forschungsraums (vgl. Kap. 4.2) und das unter anderem hierzu beitragende Förderprogramm Horizont 2020 (vgl. Kap. 4.3). In den genannten Kapiteln werden die Anforderungen aufgeführt, die diese Initiativen und Maßnahmen an Hochschulen und Forschungseinrichtungen stellen.

Insbesondere mit dem EFR nimmt der Gestaltungsanspruch der EU in der Forschungspolitik zu. Es tritt neben das jeweilige Bundesland und den Bund ein dritter politischer Akteur hinzu. Damit ist die Zeit vorbei, in der die EU für diese Einrichtungen nur als Mittelgeber relevant war. Der EFR hat Auswirkungen auf das Agieren der Hochschulen und Forschungseinrichtungen. Für sie gewinnt es an Bedeutung, sich optimal an die Strukturen und Rahmenbedingungen europäischer Forschungsförderung sowie der europäischen Strategien in den Bereichen Forschung, Entwicklung und Innovation anzupassen, um sich auf europäischer Ebene aussichtsreich zu positionieren und einzubinden (vgl. WR, 2010a, 32). Der Wissenschaftsrat (WR) bezeichnet den EFR als Möglichkeit, „[...] in dem die Akteure zukünftig weitgehend autonom agieren" (Lochte, 2010). Für die Forschungseinrichtungen und Hochschulen hält es der WR für unabdingbar für deren Zukunftsfähigkeit, sich mehr als bisher gegenüber dem EFR zu öffnen und ihn prägend mitzugestalten (vgl. WR, 2010a, 7; Lochte, 2010) sowie seine Zielsetzungen in den eigenen Strategien und Maßnahmen angemessen zu berücksichtigen.

Im Zusammenhang des EFR ist außerdem die **Normsetzung über die europäische Leistungsmessung** ein diskutiertes Thema, das Auswirkungen auch für Hochschulen und Forschungseinrichtungen haben kann. Im EFR wird die Leistungsfähigkeit der nationalen Forschungssysteme im Rahmen des sogenannten ERA-Surveys gemessen. Der HRK-Präsident Hippler erkennt in dem Survey das Risiko einer schleichenden Normierung: „In Deutschland promovieren aber geschätzt nur etwa 20 Prozent der Doktoranden auf festen Stellen an Hochschulen. Ansonsten haben wir ein reich entwickeltes Stipendiensystem, besonders in den Geistes- und Gesellschaftswissenschaften. Diese Vielfalt wird sich in den Schlussfolgerungen der EU-Kommission zum Stand des Europäischen Forschungsraums im September 2014 nicht abbilden lassen" (Hippler, 2014). Dieses Beispiel zeigt, dass Hochschulen und ihre Organisationen wach sein müssen, um wahrzunehmen, welche Auswirkungen Regelungen der EU auf sie und ihre Tätigkeit haben könnten. Soweit im Einzelfall sinnvoll, sollten sie ggf. in Stellungnahmen gegenüber EU-Organen, Bundes- oder Landesregierungen aktiv auf Fehlentwicklungen hinweisen, damit ihre Interessen möglichst gewahrt werden.

Daneben existiert Handlungsbedarf aufgrund **indirekter Entwicklungen** in der europäischen und internationalen Wissenschafts- und Wirtschaftslandschaft, die Auswirkungen auf die Hochschulen und Forschungseinrichtungen besitzen. Hierzu zählt insbesondere der internationale Wettbewerb um die besten Studierenden, Wissenschaftler, Drittmittel und Kooperationen sowie die Globalisierung von Waren-, Personal- und Informationsströmen (vgl. Leszczensky, Barthelmes, 2011a, 1).

Der verschärfte **Wettbewerb mit europäischen bzw. internationalen Spitzeneinrichtungen um die besten Studierenden und Wissenschaftler** (vgl. Lochte, 2010; WR, 2010a, 8) ist ein wesentlicher, übergreifender Aspekt des Handlungsbedarfs zur Europäisierung. Dieser Konkurrenzwettbewerb auf dem internationalen Markt für Ausbildungs- und Forschungsleistungen ist „[...] Teil eines Prozesses der wachsenden Ökonomisierung von Bildungsprozessen" (Heublein, 2011, 119). Er ist zudem auch eine Auswirkung der zunehmenden **internationalen bzw. europäischen Mobilität Studierender und des wissenschaftlichen Personals**, die von der EU explizit mit der Entwicklung des Europäischen Hochschulraums und des EFR gefördert wird (vgl. Kap. 3.1 und 4.2). Der Handlungsbedarf in dem Bereich wird auch an einem Beispiel deutlich, das der Staatssekretär im Bundesministerium für Bildung und Forschung, Schütte, nennt: Demnach ist es ein Problem, dass ERC-Grant-Gewinner (vgl. Kap. 4.3) mit diesem Gütesiegel in der Tasche an eine ausländische Universität wechseln (vgl. Schütte, 2014), bzw. aktiv abgeworben werden. Damit gewinnt es für Hochschulen und Forschungseinrichtungen an Bedeutung, Maßnahmen mit dem Ziel zu ergreifen, gutes Personal und Studierende für die eigene Einrichtung zu gewinnen und zu halten.

Diese Entwicklung erhöht den Bedarf, die Attraktivität des Arbeitens an einer Einrichtung für deutsche und ausländische Wissenschaftler (vgl. Blossfeld, 2012, 89; WR, 2010a, 8), aber auch für Studierende zu erhöhen. Bequemlichkeit kann sich Deutschland in dieser Frage nicht leisten (vgl. Schütte, 2014). So sollten die Strukturen und Prozesse einer Einrichtung an die Anforderungen der Zielgruppe – Wissenschaftler und Studierende – angepasst werden. Damit strahlt die Europäisierung auch auf weitere Bereiche und Aspekte der Entwicklung von Hochschulen und Forschungseinrichtungen, wie bspw. Rekrutierungs-, Personalmanagements- und interne Dienstleistungsstrategien, aus.

Entsprechend steigen die Erwartungen von Wissenschaftlern, z.B. hinsichtlich verlässlicher Karriereperspektiven, wenn sie ihre wissenschaftliche Leistungskraft aufzeigen konnten – bspw. durch die Einwerbung der exzellenzorientierten Fördermaßnahmen der EU. Hochschulen reagieren zum Teil mit der Entwicklung von Mentoring-Programmen und verlässlichen Strukturen für wissenschaftliche Karrieren, wie Tenure Track und Programme für Doppelkarrieren (vgl. Blossfeld, 2012, 89; Lochte, 2010; WR, 2010a, 8f.).

Des Weiteren können sich Hochschulen um das Siegel *„HR Excellence in Research“* bemühen. Dies dient dazu, sich selbst als attraktive Arbeitgeber zu präsentieren und Strukturen sowie Prozesse entsprechend zu entwickeln. Es handelt sich um ein Gütesiegel der EU-Kommission für gutes Personalmanagement, das Hochschulen im weltweiten Wettbewerb um die besten Wissenschaftler unterstützen soll (vgl. N.N., 2013, 3). Der Erwerb des Siegels ist für eine Hochschule grundsätzlich sinnvoll, denn sie setzt sich in dem Prozess der Selbstreflexion intensiv mit der eigenen Personalmanagementstrategie auseinander, insbesondere mit der Frage, inwieweit die in Charta und Code (vgl. Kap. 5.1) definierten Anforderungen umgesetzt werden. In dem Prozess wird eine Bestandsaufnahme der aktuellen Strukturen und Prozesse des Personalmanagements vorgenommen und ein Maßnahmenkatalog mit dem Ziel der Verbesserung entwickelt.

Aber auch die Europäischen Forschungs- und Innovationsfördermittel gewinnen für Hochschulen und Forschungseinrichtungen an Bedeutung. Die „[...] enormen Steigerungsraten legen den Universitäten, Hochschulen und Forschungseinrichtungen zudem nahe, sich einer auch zukünftig, offensichtlich dynamischen Entwicklung nicht zu verschließen“ (Gaul, David, 2009, 20; vgl. auch Blossfeld, 2012, 15). Bspw. ist das Themenspektrum von Horizont 2020 zwar im Vergleich zu den Vorgängerprogrammen ausgeweitet worden, jedoch sind die Kernelemente seit Jahrzehnten im Grundsatz konstant und stellen einen berechenbaren thematischen Kernbestand für die Drittmittelplanung dar (vgl. Gaul, David, 2009, 20; KoWi, 2011). Zudem bestehen wissenschaftsintrinsische Beweggründe zur Europäisierung in Form der Chance, mit den besten Wissenschaftlern europaweit zusammenzuarbeiten – die europäische Zusammenarbeit wird als erkenntnisfördernd angesehen (vgl. WR, 2010a, 21).

Die Europäisierung von Hochschulen und Forschungseinrichtungen ist jedoch mehr als nur eine finanzielle Erwägung. Vergleicht man die Drittmittelgeber der deutschen Wissenschaft nach Summen, ist die EU zwar ein wichtiger Akteur, aber bei Weitem nicht der mit der höchsten Fördersumme:

Deutsche Forschungsgemeinschaft	2.142.860
Bund	1.538.484
Wirtschaft	1.318.933
EU	525.765
Stiftungen	436.794
Länder	170.889

Tabelle 3:
Drittmittelgeber 2011 für Forschung in Deutschland nach Summen in 1.000 Euro (aus: Krumbein, 2014)

Ein *„Problem"* ist entsprechend, dass in Deutschland zahlreiche unterschiedliche Fördermöglichkeiten – zum Teil mit besseren Bewilligungsquoten und mit geringerem fachlichen und organisatorischen Aufwand einzuwerben – existieren, und daher der *„Druck"* zur Antragstellung für hiesige Wissenschaftler geringer ist. Bspw. vermutet die Präsidentin des European Research Council (ERC), Helga Nowotny, als Grund dafür, dass aus Deutschland weniger Anträge kommen, als möglich wären, dass die deutschen Wissenschaftler vergleichsweise gut ausgestattet sind und viele nationale Finanzierungsinstrumente existieren (vgl. Thiele, 2013, 6).

Abseits finanzieller Erwägungen spielen jedoch auch Profilierungs- und Reputationsüberlegungen, die den Handlungsbedarf zur Europäisierung dokumentieren, eine Rolle. Z.B. nimmt in der Wissenschaft die Zahl internationaler Kooperationen zu, was u.a. in der Verdreifachung des Anteils wissenschaftlicher Publikationen mit Autoren aus mehreren Ländern zum Ausdruck kommt (vgl. WR, 2010a, 10). Dies kann ein Indikator dafür sein, dass Wissenschaftler, die wahrgenommen werden möchten, entsprechend veröffentlichen sollten. Gleiches gilt für Patente, bei denen sich die Anzahl der Patente mit Inhabern aus mehreren Ländern zwischen 1991/1993 bis 2004/2006 verdoppelt hat (vgl. WR, 2010a, 10).

Durch die Beteiligung an EU-Fördermaßnahmen entsteht in Folge der generierten Kooperationen und dem Austausch mit wissenschaftlichen Akteuren aus der EU ein wissenschaftlicher bzw. fachlicher Mehrwert für die beteiligten Forschungsakteure (vgl. GWK, 2011, 4). Um den Mehrwert erschließen zu können, kommt es in Kooperation mit den Leitungen von Partnereinrichtungen in anderen EU-Staaten darauf an, gemeinsame Forschungsfelder zu identifizieren. Diese Kooperation kann die Grundlage gemeinsamer Anträge sein. Auch gemeinsame, jeweils intern aber abgestimmte Anreizsysteme, welche die Vorlaufforschung und die Antragstellung unterstützen, können eine wichtige Voraussetzung für die spätere Einwerbung europäischer Forschungsprojekte sein.

Die genannten Bausteine und Aspekte des Handlungsbedarfs stellen nur eine Auswahl dar. Weitere sind u.a. die Erhöhung des Zugangs zu Forschungsinfrastrukturen im europäischen Ausland sowie zu europäischen Forschungsthemen und die Steigerung der Qualität der Forschung (vgl. KOM, 2013c, 4). Der Handlungsbedarf ist letztlich einrichtungsspezifisch zu identifizieren. Dabei ist es relevant, sich mit eigenen Entwicklungszielen und -strategien in Forschung, Lehre und Transfer auseinanderzusetzen sowie die Möglichkeiten und Chancen zu analysieren, die die Europäisierung bzw. die EU-Programme zur Erreichung der grundsätzlichen Entwicklungsziele der jeweiligen Einrichtung bieten.

Die v.g. Aspekte gehen über die Gewinnung guter Wissenschaftler für die eigene Einrichtung hinaus. Sie tragen aus der Perspektive einer Hochschule bzw. Forschungseinrichtung dazu bei, die Qualität der dort betriebenen Forschung zu steigern. Die Voraussetzung, sich erfolgreich zu beteiligen, ist, dass die Einrichtung bereits exzellent ist – durch die Förderung werden die jeweiligen Stärken weiter gestärkt, da weitere Mittel in exzellente Bereiche fließen. Um es noch einmal ganz deutlich zu machen: Horizont 2020 setzt Exzellenz voraus. Die Exzellenzförderung durch den ERC hat in Europa eine für Wissenschaftsakteure relevante Lücke geschlossen (vgl. GWK, 2011, 4). Damit ist die Europäisierung für die Umsetzung der Entwicklungsstrategien einer Einrichtung in ihren verschiedenen Kernprozessen relevant.

Im Hinblick auf die **Studierenden** besteht Handlungsbedarf zur Europäisierung einerseits bzgl. Studierender aus dem Ausland, die für die eigene Hochschule gewonnen werden sollen. Andererseits besteht Handlungsbedarf bzgl. der eigenen Studierenden, denen ein Auslandsaufenthalt ermöglicht werden soll. Hier stellen sich Fragen der Europäisierung bzw. Internationalisierung für die Curricula der eigenen Studiengänge, z.B. hinsichtlich der Berücksichtigung internationaler Gegebenheiten (vgl. Blossfeld, 2012, 64). Der Aktionsrat Bildung sieht darüber hinausgehenden Bedarf: „Wenn die Attraktivität der deutschen Hochschulen für ausländische ERASMUS-Studierende erhöht werden soll, muss die Anzahl der englischsprachigen Lehrveranstaltungen steigen“ (Blossfeld, 2012, 65).

Neben geänderten Anforderungen an Studiengänge sind weitere Beispiele der Abbau von Barrieren für Auslandsaufenthalte, wie u.a. die Möglichkeit zur Integration von Auslandsaufenthalten in den Studienablauf oder die Anschlussfähigkeit erworbener Studienleistungen und/oder -abschlüsse. Angesichts veränderter Qualifizierungsansprüche der Wirtschaft an Hochschulabsolventen und des Strukturwandels der Wirtschaft im Zeitalter der Globalisierung (vgl. Blossfeld, 2012, 16) werden verstärkt Absolventinnen und Absolventen mit internationalen Erfahrungen rekrutiert, die diese u.a. während des Studiums durch Auslandsaufenthalte erworben haben. Obwohl mit Programmen wie Erasmus die Mobilität finanziell unterstützt wird, sieht der Aktionsrat Bildung Handlungsbedarf: Es müssten zusätzliche Anreizsysteme ersonnen werden, um die Mobilität weiter zu befördern (vgl. Blossfeld, 2012, 65).

Im Kontext der europäischen Mobilität Studierender ist auch die Maßnahme U-Multirank zu nennen, die die EU-Kommission 2014 begonnen hat. Dies ist ein Hochschulvergleich, der verschiedene Indikatoren für unterschiedliche Leistungsbereiche einer Universität berücksichtigt: Studium und Lehre, Forschung, Wissenstransfer, internationale Orientierung und regionales Engagement. Ziel ist, für Studierende, Wissenschaftler und Hochschulmanager Transparenz in den Europäischen Hochschulraum zu bringen (vgl. Haerdle, 2014, 21). Für Universitäten kann es daher relevant sein, sich mit ihrer Beteiligung an dem Ranking auseinanderzusetzen, denn Studierende beschäftigen sich möglicherweise damit künftig im Rahmen ihrer Studienortwahl. Es handelt sich jedoch um keinen Vergleich, der zu einer Platzierung führt, sondern er stellt nur relevante Informationen zusammen. Mehr Informationen zu U-Multirank bietet die entsprechende Themenwebseite der EU-Kommission (vgl. http://www.u-multirank.eu).

Für **Wissenschaftler und Studierende gleichermaßen** ist die administrative Unterstützung durch die eigene Einrichtung beim Wechsel aus dem und in das Ausland relevant. Ist sie nicht gegeben, besteht Handlungsbedarf.

Die stärkere Einwerbung von **EU-Fördermitteln** bezogen auf die drei Kernprozesse Bildung/Studium, Forschung und Transfer/Innovation und die entsprechende Gestaltung des internen Beratungs- und Unterstützungssystems kann hierzu der zentrale Baustein sein, der durch entsprechende Maßnahmen umgesetzt werden kann. Die stärkere Einwerbung von EU-Fördermitteln kann nämlich dazu beitragen, die Wettbewerbsposition der eigenen Einrichtung zu stärken, indem zusätzliche Ressourcen bereitgestellt werden: „Langfristig dürfte aber in den Vordergrund treten, dass die Rahmenprogramme ein hervorragendes Instrument zur Europäisierung und Internationalisierung der Universitäten, Hochschulen und Forschungseinrichtungen darstellen und damit entscheidend zur weltweiten Wettbewerbsfähigkeit der Institutionen beitragen können“ (Gaul, David, 2009, 25).

Auf den EU-Bereich angepasste Marketing- und Personalmanagementstrategien spielen, bezogen auf den v.g. Wettbewerb, eine Rolle. In dem Wettbewerb ist es relevant, eine Strategie zu entwickeln, wie die besten Studierenden und Wissenschaftler für die eigene Einrichtung gewonnen werden können.

Der Bedarf der Entwicklung einer Europäisierungsstrategie ist somit aus strategischen Gründen einer Hochschule bzw. Forschungseinrichtung groß: Für sie bietet die Umsetzung einer Europäisierungsstrategie zum einen die Chance, zusätzliche Mittel für sämtliche ihrer Kernprozesse akquirieren zu können: Bildung, Forschung und Innovation/ Transfer. Zudem bietet sie die Möglichkeit, die eigene Entwicklungsstrategie zu unterstützen, um die eigenen Stärken zu stärken.

Exkurs Fachhochschulen

Insbesondere für Fachhochschulen bietet Horizont 2020 neue, zusätzliche Chancen zur Beteiligung. Nicht zuletzt daher gewinnt die Auseinandersetzung mit den Fördermöglichkeiten für sie aus strategischer Sicht deutlich an Bedeutung. Begründet werden kann dies mit der stärkeren Ausrichtung auf die Umsetzbarkeit der Ergebnisse, wobei die hohe Anwendungsorientierung und insbesondere die Integration des Wissensdreiecks der Mission der Fachhochschulen entspricht (vgl. Diekmann, 2013). Zunächst existiert der vorgenannte Handlungsbedarf gleichermaßen für Hochschulen verschiedenen Typus und die Forschungseinrichtungen. Vor dem Hintergrund der bisherigen strategischen und operativen Aufstellung von Fachhochschulen hält Horizont 2020 darüber hinaus einige besondere Herausforderungen für diesen Hochschultyp bereit. Hierzu zählen bspw. in Bezug auf die Antragstellung und den Nachweis der Forschungsexzellenz das im Vergleich zu Universitätsprofessoren hohe Lehrdeputat der FH-Professoren und der geringe wissenschaftliche Mittelbau an Fachhochschulen. Des Weiteren sind Fachhochschulen bei ihren Transferaktivitäten häufig regional aufgestellt. Daher müssen sie den europäischen Transfer ihrer Ergebnisse oftmals noch erlernen und die europäischen Kontakte zu Wissenschaft und Wirtschaft stärken, um diese Transferdimension (oftmals neu) ergänzen zu können (vgl. Diekmann, 2013).

Angesichts der Möglichkeiten von Horizont 2020 besteht für Fachhochschulen ein besonderer Handlungsbedarf, sich mit den neuen Chancen auseinanderzusetzen und gegebenenfalls die Europäisierung der eigenen Strukturen, Prozesse und Maßnahmen (vgl. Kap. 5.2) voranzutreiben. Zudem ist eine Auseinandersetzung mit den eigenen Voraussetzungen im Bereich der Forschung erforderlich – letztlich ist ein Strategieprozess zu initiieren, inwiefern eine entsprechende Ausrichtung auf die Einwerbung von EU-Mitteln vor dem Hintergrund der eigenen Ressourcen und Ziele sinnvoll erscheint.

5.1 Strategische Ebene

> *„Zielbildungsprozesse, die strategischer Natur sind und bewusst gesteuerte Prozesse der Universitätsentwicklung induzieren, stellen für Universitäten besondere Herausforderungen dar“*
> (Meister-Scheytt, Scheytt, 2006, 121).

Vor dem Hintergrund des im vorangegangenen Kapitel genannten Handlungsbedarfs und den Ausführungen zur Europäischen Bildungs-, Forschungs- und Innovationspolitik ist es für Forschungseinrichtungen und Hochschulen sinnvoll, sich mit der Entwicklung einer Europäisierungsstrategie zu beschäftigen: Es ist

> „[...] für die Zukunftsfähigkeit der nationalen Forschungseinrichtungen und Förderorganisationen unabdingbar, dass diese sich mehr als bisher zum EFR hin öffnen und ihn prägend mitgestalten. Künftig sollten nationale Akteure in Wissenschaft und Politik bei wichtigen strategischen Entscheidungen stets die Bedingungen im und die Auswirkungen auf den EFR mitbedenken" (WR, 2010a, 7).

Die Europäisierungsstrategie ist kein Produkt von der Stange. Stattdessen muss sie den eigenen Voraussetzungen bzw. Ressourcen und Entwicklungszielen entsprechend maßgeschneidert entwickelt werden.

Begriffsbestimmung:
Europäisierung von Hochschulen und Forschungseinrichtungen

Europäisierung bezeichnet Aktivitäten der Hochschulen und Forschungsinstitute, die diese in dem stärker von politischen Rahmenbedingungen geprägten Prozess ergreifen (vgl. Lochte, 2010; 7WR, 2010a, 17, 21), um Entwicklungen im Europäischen Hochschul- und Forschungsraum zu entsprechen und v.a. an den Europäischen Förderprogrammen bzgl. Bildung, Forschung und Innovation zu partizipieren.

In der politikwissenschaftlichen Europäisierungsforschung bezieht sich der Begriff wesentlich auf die Impulse, die die EU-Ebene für Veränderungen in den Mitgliedsstaaten gibt (vgl. Beichelt, 2009, 20f.; Knill, Dobbins, 2013, 17; Hahn, 2004, 123). Sie beschäftigt sich mit den Inhalten, Prozessen und Strukturen sowie den Auswirkungen der europäischen Integration und Politikgestaltung auf die entsprechenden Politikfelder der Mitgliedsstaaten. Die Strategien Europa 2020, Innovationsunion, Jugend in Bewegung, EFR und das Programm Horizont 2020 tragen u.a. zur Europäisierung der nationalen Hochschulbildungs- und Forschungssysteme der Mitgliedsstaaten bei, indem Hemmnisse für den freien Austausch bzw. die Freizügigkeit von Wissen und Köpfen sowie für die europäische Zusammenarbeit abgebaut werden.

Die Europäisierungsprozesse im Politikfeld „Bildung" wurden bislang kaum systematisch wissenschaftlich analysiert, wie Knill, Dobbins (2013, 17) feststellen. Das Politikfeld „Forschung" ist ein weitestgehend weißer Fleck in der wissenschaftlichen Auseinandersetzung mit der Europäisierung, wenngleich einzelne Aspekte in Artikeln herausgegriffen werden. Die Management- und Verwaltungsebene bleibt bei der wissenschaftlichen Betrachtung jedoch zumeist außen vor.

Exkurs: Mission – Ziele – Strategien – Maßnahmen

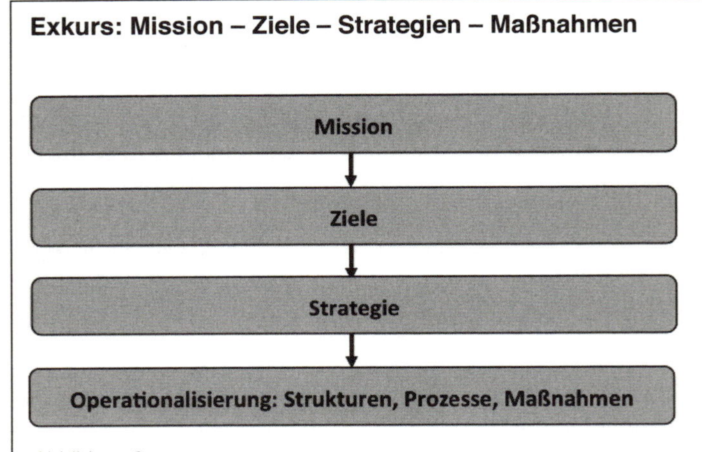

Abbildung 8:
Hierarchie von Mission, Zielen, Strategien und deren Operationalisierung, eigene Darstellung

Die **Mission** einer Einrichtung ist ihr langfristiges Kernziel und ihre -aufgabe. Forschung und Transfer sind die Kernprozesse und damit Gegenstand der Mission von Forschungseinrichtungen, die bei Hochschulen durch Studium und Lehre (inkl. Weiterbildung) ergänzt sind. Die Mission einer Forschungseinrichtung oder einer Hochschule bleibt nicht statisch, denn sie entwickelt sich mit dem Stand des Wissens und der Technik weiter (vgl. Behlau, Götter, 2013, 106). Zudem wird sie durch die externen Rahmenbedingungen, wie bspw. durch die Rechtslage und der – je nach (Landes-)Gesetz – übergreifenden Entwicklungsplanungen der Ministerien, beeinflusst.

Die Mission von Hochschulen ist für den jeweiligen Einrichtungstyp ähnlich: Fachhochschulen verfolgen im Kern die Mission der anwendungsorientierten Ausbildung der Studierenden der Region, der anwendungsorientierten Forschung und der Unterstützung der regionalen Wirtschaft im Transferbereich. Die Mission der Universitäten besteht in der Exzellenz in der Forschung (Grundlagen- wie auch Anwendungsforschung), der höchsten Qualität in der Lehre und beim regionalen, überregionalen, europäischen und/oder internationalen Transfer von Wissen und Technologien in die Wirtschaft und Gesellschaft.

Die Mission kann je nach regionaler, nationaler, europäischer und internationaler Ausrichtung der konkreten Einrichtung unterschiedliche Akzente setzen. Graf (2012, 11) stellt angesichts dieser homogenen Mission fest, dass sich strategisch „[...] Hochschulen mit klaren Differenzierungsmerkmalen (‚Anders sein‘) und Hochschulen, die vergleichbares besser umsetzen (‚Besser sein‘) unterscheiden [...]“ lassen. „Die erste Kategorie stellt dabei auf den Grad der Einzigartigkeit des Hochschulprofils in Bezug auf Fächerangebot, Forschungsschwerpunkte, Serviceleistungen für Studierende etc. ab, während die zweite Kategorie auf die Umsetzungskompetenz im Sinne von mehr Drittmitteln, besseren Wissenschaftlern, bessere Lehre etc. zielt.“ (Graf, 2012, 11).

Die Mission wird durch **Ziele** konkretisiert, die auf einen Zeitraum von ein bis fünf Jahre ausgerichtet sind. Die Ziele sollten mit Indikatoren hinterlegt werden (vgl. Behlau, Götter, 2013, 109f.), um deren Erreichung nachvollziehbar zu machen und ein wirksames Controlling betreiben zu können. Die Ziele sollten eine hinreichende Flexibilität aufweisen, um auf Änderungen in der Förderlandschaft und ihr dynamisches Umfeld angemessen reagieren zu können.

Ein Problem bei der Zielformulierung, z.B. bei Universitäten, ist, dass es nicht das eine zentrale Ziel oder Zielbündel gibt: „Dieses kann zwar vom Rektorat ausgegeben werden, wird aber nicht allein deshalb schon in der Universität gelebt. [...] Trotz der qua Gesetz eingeführten Stärkung des Rektorats gibt es in den Universitäten nach wie vor zahlreiche dezentrale Orte der Zielbildung und unterschiedlichste Vorstellungen, wohin eine Universität steuern sollte" (Gralke, Scherm, 2014, 44).

Strategien dienen dazu, Ziele zu erreichen: „Strategie wird definiert als die grundsätzliche, langfristige Verhaltensweise (Maßnahmenkombination) der Unternehmung und relevanter Teilbereiche gegenüber ihrer Umwelt zur Verwirklichung der langfristigen Ziele [d. Mission]. [...] [Strategien sind ein] Satz von Regeln, deren Beachtung die Wahrscheinlichkeit für das Auftreten eines gewünschten Ereignisses erhöhen sollen" (Müller-Stewens, 2014). Strategien sollten eine flexible Anpassung an das dynamische europäische Umfeld **zulassen.**

Strukturen, Prozesse und **Maßnahmen** operationalisieren die Strategien.

Die grundsätzliche, auf das Forschungsmanagement bezogene Feststellung von Behlau und Götter (2013, 108) gilt auch für Europäisierungsstrategien:

> „Für eine langfristig stabile Ausrichtung einer Forschungseinrichtung bedarf es einer konsequenten Ableitung von Zielen aus einer Mission. Zur Zielerreichung dient eine Strategie, die wiederum aus einzelnen Maßnahmen besteht" (Behlau, Götter, 2013, 108).

Jedoch ist die Strategiefähigkeit von Hochschulen und Forschungseinrichtungen im Bereich der Europäisierung laut Veröffentlichungen des Wissenschaftsrats optimierungsfähig: er empfiehlt ihnen, diese zu erhöhen (vgl. Lochte, 2010). Dies ist nicht trivial, denn die zu entwickelnde Europäisierungsstrategie ist eingebettet in ein komplexes Strategienset der Einrichtung. Die Hochschulstrategien können in mehrere Teilbereiche untergliedert werden:

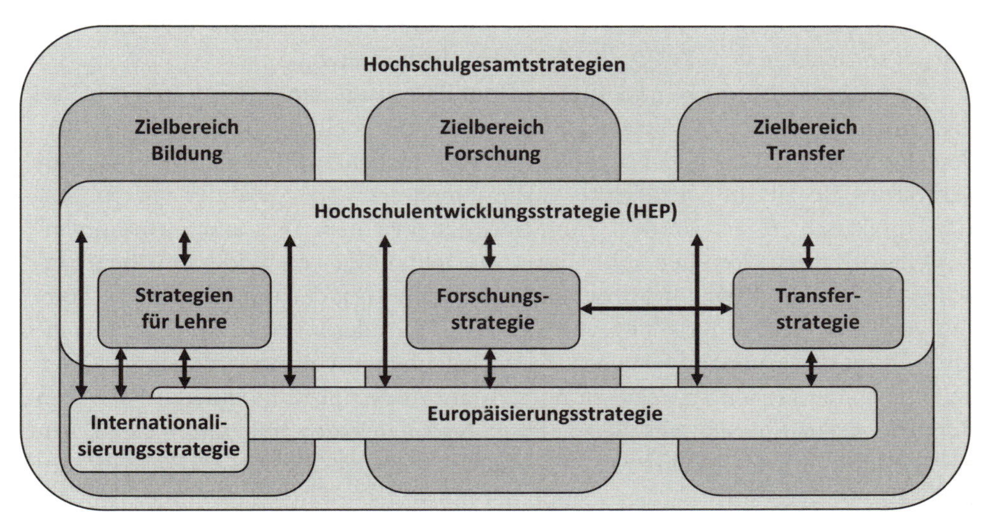

Abbildung 9:
Strategien und Zielsysteme von Hochschulen, eigene Darstellung

Es können **drei Zielbereiche** bzw. Missionen unterschieden werden, auf die sich die einzelnen Ziele, Strategien und Maßnahmen beziehen: **Bildung, Forschung** und **Transfer.**

Herzstück des Strategiensets ist die **Hochschulentwicklungsplanung** bzw. **-strategie**. Dies ist die übergreifende Strategie einer Hochschule. Für Forschungseinrichtungen ist die Ausrichtung an zentralen Strategien nichts Neues, sie werden meist hierarchisch durch die Institutsleitung geführt. In den Hochschulen ist der entsprechende Trend seit mehr als zehn Jahren zu beobachten, dass zentrale Strategien an Bedeutung gewinnen und sie unternehmerischer aufgestellt werden (vgl. Hahn, 2004, 68). Die Deregulierung der Hochschulen durch den Staat und deren damit einhergehende größere Selbststeuerung verstärken den Bedarf, sich als Hochschule Zielen zu verpflichten und darauf bezogene Strategien zu verfolgen. Dadurch ausgelöst ist eine zunehmende Differenzierung und Diversifizierung der Hochschulen zu beobachten – nicht zuletzt im Zuge der Exzellenzinitiative des Bundes und der Länder im Bereich der Universitäten, in deren Stärken in Forschung (Exzellenzcluster) und Doktorandenausbildung (Graduiertenschulen) und in der universitären Breite (Zukunftskonzepte). Auch davon unabhängig differenzieren sich Hochschulen bspw. durch ihre Profilbildung und die Entwicklung spezialisierter Studiengänge im Zuge der Bologna-Reform (vgl. Hahn, 2004, 68f.).

Oftmals ist die Hochschulentwicklungsstrategie bzw. der -plan (HEP) identisch mit der Hochschulgesamtstrategie. Der HEP kann in die folgenden Teilstrategien unterteilt werden, die sich auf die v.g. Zielbereiche beziehen: **Strategie für Lehre, Forschungsstrategie** und **Transferstrategie.** Die Europäisierungsstrategien sind mittlerweile häufig ein Aspekt in den – aufgrund vieler Landeshochschulgesetze – ohnehin vorzunehmenden Profilbildungs- und Differenzierungsprozessen (vgl. KoWi, 2011, 7) der Hochschulen.

Die **Europäisierungs-** und **Internationalisierungsstrategien** können in die drei oben genannten Teilstrategien integriert oder eigenständig geführt werden. Es bestehen Vor- und Nachteile, die verschiedenen Strategien in einer **Gesamtstrategie** zusammenzufassen, anstatt mehrere nebeneinander vorzusehen. Ganz praktisch: Es ist sinnvoll, die Strategien in einem Dokument zusammenzustellen. Zu den Vorteilen zählt bspw. die Reduktion von Widersprüchen zwischen den unterschiedlichen Strategien. Nachteile sind der möglicherweise hohe Aufwand der Nachverhandlung von (kleineren) Änderungen – z.B. könnten interne Interessengruppen versuchen, die Gelegenheiten von Änderungen in einem Teilbereich der Gesamtstrategie zu nutzen, um Änderungen in anderen Bereichen durchzusetzen. Ein weiteres Beispiel von Nachteilen der Integration der Europäisierungs- in die Gesamtstrategien können auch zu allgemeine Formulierungen sein, die gewählt werden, damit der Europäisierungsaspekt innerhalb der Gesamtstrategie kein Übergewicht erhält.

Vor diesem Hintergrund erscheint ein zweistufiges Vorgehen sinnvoll: In der allgemeinen Einrichtungsstrategie sollten grundsätzliche Aussagen zur Europäisierung verankert werden und insbesondere die Querbezüge zu anderen Strategiebereichen – Lehre, Forschung, Transfer und Weiterbildung – hergestellt werden. In einer konkretisierenden eigenständigen Europäisierungsstrategie sollten die Feinheiten und Besonderheiten festgelegt werden.

Unabhängig von dieser strukturellen bzw. oftmals eher redaktionellen Frage, ob die Europäisierungsstrategie eigenständig oder als Teil der Gesamtstrategie betrachtet wird, kann festgehalten werden, dass die Europäisierungsstrategie und die übergeordnete allgemeine Entwicklungsstrategie der Forschungseinrichtung bzw. Hochschule eng miteinander zusammenhängen und sich gegenseitig verstärken: Bei der Umsetzung einer Gesamtentwicklungsstrategie sind Entscheidungen zu treffen, welche Bereiche eine bessere Mittelausstattung erhalten. Hierzu kann auch gehören, den Fokusbereichen eine bevorzugte Behandlung und bessere bzw. umfangreichere administrative Unterstützung zu gewähren. Dies kann bspw. dadurch umgesetzt werden, dass für die besonders zu fördernden Bereiche Premiumdienstleistungen vorgesehen werden, während andere Bereiche lediglich eine Basisunterstützung oder gar keine Hilfe erhalten. Diese Differenzierung kann nicht zuletzt angesichts begrenzter personeller und finanzieller Ressourcen sinnvoll sein.

Das folgende Beispiel zeigt, dass die allgemeine Entwicklungs- und die Europäisierungsstrategie einander bedingen: Wenn sich die eigene Einrichtung exzellenzorientiert entwickelt und eine Strategie der Stärkung eigener Stärken realisiert werden soll, werden durch die Europäisierungsstrategie die Chancen verbessert, Mittel der EU einzuwerben. Diese Mittel besitzen wiederum Vorteile für die Entwicklung der jeweiligen Einrichtung. Andererseits ist eine starke und exzellente Einrichtung die Voraussetzung, damit EU-Mittel in den wettbewerbs- und exzellenzorientierten Programmen akquiriert werden können. Um diese zu entwickeln, zu stabilisieren oder weiterzuentwickeln, ist eine gute Gesamtentwicklungsstrategie von Bedeutung.

Es besteht eine Korrelation: Dort, wo eine Einrichtung die größten wissenschaftlichen Stärken besitzt, hat sie häufig die größten Erfolge in der Einwerbung von EU-Mitteln. Dies hängt damit zusammen, dass die Rahmenprogramme für Forschung und Innovation bestehende Exzellenz fördern und keine Strukturentwicklungsprogramme sind, die zur Exzellenz führen sollen. Die Entwicklung einer Europäisierungsstrategie erfordert strategische Entscheidungen und Schwerpunktsetzungen des Ressourceneinsatzes angesichts begrenzter Ressourcen.

Dabei existieren in der Entwicklungsstrategie einer Hochschule verschiedene einrichtungsspezifische Spannungsfelder bzw. Herausforderungen. Sie ergeben sich zum Teil grundsätzlich bei unterschiedlichen Strategieprozessen einer Hochschule von Lehre bis Transfer, oder sie treten zum Teil speziell im Bereich der Europäisierung auf. Daher müssen Spannungsfelder bewusst thematisiert und

Entscheidungen zur Schwerpunktsetzung getroffen werden. Ohne Anspruch auf Vollständigkeit existieren die folgenden Beispiele:

Keine statischen Zielsetzungen

Die Zielsetzungen von einer Forschungseinrichtung oder Hochschule entwickeln sich mit dem Stand des Wissens und der Technik kontinuierlich weiter (vgl. Behlau, Götter, 2013, 106). Zudem werden die Entwicklungen der Förderlandschaft angepasst. Behlau und Götter (2013, 106) empfehlen, die Änderungen der Ziele und der darauf bezogenen Strategien innerhalb der grundsätzlichen Zielsetzung, bzw. Mission, vorzunehmen, um die Kernkompetenzen und Stärken nutzen zu können.

Was ist das Produkt?

Ein Problem von Hochschulen besteht darin, dass sie nicht für eindeutige Produkte oder Dienstleistungen stehen, sondern angesichts einer Vielzahl von Fachbereichen diversifiziert sind. Ridder (2006, 103) beschreibt dies als „[...] Grundproblem öffentlicher Organisationen, die keine materiellen Produkte oder präzise bestimmbare Dienstleistungen anbieten.“

Hingegen haben Forschungsinstitute oftmals eine klar definierte Mission und können eindeutiger darstellen, was ihr Produkt ist.

Strategien im Organisationshandeln verankern, Umsetzung von Top-Down-Entscheidungen

„Meist ist es nur eine eher vage und unscharfe Perspektive, die dem täglichen Organisationshandeln zugrunde liegt“ (Ridder, 2006, 103). Nicht nur angesichts der grundgesetzlich verbrieften Freiheit von Forschung und Lehre können nicht alle Mitglieder einer Hochschule auf bestimmte Ziele und Strategien verpflichtet werden – bei Forschungsinstituten ist dies einfacher, da die grundgesetzliche Bestimmung für sie nicht gilt. Der Präsident der Hochschulrektorenkonferenz stellt in dem Zusammenhang Folgendes fest: „Jegliche Steuerungsmechanismen müssen selbstverständlich so gehandhabt werden, dass sie keine Gefahr für die Wissenschaftsfreiheit darstellen“ (Hippler, 2013).

Aber auch in der Verwaltungspraxis stellt die Strategieorientierung immer wieder eine Herausforderung dar, damit die Strategien nicht nur auf dem Papier existieren, sondern auch in der Organisationspraxis gelebt werden. Es kommt auf das Kommittent des wissenschaftlichen Personals und das Führungshandeln an.

Ein Problem von Hochschulen ist in diesem Zusammenhang, dass Top-Down-Entscheidungen auf der Arbeitsebene (vgl. Holuscha, 2013, 40) oder im Bereich der Wissenschaft aufgrund der Freiheit von Forschung und Lehre oftmals nicht umgesetzt werden. Daher ist es oft der erfolgversprechendere Weg, durch gute Angebote und Anreize für die Strategie und ein entsprechendes Verhalten zu werben.

Auch die Bezüge zwischen Internationalisierungs- und Europäisierungsstrategien sind groß. Es kann laut Brandenburg, Knothe (2008, 13) festgestellt werden, „[...] dass eine eigene Internationalisierungsstrategie vor allem dann und nur solange als sinnvolles Teil- und Einzelinstrument der Hochschulsteuerung angesehen werden kann, wie die internationale Dimension noch kein selbstverständliches Element des Handelns der Hochschule und ihrer Mitglieder ist oder mit anderen Worten noch nicht im Mindset aller Mitglieder sowie institutionell verankert ist." Diese Aussage lässt sich auch eins zu eins auf die Europäisierung übertragen.

Definition Internationalisierung

„Internationalisierung lässt sich als die systematisch angelegte Bemühung staatlicher Hochschulpolitik und der Hochschulen verstehen, Organisation und Management der Hochschulen und insbesondere die Hochschulausbildung selbst so zu gestalten, dass sie für die Herausforderungen der wirtschaftlichen Globalisierung und der damit zusammenhängenden gesellschaftlichen Veränderungen besser gerüstet sind." (Schreiterer, Witte, 2001, 5)

Es handelt sich um einen „Prozess zunehmender grenzüberschreitender Aktivitäten, bei dem nationale Einrichtungen im Hinblick auf die rechtlichen Rahmenbedingungen, Organisationsformen oder Finanzierung die Ausgangsbasis für länderübergreifende Kooperation darstellen" (Lochte, 2010, vgl. auch WR, 2010a, 17; Hahn, Teichler, 2012, 462)

Aufgrund der Wechselwirkung zwischen Internationalisierungs- und Europäisierungsstrategien sollten Ziel- und Interessenkonflikte zwischen den beiden Strategien in den Blick genommen werden (vgl. WR, 2010a, 6). Die Internationalisierungsstrategie inkooperiert häufig auch die Europäisierungsstrategie. Dabei wird die Internationalisierungsstrategie oft eher allgemeiner gehalten, während die Europäisierungsstrategie konkreter wird – letztlich um auf die verschiedenen spezifischen Programme der EU zu reagieren, die im internationalen Bereich deutlich weniger sind.

Auch wenn die Europäisierung in eine eigenständige Strategie gegossen wird, kann diese aufgrund der inhaltlichen Wechselbeziehungen nur im Kontext der Internationalisierungsstrategie verfolgt werden (vgl. WR, 2010a, 6). Zudem stehen die Internationalisierungs- und Europäisierungsstrategie(n) im Kontext der Gesamtstrategie der Einrichtung: „Wir betrachten die Internationalisierung als eine Aufgabe der gesamten Hochschule, die nur durch strategisches Herangehen gemeistert werden kann [...]" (HRK, 2014), erklärt der Präsident der Hochschulrektorenkonferenz, Hippler.

Die Gemeinsame Wissenschaftskonferenz (GWK) hält die Europäisierung der nationalen wissenschaftlichen Institutionen – u.a. aufgrund der oben genannten Vorteile – für unabdingbar (vgl. GWK, 2011, 4). Die Europäisierung des deutschen Wissenschaftssystems in Folge des EFR (vgl. Kap. 4.2) „[...] wirkt sich auch auf die Rolle und den Spielraum wissenschaftspolitischer Akteure im nationalen Raum aus, indem der Bedarf für ein rasches und aktives Aufgreifen europäischer Entwicklungen sowie die hieraus resultierenden Möglichkeiten und Chancen deutlich steigen“ (GWK, 2011, 4f.).

Dabei wäre es jedoch ein Fehler, sich strategisch rein an den Prioritäten und Themen der EU auszurichten. Dadurch verliert eine Einrichtung ihr Alleinstellungsmerkmal (vgl. Behlau, Götter, 2013, 106) und wird hinsichtlich ihrer strategischen Ausrichtung im Vergleich zu anderen Einrichtungen, die ebenfalls die gleiche Strategie verfolgen, beliebig. Stattdessen sollte sich die Europäisierungsstrategie an der allgemeinen Entwicklungsstrategie orientieren, um die Erreichung der darin enthaltenen Ziele, bezogen auf die v.g. Zielbereiche, zu unterstützen.

Somit ist eine Europäisierungsstrategie kein Selbstzweck, sondern muss einen konkreten Nutzen für die Einrichtung besitzen (vgl. Holuscha, 2013, 40; Brandenburg, Knothe, 2008, 13). Dieser besteht insbesondere in der **Unterstützung der allgemeinen Entwicklungsziele der Einrichtung** hinsichtlich der Profilbildung, Positionierung und Entwicklung (vgl. Hahn, 2004, 327; Thieme, 2013). „Die Hochschulen sollten strategische Gesamtkonzepte für ihre Internationalisierung [Anm.: gilt analog für die Europäisierung] erarbeiten, die neben der Bildung und Ausbildung auch die Forschung, die Nachwuchsförderung und das Hochschulpersonal einbeziehen“ (Blossfeld, 2012, 14). Es besteht Handlungsbedarf, sich als FuE-Einrichtung bzw. Hochschule zu internationalisieren: „Keine FuE-Einrichtung bzw. Hochschule kann sich mehr auf die regionale (oder nationale) Nähe von potentiellen Kunden/Studierenden verlassen“ (Behlau, Götter, 2013, 107).

Somit hat die Europäisierungsstrategie einen eher unterstützenden Charakter für die Gesamtstrategien der Einrichtung, indem sie diese, bezogen auf den EU-Bereich, konkretisiert und die Erreichung der grundsätzlichen Entwicklungsziele unterstützt. Die Europäisierung ist somit hoch komplex und erfasst alle Kernbereiche einer Hochschule (vgl. Hahn, 2004, 327).

Beispiel für die Unterstützung der Profilierung

Soll bspw. ein Exzellenzbereich einer Institution gestärkt werden, kann die Anwerbung etablierter Spitzenkräfte und entsprechender Nachwuchskräfte Sinn machen. Die Europäisierungsstrategie kann entsprechende Ziele verfolgen und dafür den strategischen Rahmen bieten. Zudem gewinnt eine Einrichtung für Spitzenkräfte – die an europäischen Fördermitteln beteiligt sind oder hier großes Potenzial besitzen – an Attraktivität, die sie möglichst gut in administrativen Fragen der EU-Förderung unterstützt und auch darüber hinaus gute Arbeitsbedingungen und auch Unterstützung im sozialen Bereich (wie z.B. Kinderbetreuung) bietet. Die Spitzenkräfte wollen möglichst viel Zeit für ihre Kernprozesse sowie -kompetenzen und weniger für administrative Prozesse aufwenden. Auch aus der strategischen Sicht von Forschenden ist es sinnvoll, möglichst viel Zeit für Forschung einzusetzen, denn dies ist ihrem Renommee zuträglich.

Über das Kernziel der Unterstützung der übergeordneten Strategie der Einrichtungen können die Ziele der Europäisierungsstrategien – entsprechend den drei v.g. Zielbereichen – wie folgt beispielhaft unterschieden werden.

5.1.1 Übergreifende Ziele

Umsetzung von Charta & Code

Die European Charta for Researchers und der Code of Conduct for the Recruitment of Researchers (kurz Charta & Code) wurde 2005 erstmals von der KOM veröffentlicht. Ihr Gegenstand sind die Rechte und Pflichten von Forschern und ihren Arbeitgebern, bezogen auf die Einstellung. Die Arbeits- und Anstellungsbedingungen von Forschern und damit die Bedingungen für den Forschungsprozess sollen dadurch verbessert werden. Ein weiteres Ziel ist die Unterstützung der Mobilität. Gegenstand von Charta & Code sind die Anerkennung des Berufs, die Laufbahnentwicklung und die Wertschätzung von Mobilität, die Einstellungsprinzipien, die Auswahlkriterien sowie die Einstellung und Ernennung nach der Promotion (KOM, 2005).

Laut der KOM (2008) sollte eine Hochschule bzw. Forschungseinrichtung Charta & Code unterzeichnen, weil sie damit bestätigt, dass sie ein stimulierendes und positives Arbeitsumfeld für Forscher aufweist, und das Signal gibt, dass ihr das eigene Personal wichtig ist.

Die Berücksichtigung von Charta & Code weist somit Bezug zur Personalstrategie auf, die meist Gegenstand der allgemeinen Entwicklungsstrategie einer wissenschaftlichen Einrichtung ist. Diesen Einrichtungen steht es frei, die Grundsätze in ihren internen Strategien und Prozessen zu berücksichtigen – es handelt sich um keine Verpflichtung. Allerdings verpflichtet die Unterzeichnung von Zuwendungsvereinbarungen in Horizont 2020 die Projektteilnehmer dazu, proaktiv alles, was ihnen möglich ist, zu unternehmen, um die Prinzipien von Charta & Code umzusetzen. Dies kann von der KOM im Rahmen der regulären Audits überprüft und bei Nichtbeachtung als Vertragsbruch geahndet werden (Art. 32 des Horizont 2020 Model Grant Agreement).

Hat eine Universität ihre eigenen Prozesse an Charta & Code angepasst, kann sie ein darauf bezogenes Kommittent gegenüber der EU-Kommission erklären – wie bspw. die Universität Salzburg (vgl. Universität Salzburg, 2009). Dieses dient zum einen als Signal gegenüber der EU-Kommission, zum anderen auch der Selbstvergewisserung nach innen. In Deutschland wurde das Kommittent von verschiedenen Fachhochschulen und Universitäten, aber auch von der Hochschulrektorenkonferenz (HRK) als Gesamtorganisation, unterzeichnet.

5.1.2 Zielbereich Bildung

Ingoing: Erhöhung der Zahl ausländischer Studierender und Wissenschaftler

Gegenstand der Internationalisierung und Europäisierung der eigenen Strukturen und Prozesse ist der Abbau der Zugangsbarrieren für Wissenschaftler und

Studierende, die aus dem Ausland an die eigene Einrichtung (ingoing) kommen, um dort zu arbeiten bzw. zu studieren. Für die Exzellenz einer Einrichtung ist es wichtig, exzellente Wissenschaftler zu beschäftigen. Zu den Maßnahmen im Rahmen der Internationalisierung und Europäisierung zählen z.B. Gastdozentenprogramme, spezielle Willkommensangebote mit der Unterstützung bei Behördengängen etc., Sprachenzentren und englischsprachige Studiengänge (vgl. Thieme, 2013).

Outgoing: Erhöhung der Mobilität von Studierenden und Wissenschaftlern

Lange wurde unter Internationalisierung fast ausschließlich die internationale Mobilität von Studierenden und Wissenschaftlern verstanden (vgl. Kehm, 2011, 18; Hahn, Teichler, 2012, 468). In diesem Bereich der Internationalisierung geht es darum, Wissenschaftlern und Studierenden den (meist zeitweisen) Auslandsaufenthalt durch entsprechende Unterstützungsangebote und durch den Abbau von Barrieren – wie bspw. der Anerkennung von im Ausland erworbenen Studienleistungen – zu erleichtern.

Maßnahmen sind im Bereich der Unterstützung des sogenannten Outgoings z.B. die **Sprachenausbildungs- und -unterstützungssysteme** (vgl. Blossfeld, 2012, 64). Sie sollten sich nicht nur an Studierende, Lehrende und Forschende, sondern auch an das administrative Hochschulpersonal richten, denn auch in diesem Bereich macht das Kennenlernen von Verwaltungen anderer Länder durchaus Sinn, um neue Anregungen zu erhalten. Aber auch davon unabhängig gilt: internationale und interkulturelle Qualifikationen sind laut dem Aktionsrat Bildung das „[…] Schlüsselstück für das Gelingen von Internationalisierungsprozessen“ (Blossfeld, 2012, 91).

5.1.3 Zielbereich Forschung

Erhöhung der EU-Fördermittel

Eine der wesentlichen Missionen von Forschungseinrichtungen und Hochschulen ist es, Forschung zu betreiben. Hierfür sind Mittel erforderlich, warum das Ziel der Erhöhung der für Forschung nutzbaren EU-Mittel besonders relevant ist.

Erhöhung der Sichtbarkeit der Einrichtung und ihrer Wissenschaftler

In Folge der Beteiligung an europäischen Forschungsprojekten sind die Wissenschaftler gut mit anderen exzellenten Wissenschaftlern des eigenen Interessensgebiets vernetzt. Für die Wissenschaftler ist dies – neben der Publikation und der Beteiligung an Fachkonferenzen – ein weiterer „Marketing-Kanal“, um auf sich und ihr Leistungsvermögen aufmerksam zu machen. Die wissenschaftliche Reputation der Wissenschaftler (und infolgedessen der entsendenden Einrichtung) kann dadurch erhöht werden.

Wenn sich eine Einrichtung dem Ziel der Exzellenz in der Forschung verschrieben hat, ist die verstärkte Ausrichtung auf die exzellenzorientierte Forschungsförderung der EU angezeigt. Die reine Ausrichtung auf die ebenfalls nach Exzellenzkriterien vergebenen Mittel der Deutschen Forschungsgemeinschaft (DFG) reicht nicht aus. In der Exzellenzinitiative war die europäische oder internationale Sichtbarkeit der Einrichtung ein zentrales Bewertungskriterium. Die Förderung von ERC oder auch europäischen Verbundprojekten (vgl. Kap. 4.3) sind wichtige Indikatoren für die wissenschaftliche Exzellenz in einem europäischen Maßstab sowie die europäische Vernetzung von Wissenschaftlern und deren Einrichtungen.

Europäische Partnersuche in Wissenschaft und Wirtschaft

Der WR empfiehlt Hochschulen und Forschungseinrichtungen, nach geeigneten Partnern themenbezogen europaweit zu suchen (vgl. Lochte, 2010):

> „Verstärkte institutionelle Kooperationen mit einzelnen Einrichtungen oder strategische Allianzen können eine Methode der Wahl darstellen. In Grenzregionen können sich grenzüberschreitende Verbünde als Mittel zur Profilierung und zum Kompetenzzugewinn erweisen" (WR, 2010a, 143).

Die Partnerschaften dürfen jedoch – nicht zuletzt aufgrund der grundgesetzlich verbrieften Freiheit von Forschung und Lehre – Wissenschaftlern den projektbezogenen, internationalen Austausch mit Partnern ihrer Wahl nicht verwehren.

Partner für einen Antrag zu finden, kann durch Kooperationsbörsen unterstützt werden, die mit einem mehrere Mitgliedsstaaten übergreifenden Fokus organisiert werden und an denen sich Hochschulen und Forschungseinrichtungen beteiligen können. Hier ist die Zusammenarbeit mit dem Enterprise Europe Network (EEN) sinnvoll, das i.d. Regel einen entsprechenden Austausch auch mit der Wirtschaft organisiert.

Einbezug der Bedingungen im EFR in die strategische Ausrichtung

Die eingangs des Hauptkapitels 5 genannten Herausforderungen für Hochschulen und Forschungseinrichtungen im EFR haben zur Folge, dass sinnvollerweise die Bedingungen für die Einrichtungen im EFR in der strategischen Ausrichtung der Hochschule berücksichtigt werden. Der WR, 2010, 143 empfiehlt den Hochschulen: „Sie sollten in der Formulierung ihrer Strategie prüfen, welche Optionen der Positionierung sich ihnen im EFR bieten. Dabei sollten sie von ihren Schwerpunkten und Alleinstellungsmerkmalen ausgehen und eine möglichst passgenaue Europäisierungs- oder auch Internationalisierungsstrategie verfolgen."

Angemessen auf die zunehmende Komplexität der Herausforderungen der Forschung reagieren
Die Komplexität der gesellschaftlichen Herausforderungen, denen häufig nur arbeitsteilig und durch Pools von Know-how begegnet werden kann, nimmt zu.

5.1.4 Zielbereich Transfer

Der Transfer von Wissen in die Wirtschaft durch Projektergebnisse oder Personal ist Teil der Mission von Forschungsinstituten und Hochschulen. Zur Ausweitung der Transferaktivitäten kann nicht nur die Region oder die nationale Wirtschaft, sondern auch die europäische Wirtschaft in den Blick genommen und damit der Absatzmarkt vergrößert werden.

Um diese Ziele zu erreichen, können verschiedene Strategien entworfen werden, die die Chancen der Europäischen Bildungs-, Forschungs- und Innovationspolitik bzw. -förderung berücksichtigen. Beispiele für einzelne Strategien zur Erreichung der strategischen Ziele im Bereich Forschung:

Exkurs: Den ERC als Indikator für europäische Forschungsexzellenz nutzbar machen.

Die ERC Grant Holder genießen mittlerweile eine hohe wissenschaftliche Reputation. Ebenso ist die Reputation wissenschaftlicher Einrichtungen hoch, die eine Vielzahl an ERC-Grantees hervorgebracht oder angestellt haben – es zeigt, dass die Einrichtung aufgrund ihres wissenschaftlichen Renommees und/oder ihrer Unterstützungsstrukturen ein attraktiver Arbeitgeber für diesen „exklusiven“ Kreis von Wissenschaftlern ist.

Stamm (2014, 38) zitiert den Leiter der Kooperationsstelle EU der Wissenschaftsorganisationen KOWI, Jens Gaul: „Der DFG-Forschungsatlas 2012 [...] zeigt noch einmal ganz deutlich: Deutsche Universitäten werden auch nach ERC grants gerankt.“ Trotzdem berichten Mitarbeiter der für den ERC zuständigen Exekutivagentur, dass die meisten Anträge aus Italien und Spanien kommen, Staaten, die ihre eigenen Forschungsfördersysteme zurückgefahren haben und in denen es damit zu einem zusätzlichen Handlungsdruck für die Wissenschaftler kommt, ERC-Förderung zu beantragen (vgl. Stamm, 2014, 38). In dem Zusammenhang wird die These diskutiert, dass deutsche Wissenschaftler angesichts der ausdifferenzierten und üppigen DFG-Förderung gewissermaßen „satt“ und auf die aufwendiger einzuwerbende ERC-Förderung nicht angewiesen sind. Dies muss beim Entwurf von Strategien durch deutsche Einrichtungen berücksichtigt werden, bspw. indem zusätzliche Anreize für die Wissenschaftler gesetzt werden, sich zu beteiligen.

Nichtsdestotrotz ist es für Forschungsinstitute und Hochschulen attraktiv, über eine hohe Zahl an ERC-Grantees zu verfügen. Bei der Strategieformulierung muss berücksichtigt werden, dass die ERC-Grants mobil sind: Stamm (2014, 38) zitiert Claudia Labisch vom Brüssel-Büro der Leibniz-Gemeinschaft: „[...] auf der einen Seite ist es ein Aushängeschild für den Wissenschaftler, der einen Grant eingeworben hat – er wird natürlich in der Regel überall mit Kusshand genommen.“ Gerade die Starting Grants werden von Nachwuchswissenschaftlern, die häufig noch keine feste Professur oder Ähnliches haben und besonders wechselwillig sind, erworben.

Um das v.g. Ziel zu erreichen, bestehen mehrere Strategieoptionen, die einzeln verfolgt oder miteinander kombiniert werden können:

(a) Antragstellungen von Wissenschaftlern der eigenen Einrichtung unterstützen
Die gezielte Identifizierung, Motivierung und Unterstützung von Wissenschaftlern mit Potenzial zur Einwerbung der Grants (vgl. Gaul, David, 2009, 20) ist eine strategische Option. Eine weitere Option ist in diesem Zusammenhang, nicht jeden Antrag zentral zu unterstützen, wenn kein ausreichendes wissenschaftliches Potenzial beim Antragsteller erkannt wird. Das Druckmittel ist die diskriminierende Bereitstellung zusätzlicher – über die Grundausstattung hinausgehender – Ressourcen, wie Raumkapazitäten sowie Beratungs- und Unterstützungsleistungen. Die Unterstützung eigener Wissenschaftler kann zeit- und ressourcenaufwendig sein – je nachdem, inwieweit ein Wissenschaftler zunächst hinsichtlich seiner Exzellenz weiterentwickelt werden muss (vom Talent zum exzellenten Wissenschaftler) – und je nach vorhandenen Kapazitäten der Unterstützungsstrukturen. Diese Strategie kann auch das Risiko bergen, dass Wissenschaftler nach dem Grant-Gewinn an eine renommiertere Einrichtung wechseln. Dieses Risiko stellt sich v.a. weniger renommierten Einrichtungen. Es entstehen Kosten für das Unterstützungssystem (v.a. Personalressourcen) und ggf. für die Vorlaufforschungsförderung.

(b) Grantees von anderen Einrichtungen anwerben
Die Strategie, Grantees zu rekrutieren, kann kostenaufwendig sein, denn im Rahmen der Gewinnung müssen meist eine gute Ausstattung der Arbeitsbereiche, eine entsprechende Bezahlung oder eine Dauerstelle geboten werden. Diese Strategie birgt jedoch ein geringeres Risiko als die vorgenannte, denn der Verlust des Wissenschaftlers, in den zuvor investiert wurde, ist weniger wahrscheinlich. Zudem wird nicht in nicht erfolgreiche Anträge investiert. Es entstehen Personalkosten, v.a. im Bereich der leistungsbezogenen Vergütung, sowie ggf. Kosten für die Sicherstellung eines attraktiven wissenschaftlichen, aber auch sozialen Umfeldes.

(c) Grantees der eigenen Einrichtung halten
Grantees sind möglicherweise Abwerbeversuchen anderer Einrichtungen ausgeliefert, weshalb ein attraktives wissenschaftliches, aber auch soziales Umfeld sinnvoll sein kann. Die Einschätzung hinsichtlich der Kriterien eines attraktiven Umfeldes ist häufig individuell und hängt zum Teil von Faktoren ab, die ein Forschungsinstitut oder eine Hochschule nicht beeinflussen kann, wie z.B. die landschaftliche und kulturelle Attraktivität der jeweiligen Stadt oder deren Verkehrsanbindung. Zur Attraktivität kann aber auch das wissenschaftliche Umfeld beitragen, das die Einrichtung selbst beeinflussen kann, wie z.B. die Ausstattung mit wissenschaftlichem Gerät oder Mitarbeitern oder die Entlastung von administrativen Aufgaben. Auch soziale Aspekte, wie Dual-Career- und Tenure-Track-Optionen, können von der Einrichtung beeinflusst werden. Es entstehen Kosten für die Sicherstellung der Attraktivität des Standortes.

Welche Strategie und/oder in welchem Verhältnis die Kombination sinnvoll ist, hängt von der jeweiligen individuellen Situation einer Einrichtung hinsichtlich ihrer Reputation, Attraktivität, der finanziellen Ausstattung etc. ab. Auch die Frage der entstehenden Kosten ist einrichtungsspezifisch zu bestimmen – je nach bereits vorhandenen Ressourcen.

Abschließend können einige **Empfehlungen, bezogen auf die Strategieformulierung,** im Bereich der Europäisierung von Hochschulen und Forschungseinrichtungen gegeben werden:

Beliebigkeit vermeiden
Bei allen Strategien ist es wichtig, dass nicht beliebig Schwerpunkte aufgelistet werden, die mehr oder weniger für jede Hochschule oder Forschungseinrichtung gelten. Es müssen die eigenen Ressourcen bewertet und deren Entwicklungsfähigkeit in den Blick genommen werden.

Vergleichen
Nur auf sich selbst zu schauen reicht nicht aus. Eine Marktanalyse und damit der Vergleich mit anderen Einrichtungen ist sinnvoll, um relative Stärken und Schwächen zu identifizieren.

Kohärenz sicherstellen
Wichtig ist, dass die Rahmen- und Teilstrategien zueinander und in sich selbst kohärent sind und sich nicht widersprechen. Um dies sicherzustellen, sollten sie bspw. an einer Stelle im Stabsbereich zusammenlaufen und ihre Kohärenz – insbesondere bei Änderungen von Teilstrategien – geprüft werden.

Fragmentierung vermeiden, einheitliche Systematik sicherstellen.
Wichtig ist, eine Fragmentierung innerhalb der Gesamt- und Teilstrategien zu verhindern. So sollten z.B. die Teilstrategien einheitliche Monitoring- bzw. Controlling-Mechanismen vorsehen.

Bei Forschungsinstituten ist die eingangs geforderte Strategiefähigkeit aufgrund der Durchsetzbarkeit der Top-down-Steuerung meist gegeben. Bezogen auf die Strategiefähigkeit von Hochschulen muss jedoch etwas Wasser in den Wein gegossen werden. Die Europäisierung von Hochschulen ist nur bedingt steuerbar: Auch wenn eine elaborierte Strategie vorliegt, kann sie nur bedingt die Europäisierung steuern. Hahn (2004, 327) begründet mit Blick auf die Internationalisierung, dass durch die Strategie zum „[...] einen Rahmenbedingungen wie etwa rechtliche Restriktionen oder finanzielle Engpässe die Internationalisierung limitieren. Zum anderen ist die Internationalisierung wesentlich abhängig von menschlichen und kulturellen Faktoren“. Dieser Aspekt der Durchsetzbarkeit von Strategien wird in Kapitel 5.3 aufgegriffen.

5.2 Strukturelle und prozessuale Ebene (inkl. Maßnahmenebene)

Angesichts des klar strukturierten Antragsverfahrens bezogen auf EU-Projekte erscheint es sinnvoll, die Unterstützungsdienstleistungen, dem Ansatz des **Prozessmanagements** entsprechend, als Prozesse zu organisieren.

5.2.1 Prozessmodell eines EU-Forschungsprojektes

Als Grundlage der Struktur- und Prozessentwicklung des einrichtungsinternen Beratungs- und Unterstützungsmodells ist es sinnvoll, zunächst die Prozessschritte im Lebenszyklus eines EU-Projektes zu betrachten. Mit der Prozessorientierung soll ein Funktions- und Bereichsdenken der Verwaltungsmitarbeiter überwunden werden. Hierzu werden bestimmte Tätigkeiten zu übergreifenden, ganzheitlichen Geschäftsprozessen zusammengefasst (vgl. Eschenbach, Figl, Kraft, 2005, 183; Roland, 2001, 109).

Die internen Unterstützungsprozesse werden von den Prozessschritten eines EU-Projektes abgeleitet und entsprechend strukturiert, um den Antragstellern und späteren Projektnehmern in jeder einzelnen Phase die jeweils benötigte Unterstützung bieten zu können. Insbesondere die Verwaltungsleistungen eignen sich aufgrund des hohen Formalisierungsgrades für die Prozessorientierung – sie lassen sich gut in einzelne Schritte untergliedern.

Dank dieser Herangehensweise soll es sowohl im administrativen als auch im wissenschaftlichen Bereich zu Qualitäts-, Effizienz- und Effektivitätssteigerungen kommen, z.B. wenn kürzere Bearbeitungs- und Durchlaufzeiten sowie geringere Fehlerquoten erreicht werden. Dabei sollen Schnittstellen und Beziehungen zwischen Einzeltätigkeiten definiert und Verantwortlichkeiten geklärt werden.

Ein EU-Forschungsprojekt kann in fünf Phasen untergliedert werden, die wiederum aus mehreren einzelnen Prozessschritten bestehen:

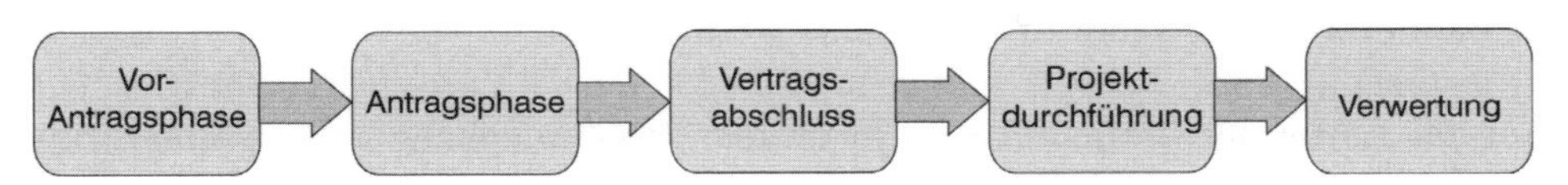

Abbildung 10:
Die Phasen eines EU-Forschungsprojektes, eigene Darstellung

Vor-Antragsphase

Im Vorfeld eines Antrages sind die Arbeitsprogramme eine erste Planungsgrundlage für die Antragsteller. In ihnen sind die Planungen der EU in den unterschiedlichen Förderlinien jeweils dargelegt. Es handelt sich noch nicht um die eigentliche Ausschreibung eines Förderprogramms. Dennoch konstituieren sich einige Antragskonsortien bereits in dieser Phase. Sie verfolgen damit das Ziel, nach Veröffentlichung der konkreten Ausschreibung, dem sogenannten Call, schneller agieren zu können.

Der eigentliche Ausgangspunkt eines konkreten Antrages ist hingegen der Call. In ihm werden die Förderziele und -bedingungen detailliert. Spätestens in der Phase nach Veröffentlichung eines Calls erfolgt bei Verbundprojekten die Konsortialbildung – sofern der Antragsteller nicht bereits Teil eines starken europäischen wissenschaftlichen Netzwerks ist, werden dabei geeignete Mitantragsteller, mit dem er bei der Antragstellung zusammenarbeiten kann, gesucht. In dieser Phase werden die Aufgaben der Projektpartner festgelegt und das Projektmanagement der eigentlichen Antragstellung vorbereitet.

Des Weiteren wird zunächst von einem Wissenschaftler oder durch die Einrichtung intern geklärt, ob ein Antrag sinnvollerweise gestellt werden sollte. Fragestellungen sind dabei beispielsweise, ob die wissenschaftliche Qualität des Antragstellers bezogen auf die jeweilige Ausschreibung gegeben ist, das geplante Vorhaben den Ausschreibungsbedingungen inhaltlich und formal entspricht (vgl. BMBF, 2013, 16) und ob auch ausreichende Ressourcen – insbesondere personelle und gegebenenfalls finanzielle – gegeben sind. Antragsteller sollten sich einige strategische Fragen stellen (vgl. Behlau, Götter, 2013, 112), bevor sie Ressourcen in die Antragstellung investieren.

Hierzu gehören die Fragen,

- ob das Projekt zur persönlichen Strategie und den wissenschaftlichen Schwerpunkten des Wissenschaftlers passt,
- ob die Projektpartner sich gut ergänzen und ähnlich wissenschaftlich exzellent sind oder
- ob Know-how abgezogen werden könnte,
- ob Unterschiede in den Forschungskulturen (bspw. Grundlagenforscher und Forscher in Unternehmen) bestehen und
- ob die rechtlichen und organisatorischen Rahmenbedingungen geregelt sind, damit das Projekt zum Erfolg geführt werden kann.

Auf der Ebene der Einrichtung ist in diesem Zusammenhang ggf. zu klären, inwieweit das Projekt auf das Konto der Strategie der Einrichtung, z.B. bezogen auf die weitere Profilierung, einzahlt. Solche Fragen sollten im Idealfall bereits im Vorfeld geprüft werden, denn der Aufwand der Beantragung ist ebenso hoch wie der Bearbeitungsaufwand in der späteren Phase der Projektabwicklung.

Diese Phase ist je nach Einrichtungstyp unterschiedlich strukturiert. Das Spektrum reicht von der völligen Freiheit von Wissenschaftlern, einen Antrag zu erarbeiten und zu stellen, bis hin zum beim Deutschen Zentrum für Luft- und Raumfahrt (DLR) betriebenen Modell, wonach Wissenschaftler zunächst intern eine Projektskizze zur Genehmigung einreichen müssen. So sinnvoll ein solches restriktives Modell aus struktureller, prozessoraler und strategischer Perspektive einer Einrichtung auch sein kann, kann es zwar von einer Einrichtung wie dem DLR verfolgt werden, nicht aber von Hochschulen. Das bei Hochschulen geltende Privileg der Freiheit der Forschung steht dem entgegen. Hochschulen können höchstens über die Bereitstellung von (zusätzlichen) Ressourcen, wie bspw. Mittel für wissenschaftliche Mitarbeiter, die das Antragschreiben unterstützen, oder für Räume, steuernd eingreifen. In dieser Phase richten sich Hochschulen und Forschungseinrichtungen mit verschiedenen Veranstaltungen an ihre Wissenschaftler, um diese zu informieren und bei ihnen Interesse an einer Beteiligung zu wecken. Das inhaltliche Spektrum der Veranstaltungen reicht von einem allgemeinen Überblick bis hin zu Informationen, die konkret auf bestimmte Disziplinen und Themen zugeschnitten sind.

In Ergänzung zu den allgemeinen Informationsformaten gehen einige Einrichtungen einen zielgerichteteren Weg: Im Rahmen einer Profilanalyse werden geeignete Kandidaten für die Beantragung von EU-Mitteln erstens intern identifiziert, zweitens gezielt angesprochen bzw. motiviert, einen Antrag zu stellen, und drittens bei der Antragstellung unterstützt. Auch die Verhandlung von Leistungsbezügen im Kontext der leistungsorientierten Vergütung von Wissenschaftlern wird zum Teil genutzt, um diese Personengruppe zur Antragstellung zusätzlich zu motivieren. Um die allgemeinen Entwicklungsziele der Einrichtung zu verfolgen, kann dieses Vorgehen auch genutzt werden, indem geeignete Kandidaten aus den jeweiligen Profilbereichen der Einrichtung bevorzugt angesprochen und unterstützt werden.

In diesem Zusammenhang ruft der im BMBF für die EU zuständige Abteilungsleiter, Rieke, die „Alten Hasen", Forschende mit Erfahrungen in EU-Projekten, auf, öfter die Koordinatorenrolle einzunehmen (vgl. Rieke, 2014). Dadurch erhielten sie die Chance, die Projekte strategisch und inhaltlich zu prägen. Aus strategischer Sicht einer Einrichtung ist es sinnvoll, Forschende mit Erfahrungen bei der Durchführung in EU-Projekten gezielt anzusprechen und zu unterstützten: Sie verfügen über das erforderliche Know-how bezüglich der erfolgreichen Antragstellung sowie der Durchführung entsprechender Projekte. Der Beratungsbedarf ist geringer und die Personalressourcen der Unterstützungssysteme können effizienter eingesetzt werden, als wenn erst Potenzialanalysen und eine intensive Erstberatung durchgeführt werden müssen. Des Weiteren müssen die „Alten Hasen" meist nicht mehr davon überzeugt werden, dass es Vorteile bringen kann, wenn man sich aktiv an europäischen Forschungsprojekten beteiligt.

In dieser Phase können die Vorlaufforschung und die Antragsfinanzierung im Rahmen der internen Forschungsfördermechanismen einer Einrichtung unterstützt werden, z.B. in Form von zusätzlichen Reisemitteln, Personalmitteln, durch wissenschaftliche Ausstattung bzw. Infrastruktur und Ähnliches.

Die Vorlaufforschung erfolgt meist bereits einen Schritt vor der konkreten Antragstellung. Wissenschaftler mit Potenzial werden unterstützt, damit sie die wissenschaftlichen Grundlagen für eine Antragstellung in dem EU-Exzellenzprogramm erarbeiten können, sofern diese noch nicht (komplett) gegeben sind. Die Ergebnisse der Vorlaufforschung münden in einem Förderantrag. Diese Förderung kann auch eine zusätzliche Motivation für Wissenschaftler darstellen, einen Antrag zu stellen.

Alternativ oder ergänzend kann der konkrete Antrag selbst finanziert werden. Hierzu sieht die Antragsfinanzierung bspw. Personalressourcen für wissenschaftliche Mitarbeiter, eine besondere administrative Unterstützung oder Reisekosten vor.

Die meist durch die Einrichtung selbst bereitgestellten Fördermittel für die Vorlaufforschung und/oder die Antragsstellung kann z.B. im Rahmen eines internen Wettbewerbs erfolgen, der themenoffen ist oder sich an den Profilbereichen der Einrichtung orientiert. Die Finanzierung der Vorlaufforschung kann auch als Begleitmaßnahme zur gezielten Ansprache geeigneter interner Kandidaten etabliert werden.

Antragsphase

In der Antragsphase wird der konkrete Antrag im Sinne eines Forschungsplans erarbeitet, der die Zielsetzungen des Projektes und die Projektplanung umfasst.

An den Antrag selbst werden unter anderem fachliche und formale Anforderungen der EU gestellt. Zu Letzteren gehört, dass die Ziele und Inhalte der Ausschreibung adäquat berücksichtigt werden (vgl. BMBF, 2013, 21).

In dieser Phase erfolgt auch die Planung des Projektmanagements und des Budgets – insbesondere für Letzteres ist die Einbindung der zuständigen Entscheidungsträger der eigenen Einrichtung erforderlich, weil meist auf Infrastruktur zurückgegriffen wird und die Overhead-Zahlungen möglicherweise die Kosten nicht aufwiegen. Es stellen sich zahlreiche administrative Fragen, für die viele Wissenschaftler Unterstützung aus dem nichtwissenschaftlichen Bereich ihrer Einrichtung benötigen. Ein wichtiges Arbeitsinstrument sind Leitfäden zu den Ausschreibungen, die von internen und externen Beratungseinrichtungen bereitgestellt werden können.

Vertragsabschluss

Zwei Typen von Verträgen werden bezogen auf EU-Projekte geschlossen:

- **Konsortialvertrag**

  Diesen Vertag schließen die Mitglieder eines Konsortiums. Er regelt verschiedene Fragen, wie die Finanzströme innerhalb des Konsortiums, Prinzipien der Zusammenarbeit, die Vertretung und die Nutzung der geistigen Eigentumsrechte (intellectual property) an den Forschungsergebnissen (vgl. BMBF, 2013, 21).

  Die entsprechenden Verhandlungen innerhalb der Konsortien sind angesichts der erforderlichen Klärung der Eigentums- und Verwertungsrechte oftmals komplex. Hochschulen und Forschungseinrichtungen sehen sich mitunter einer Mannschaft von Unternehmensjuristen gegenüber.

  Damit es den Forschungseinrichtungen und Hochschulen leichter fällt, ihre Interessen in den Vertragsverhandlungen der Konsortien zu wahren, existieren Musterkonsortialverträge, wie beispielsweise das sogenannte Development of a Simplified Consortium Agreement (DESCA) 2020 Model Consortium Agreement (mehr Informationen: http://www.desca-2020.eu/). Dennoch benötigen Hochschulen und Forschungseinrichtungen kompetente Rechtsabteilungen. Ihre Juristen sollten z.B. auch englischsprachige Verträge bearbeiten und die Interessen der Einrichtungen in solchen Verhandlungen umfassend vertreten können.

- **Finanzhilfevereinbarung (Grant Agreement)**
  Dieser Vertrag wird zwischen der KOM bzw. ihrer Exekutiv-Agentur und dem Antragskonsortium bzgl. der Rechte und Pflichten bezogen auf das geförderte Projekt geschlossen.

Projektdurchführung
Die Phase der Projektdurchführung ist das Herzstück des Prozesses bzw. des Lebenszyklus eines EU-Forschungsprojekts: Es erfolgt die eigentliche wissenschaftliche Tätigkeit. Es fallen auch zahlreiche administrative Aufgaben an. So müssen auch die Finanzströme im Konsortium sowie die diversen Berichtspflichten verwaltet werden.

Verwertung
Die Verwertung und Publikationen der Projektergebnisse finden zum Teil parallel zur Projektdurchführung statt, bzw. werden – je nach Projektdesign – in den vorherigen Phasen geplant bzw. konkret vorbereitet. Diesbezüglich stellen sich Fragen hinsichtlich der Verwertungsrechte und des geistigen Eigentums an den Ergebnissen des Projektes.

5.2.2 Regionales und nationales Beratungs- und Unterstützungssystem

Für die Beantragung von Fördermitteln der EU ist es sowohl für Neulinge als auch für alte Hasen wichtig, sich professionell beraten und unterstützen zu lassen. So können sich beispielsweise die Beteiligungsregeln ändern. Aber auch davon unabhängig kann eine Beratung beinhalten, dass Querschnittswissen, z.B. von erfolgreichen früheren Anträgen anderer Wissenschaftler, für die Antragstellung nutzbar gemacht wird.

Bevor im Rahmen einer neuen Europäisierungsstrategie die jeweiligen einrichtungsinternen Beratungs- und Unterstützungssysteme (weiter-)entwickelt werden (s. Kap. 5.2.3), ist es sinnvoll, zunächst eine Umfeldanalyse bzgl. des regionalen und nationalen Beratungssystems vorzunehmen. Hierzu sollte eine SWOT-Analyse vor dem Hintergrund der eigenen Zielsetzungen und dem eigenen Bedarf im Bereich der Europäisierung vorgenommen werden. Dies dient dazu, Redundanzen zu vermeiden.

Im Folgenden wird ein Überblick über das regionale und nationale Beratungssystem gegeben. Bei der Erarbeitung einer einrichtungsspezifischen Strategie, bezogen auf das einrichtungsinterne Beratungs- und Unterstützungssystem, sollte dieses vor dem Hintergrund des eigenen Informations- und Beratungsbedarfs und -angebotes vertieft analysiert werden.

Dem regionalen und nationalen Beratungs- und Unterstützungssystem kommt eine große Bedeutung zu: *„Kein Antrag ohne Beratung"* – unter dieses Motto stellte bspw. NRW die Aktivitäten der Landesregierung zur Unterstützung der Antragsteller aus dem Bundesland (vgl. Schulze, 2013). Bei den Beratungs- und Unterstützungssystemen können – aus der Perspektive einer Hochschule oder Forschungseinrichtung – externe und interne Einrichtungen unterschieden werden. Die internen Strukturen sind Gegenstand von Kap. 5.2.3.

Hinsichtlich der externen Beratungs- und Unterstützungssysteme verfügt Deutschland, bezogen auf die europäischen Förderprogramme, über exzellente und ausdifferenzierte Angebote (vgl. auch Rieke, 2014; Rey, 2014): Die Bundesregierung hat anlässlich von Horizont 2020 die bereits zuvor sehr ausdifferenzierten nationalen Informations- und Beratungsstrukturen weiter ausgebaut (vgl. Wanka, 2014; Rieke, 2014). Daneben existieren entsprechende arrondierende und überlappende Angebote der EU, der Bundesländer, der Wissenschaftsorganisationen und der Privatwirtschaft. Der Präsident der Hochschulrektorenkonferenz, Hippler, bewertet Deutschland hinsichtlich der Beratungsstrukturen als gut aufgestellt (vgl. Hippler, 2014). Die Strukturen werden im weiteren Verlauf im Überblick beschrieben.

Das (öffentliche) Informations- und Beratungssystem setzt zwei politische Kernziele um:
- den Wissenschafts- und Wirtschaftsstandort Deutschland durch die europäische Vernetzung und EU-Finanzmittel stärken,
- die EU (und deren Förderprogramme) bekannt machen.

Im komplexen deutschen Beratungssystem sehen viele (potentielle) Antragsteller oftmals den Wald vor lauter Bäumen nicht – das System ist allerdings bestens vernetzt und reicht Beratungssuchende treffsicher an die richtige Stelle weiter.

Verschiedene Akteure der unterschiedlichen Ebenen bieten Beratungs-, Informations- und Unterstützungsleistungen für Wissenschaftsakteure.

Einrichtungsebene

Hochschulen und Forschungseinrichtungen verfügen oftmals über eigene Beratungsstellen, die in Kapitel 5.2.3 dargestellt werden. Die einrichtungsinternen EU-Berater haben sich im Bundesarbeitskreis der EU-Referenten an Hochschulen in Deutschland (BAK) zusammengeschlossen. Dieser tritt mit dem Ziel an, die Beratungsstrukturen und -qualität an den Hochschulen zu verbessern, die Arbeit der EU-Referenten der einzelnen Büros zu professionalisieren und den fachlichen Austausch der Berater zu verbessern.

Regionale Ebene

- **Beratungseinrichtungen der Länder**
  In einigen Ländern arbeiten Beratungsgesellschaften, zu deren Gesellschafter die jeweilige Landesregierung gehört. Ein Beispiel ist die Europa- und Innovationsagentur ZENIT in NRW, die ihre Informations-, Beratungs- und Unterstützungsdienstleistungen in der EU- und Innovationsberatung KMU, Hochschulen und Forschungsinstituten anbietet.
- **Enterprise Europe Network (EEN)**
  Das EEN ist ein EU-weit agierendes Netzwerk regionaler Beratungsstellen. Es unterstützt v.a. KMU, aber auch Hochschulen und forschungsnahe Institutionen bei innovativen Vorhaben und grenzüberschreitenden Aktivitäten. Die Tätigkeitsschwerpunkte der EEN sind die Anbahnung europäischer Kooperationen, Technologietransfer und strategische Partnerschaften. Je nach Bundesland existieren verschiedene Träger des jeweiligen EEN.

Nationale Ebene

Auf **nationaler Ebene** agieren zum einen jeweils thematisch aufgestellte Beratungsstellen, wie die diversen Nationalen Kontaktstellen (für Forschungsthemen) und der DAAD (für Bildungsthemen). Zum anderen existieren aber auch allgemeine Stellen, wie das EU-Büro des BMBF und die auf Wissenschaftsakteure spezialisierte Kooperationsstelle EU der Wissenschaftsorganisationen, KoWi. Zudem bieten auch verschiedene kommerzielle Anbieter entsprechende Dienstleistungen an.

- **Nationale Kontaktstellen (NKS)**
  In den Mitgliedsstaaten werden durch die nationalen Regierungen die sogenannten NKS eingerichtet, die für Horizont 2020 als zentrale Beratungsstellen eingerichtet und offiziell bei der KOM akkreditiert wurden. Für sie wurden beim EU-Büro des BMBF beim DLR eine koordinierende Geschäftsstelle sowie eine Erstinformationsstelle eingerichtet. Zwanzig fachlich ausgerichtete NKS decken die verschiedenen Programmbereiche von Horizont 2020 ab und zehn weitere NKS sind für übergreifende Aufgaben zuständig, wie bspw. Recht und Finanzen sowie KMU.

  Die NKS verfügen über einen sehr guten Informationszugang, weil eine Vernetzung mit der KOM und mit den NKS anderer Mitgliedsstaaten institutionalisiert ist. Des Weiteren unterstützen sie die Bundesregierung, v.a. das BMBF, in den verschiedenen Phasen der Politikformulierung und Entscheidungsfindung – dadurch verfügen sie bereits in frühen Phasen über Informationen und kennen die Genese sowie die Hintergründe der Maßnahmen der EU. Einer der Vorteile der NKS ist, dass sie an die für die Bundesregierung tätigen Projektträger, DLR, Projektträger (PT) Karlsruhe, PT Jülich und den VDI gebunden sind. Dadurch bestehen auch Anknüpfungspunkte zu nationalen Förderprogrammen (vgl. BMBF, 2013, 20; Rey, 2014).

Ihre kostenfrei und wettbewerbsneutral erbrachten Leistungen untergliedern sich in Informations- und Beratungsdienstleistungen für individuelle Antragsteller und Multiplikatoren sowie Veranstaltungen für Gruppen von ihnen. Sie unterstützen Antragsteller in sämtlichen Phasen der Antragstellung und Durchführung, wie z.B. Information und individuelle Beratung zu den verschiedenen Förderalternativen auf EU-Ebene, Sichtung erster Projektideen und Anträge bis hin zu Hinweisen zur Optimierung der einzureichenden Texte sowie Organisation von Veranstaltungen. Das Schreiben von Anträgen übernimmt eine NKS jedoch nicht.

Zudem arbeiten sie häufig auch in den Programmausschüssen mit. Dadurch verfügen sie über einen vertieften Einblick in die Hintergründe der dort verhandelten Arbeitsprogramme – dies trägt zur hohen Beratungsqualität bei. Zudem kann die EU-weite Vernetzung des NKS-Systems bei der Partnersuche bzw. Konsortialbildung genutzt werden.

- **DAAD**
  Der Deutsche Akademische Austauschdienst (DAAD) berät bzgl. Erasmus+.
- **EU-Büro des BMBF (EUB)**
  Das EUB bietet u.a Weiterbildungen für EU-Referenten mit dem Ziel an, eine bessere Qualifizierung der Multiplikatoren zu gewährleisten, eine kohärente Beratungslandschaft mit exzellenten Dienstleistungen für Antragsteller und Projektdurchführende zu Entwicklungen und letztlich zur Verbesserung der Wettbewerbsfähigkeit deutscher Einrichtungen und zur Stärkung der deutschen Beteiligung an Horizont 2020 beizutragen (vgl. Diekmann, 2013). Es ist auch Geschäftsstelle des NKS-Systems. Zudem unterstützt das EUB die Bundesregierung bei deren Aktivitäten im Rahmen der deutschen Mitgliedschaft in der EU bezogen auf das Themengebiet „Forschung“.
- **KoWi**
  Die KoWi mit ihren Büros in Bonn und Brüssel ist eine sogenannte Hilfseinrichtung der Forschung, die von der Deutschen Forschungsgemeinschaft (DFG) finanziert wird. Ihre Aufgaben bestehen in der Information, Beratung und Schulung, bezogen auf die EU-Forschungsprogramme. Ihre Zielgruppe sind Multiplikatoren an Hochschulen und Forschungseinrichtungen, aber auch Forschende selbst.
- **Kommerzielle Anbieter**
  Ergänzend zu den oben genannten für Antragsteller kostenlosen Informations- und Beratungsanbietern sind auch kommerzielle Anbieter am Markt aktiv. Sie nehmen dem Antragsteller entgeltlich zahlreiche Aufgaben bis hin zum Schreiben des Antrages ab – der Antragsteller muss „lediglich“ den wissenschaftlichen Input liefern.

Die verschiedenen Beratungseinrichtungen sind häufig gut miteinander vernetzt und tauschen sich fachlich sowie auf konkrete Beratungsfälle bezogen aus. Sie sind insbesondere für die einrichtungsinternen Berater ein wichtiger Partner. Einzelne Antragsteller nutzen den internen Berater meist als *„one-stop-shop“*, der das ausdifferenzierte regionale und nationale Beratungssystem fallbezogen einbezieht.

5.2.3 Einrichtungsinternes Beratungs- und Unterstützungssystem

Aus der strukturellen und prozessualen Perspektive kann zunächst festgestellt werden, dass es sich um ein Querschnittsthema des administrativen Unterstützungssystems handelt, bei dem verschiedene interne und externe Einheiten miteinander interagieren – je nach Prozessschritt (vgl. Abb. 10) mit unterschiedlichen Schwerpunkten.

Anhand des Beispiels von Universitäten bzw. Hochschulen wird im Folgenden die Struktur des einrichtungsinternen Beratungs- und Unterstützungssystems erläutert. Eingangs sei jedoch darauf hingewiesen, dass die Struktur je nach Hochschule sehr unterschiedlich ist. Die konkrete Ausgestaltung hängt von zahlreichen individuellen Faktoren ab, wie Leitungsentscheidungen, Ressourcen, Organisationskultur und -geschichte sowie einige mehr.

Veränderung der administrativen (Unterstützungs-)Strukturen der Hochschulen

Die administrativen Strukturen der Hochschulen sind seit einigen Jahren in Bewegung und berücksichtigen Zug um Zug die neuen Anforderungen der EU-Förderung – auch strukturell. Helmut Schwartz, Präsident der Alexander von Humboldt-Stiftung, sieht den Bedarf, dass die Universitäten für Wissenschaftler die Last der Hochschulbürokratie senken: „Sie erscheint ein ganz eigenes Phänomen des deutschen Hochschulsystems zu sein, eine Art zeitraubende Geisterbahn für Spitzenforscher“ (Preuss, 2014, 13). Hingegen fordert er eine höhere Flexibilität und Servicehaltung der Universitätsverwaltungen in Deutschland gegenüber den Wissenschaftlern ein.

Diese Kritik kann bezogen auf das einrichtungsinterne Beratungs- und Unterstützungssystem vorgebracht werden, denn die diversen an dem Prozess beteiligten internen Einrichtungen (vgl. Abb. 11) stehen in Hochschulen oftmals unverbunden nebeneinander. Der Antragsteller oder Projektnehmer hat damit oft diverse Ansprechpartner innerhalb der Verwaltung. Das European Project Center (EPC) der TU Dresden spricht bspw. davon, dass Antragsteller acht unterschiedliche Ansprechpartner in der Verwaltung (Haushalt und Drittmittelverwaltung, Rechtsabteilung, Personalabteilung, Beschaffungsstelle, Reisekostenstelle, Forschungsförderung, Auslandsamt, Innenrevision) hatten, bevor später ein anderer Weg hinsichtlich der Strukturierung des Beratungs- und Unterstützungssystems gegangen wurde (vgl. EPC Dresden, 2013). Die Folge ist laut dem EPC, dass Wissenschaftler die Antragstellung scheuen würden und zudem eine erhebliche Diskrepanz zwischen den beantragten und bewilligten Mitteln auf der einen Seite und den abrechenbaren Mitteln auf der anderen Seite bestand. Damit kam es zu dem Problem, dass bestimmte entstandene Kosten nicht abgerechnet werden konnten. Dies belastet den Hochschulhaushalt.

Ziele und Gegenstand des administrativen Unterstützungssystems der Hochschulen

Unabhängig von der Strukturierung der Verwaltung ist die Stärkung ihrer Europafähigkeit relevant, um den in- und ausländischen Wissenschaftlern eine qualitativ hochwertige Unterstützung bei der Beantwortung und Durchführung von europäischen Projekten zu bieten und attraktiv für entsprechend tätige Wissenschaftler zu sein. „Die Beschäftigung mit europäischen [...] Themen ist keine zusätzliche sondern eine Pflichtaufgabe der Verwaltung und muss in allen Bereichen zur Selbstverständlichkeit werden“ (Sachsen-Anhalt, 2013, 45). Das Ziel ist, dass die Verwaltungsmitarbeiter die EU-Themen bei ihren Aktivitäten mitdenken, damit bspw. Fördermaßnahmen besser für die eigene Einrichtung nutzbar gemacht werden können. Ein weiteres Ziel ist, dass ausländische Studierende und Wissenschaftler möglichst gute und auf ihre spezifischen Bedürfnisse angepasste Dienstleistungen erhalten. Hierzu ist es wichtig, durch die Weitergabe entsprechender Informationen ein Bewusstsein für die Bedeutung der Europäisierung der eigenen Einrichtung zu schaffen.

Neben thematischen Fortbildungen ist auch die Vermittlung von Fremdsprachenkenntnissen der Verwaltungsmitarbeiter relevant. Auch darüber hinausgehende weitere Maßnahmen der Personalentwicklung, wie der zeitlich befristete Austausch von Verwaltungspersonal innerhalb der EU oder bei EU-Organen, können die Europafähigkeit der Verwaltung steigern.

Die EU-Kompetenz ist für die direkt mit entsprechenden Projekten betrauten Wissenschaftler und für Verwaltungspersonal für die Wahrnehmung ihrer Aufgaben wichtig. Diese Kompetenzen müssen durch Fachfortbildungen geschult werden. Aber auch darüber hinaus ist, bezogen auf fremdsprachliche und interkulturelle Kompetenzen, die Fortbildung des technisch-administrativen Personals wichtig (vgl. Blossfeld, 2012, 14), um die Europäisierungsstrategie und deren Maßnahmen in der Organisation zu leben. Die Europäisierung ist eine Querschnittsaufgabe.

Trend hin zu zentralen Projektmanagementbüros

Während die EU-Beratungsstelle bis vor einigen Jahren die zentrale Anlaufstelle für EU-Projekte und deren Antragsteller war, setzt sich mehr und mehr eine Struktur durch, in der diese Beratungsstelle in ein zentrales Projektmanagement-Office (PMO) integriert ist. Das PMO wird zunehmend als zentrale Anlaufstelle für potentielle Antragsteller etabliert. Diese Anlaufstelle fungiert oftmals als One-Stop-Shop für die Antragsteller: Dank ihr müssen die Wissenschaftler nicht mehr mit diversen Verwaltungseinheiten interagieren, sondern lediglich mit einem Ansprechpartner, der sie über den vorgenannten Projektprozess hinweg durchgängig unterstützt. Einige Einrichtungen gehen bereits dazu über, ein EU-Büro nicht mehr gesondert vorzuhalten, sondern dessen Aufgaben in die Projektmanagementstruktur zu integrieren. Die Beratung wird dabei als Prozess entlang der Phasen eines EU Projektes (vgl. Kap. 5.2.1) entwickelt und nach Grundsätzen des Prozess- und Projektmanagements behandelt.

Beispielhaftes Strukturmodell der hochschulischen Beratungs- und Unterstützungssysteme

Um die möglichen beteiligten Akteure am Beispiel einer Universität zu verdeutlichen, wird im Folgenden ein Organigramm dargestellt. Es soll einen Überblick geben, wie das Beratungs- und Unterstützungssystem strukturiert sein kann, um Wissenschaftler administrativ optimal unterstützen zu können:

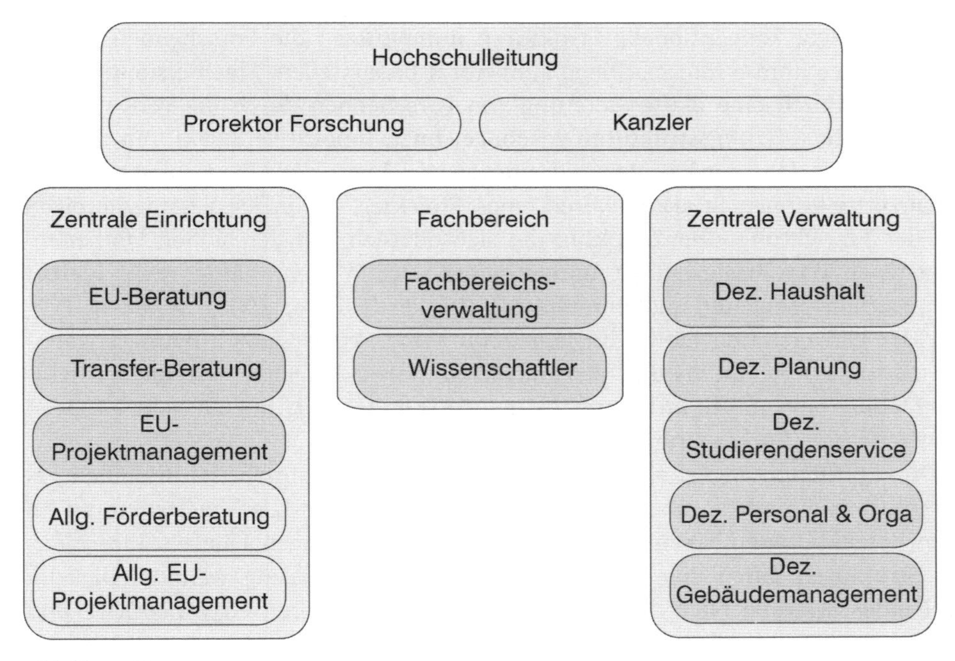

Abbildung 11:
Struktur des internen EU-Beratungs- und Unterstützungssystems, eigene Darstellung

Die in der obigen Abbildung zur Zentralen Einrichtung zusammengefassten Einheiten werden je nach Hochschule in eine solche eigenständige Struktur gefasst. Sie werden dabei als Teil der zentralen Verwaltung, als Stabsstelle oder als Mischung aus den verschiedenen Strukturierungsalternativen etabliert. Eine **zen-**

trale Einrichtung für die Forschungsförderung und innerhalb derer eine Einheit für die Europäische Forschungsförderung vorzusehen, besitzt eine Reihe von Vorteilen. Hierzu zählen beispielsweise die kurzen Abstimmungswege und das Angebot von spezialisierten Leistungen aus einer Hand. Einige Hochschulen, wie die Universität Duisburg-Essen, sind entsprechend strukturiert. Im weiteren Verlauf des Kapitels wird dieses Beispiel als Exkurs dargestellt.

Sämtliche Universitäten sowie ein großer Teil der Fachhochschulen und Forschungseinrichtungen haben eigene **Beratungsstellen auf Einrichtungsebene** eingerichtet, die Unterstützung bei der Antragstellung bieten. *„Die Bürokratie, dein Feind und Helfer"* – so war ein Artikel zur Verwaltung von Hochschulen überschrieben (vgl. Lehmann, 2013, 9). Die Beratungsstellen gehen häufig mit einem expliziten Dienstleistungsverständnis an ihre Aufgaben heran – die Forschungsförderung der Universität Duisburg-Essen hat sich das Motto gegeben: *„Sie forschen, wir machen den Rest"* (vgl. Universität Duisburg-Essen, 2014).

Auf der Grundlage einer Internetrecherche bei 74 deutschen Universitäten identifiziert Locker-Grütjen (2008) drei unterschiedliche Typen von Unterstützungssystemen: konventionelle Strukturen unterstützen die Forschenden passiv, indem sie bestimmte Informationen zum Abruf bereitstellen. Flexibilisierte Strukturen sind durch eine aktive Beratung von Forschenden durch die verwaltungsseitigen Unterstützungsstrukturen gekennzeichnet. Innovative Strukturen würden die Forschungsförderung umfassend anlegen „[...] mit der Übernahme von Managementfunktionen in allen Phasen eines Projektes, besonderen Förderanreizen und der Einrichtung einer Struktur, die sich deutlich von der bloßen Umbenennung einer Verwaltungseinheit unterscheidet. Der Wissenschaftler wird hierbei „ganzheitlich" begleitet und unterstützt" (Locker-Grütjen, 2008). Zwanzig Prozent der Universitäten hätten im Jahr 2008 keine aktive Unterstützung angeboten: „Strukturierte Entlastung von möglichst vielen Aufgaben, die nicht inhaltlicher oder forschungsimmanenter Natur sind, findet sich nur an sehr wenigen Universitäten" (Locker-Grütjen, 2008).

Diese Situation ändert sich seit einigen Jahren. Immer mehr Hochschulen gehen mittlerweile dazu über, die entsprechenden Dienstleistungsstrukturen in Form des PMO aufzubauen. Hochschulen können in einigen Ländern ihre internen Strukturen durch eine externe finanzielle Unterstützung weiterentwickeln: die Landesregierung NRW hat bspw. erstmals in den Jahren 2010 bis 2012 und – ergänzt um Universitätsklinika – 2014 bis 2016 mit je 1,5 Mio. € zwei Wettbewerbe zur Etablierung administrativer Unterstützungsstrukturen an Universitäten und Fachhochschulen des Landes und ein Programm zur Finanzierung der Vorlaufforschung im Vorfeld eines EU-Antrages durchgeführt (vgl. MIWF, 2014). Förderziel war und ist es, effiziente und nachhaltige Projektmanagementstrukturen (PMS) zu schaffen, die nach der ministeriellen Förderung durch die Mittelempfänger fortgeführt werden. Aber auch ohne öffentliche Unterstützung haben viele Hochschulen und Forschungseinrichtungen PMS aufgebaut.

Ein weiteres Beispiel ist ein Ideenwettbewerb der Bundesregierung aus dem Jahr 2014. Die Fachhochschulen waren aufgefordert, Konzepte vorzulegen, die darlegen, „[...] mit welchen Maßnahmen sich die FH strategisch – d.h. organisatorisch und/oder thematisch – auf ‚Horizont 2020' einstellen und gleichzeitig eine bessere Sichtbarkeit ihrer Institution im europäischen Forschungsraum erreichen wollen" (BMBF, 2014c). Das BMBF hat zeitgleich auch in einem Wettbewerb zwecks Förderung der Erstellung und Einreichung von konkreten Projektanträgen bei der EU durch Fachhochschulen ausgeschrieben (vgl. BMBF, 2014d).

Kernziele der Maßnahmen der Projekt-Management-Offices

Im Folgenden werden die eng zusammenhängenden Tätigkeiten der **EU-Beratungsstelle und Projekt-Management-Offices (PMO)** als Aufgaben des PMO zusammengefasst, da eine Trennung mittlerweile künstlich erscheint. Die im Folgenden beschriebene Struktur greift die Forderung nach einer besseren Unterstützung und Entlastung getreu dem oben genannten Motto *„Sie forschen, wir machen den Rest"* (vgl. Universität Duisburg-Essen, 2014) auf. Zu den Kernzielen der Maßnahmen des so verstandenen PMO zählen v.a. die folgenden, die im Rahmen der Entwicklung von Beratungs- und Unterstützungsmaßnahmen einrichtungsspezifisch festzulegen sind:

- **Sensibilisierung der Wissenschaftler für die Chancen der Beteiligung an der EU-Bildungs-, Forschungs- und Innovationsförderung**
  Einige Wissenschaftler müssen zunächst motiviert werden, damit sie sich an den Ausschreibungen und Programmen der EU beteiligen. Dies ist für die Berater insbesondere dann eine große Herausforderung, wenn Wissenschaftler in der Vergangenheit schlechte Erfahrungen mit der Antragstellung gesammelt haben. Neben den allgemeinen Informationsveranstaltungen ist eine weitere sinnvolle, ressourcenschonende Herangehensweise, gezielt Leistungsträger mit Potenzial für eine erfolgreiche Bewerbung um EU-Mittel anzusprechen und entsprechend ihrem spezifischen Bedarf zu beraten.
- **Qualität der Anträge und Projekte verbessern**
  Durch die Qualifizierung der Antragssteller und die zielgerichtete Unterstützung im Antragsprozess, insbesondere hinsichtlich der administrativen Antragsbestandteile, sollen die Qualität und damit die Erfolgsaussichten von Anträgen gesteigert werden.
- **Wissenschaftlern die Konzentration auf ihre Kernprozesse erlauben**
  Der Stellenwert der Forschungsförderung und des -managements steigt an Universitäten und den meisten Einrichtungen. Sie erkennen die dringende Notwendigkeit, „[...] ihre Spitzenforscher zu ihrem eigentlichen Kerngebiet zurückzuführen, nämlich Freiheit für innovative Forschungsarbeit zu haben" (Locker-Grütjen, 2008). Wissenschaftler benötigen in den verschiedenen Phasen eines EU-Projekts – von der wissenschaftlichen Idee und der Auswahl des geeigneten Förderinstruments über die Antragstellung und Vertragsvorberei-

tung bis hin zur Projektdurchführung und -abrechnung – spezielle Informationen, Beratung und Begleitung. Auch die im EU-Antragsgeschäft erfahrenen Wissenschaftler greifen gerne auf die administrative Unterstützung zurück, damit sie sich in sämtlichen Prozessschritten auf ihre Kernkompetenz der Wissenschaft konzentrieren können.

- **Anreiz für Wissenschaftler, EU-Projekte zu beantragen**
  Das Unterstützungssystem kann auch einen Anreiz darstellen: Dieses kann erforderlich sein, damit sich Wissenschaftler überhaupt an Europäischen Fördermaßnahmen beteiligen. Die Aussicht auf Mittel der EU ist ein starker Anreiz. Dadurch können die nötigen Finanzmittel für die eigene Forschung eingeworben werden. Dies ist gerade für die vielen intrinsisch motivierten Wissenschaftler ein großer Anreiz. Sie haben ein großes Interesse an ihrer Forschung und/oder möchten ihre Reputation ausbauen.

  Es gibt jedoch auch Wissenschaftler, die aufgrund des wahrgenommenen oder auch tatsächlichen hohen administrativen Aufwands vor der Antragstellung und der Durchführung eines EU-Projektes zurückschrecken. Für diese Gruppe können möglicherweise die vorgenannten administrativen Unterstützungsdienstleistungen einen Anreiz darstellen, sich zu beteiligen.
- **One-Stop-Shop-Konzepte**
  Brüche in der Beratung und Betreuung sollen durch One-Stop-Shop-Konzepte behoben werden, indem ein Ansprechpartner durchweg für einen Antragsteller bzw. Projektdurchführenden zuständig bleibt. Dieser übernimmt auch eine Lotsenfunktion (ausführlich s.u.), damit ein Wissenschaftler nicht mit diversen Ansprechpartnern kommunizieren muss. Durch die Spezialisierung des administrativen Ansprechpartners entstehen Vorteile. Beispielsweise kann die Informationsbeschaffung meist besser und schneller erfolgen, als wenn sich ein Wissenschaftler zunächst einen Überblick über das Angebot an möglichen Unterstützungsleistungen verschaffen muss.
- **Professionalisierungs- und Größeneffekte nutzbar machen**
  Weitverbreitet ist, dass ein wissenschaftlicher Mitarbeiter im Rahmen eines EU-Projektes für administrative Aufgaben abgestellt wird. Zu den Nachteilen dieser Vorgehensweise gehört, dass er sich zunächst in die administrativen Fachaufgaben einarbeiten muss. Zudem betreibt er dies oftmals neben der wissenschaftlichen Aufgabe im Projekt, da er häufig parallel zudem promoviert.

  Die Folge der Beauftragung eines wissenschaftlichen Mitarbeiters mit den administrativen Aufgaben in einem Forschungsprojekt kann ein hoher Einarbeitungsaufwand sein – in Folge von keinen bis geringen Erfahrungen, einem damit verbundenen hohen Beratungs- und Unterstützungsbedarf durch entsprechende interne und externe Dienstleister sowie dem Risiko, dass es zu einem administrativen Bruch kommt, wenn der Mitarbeiter das Projekt aufgrund eines Stellenwechsels verlässt. An dieser Stelle sei auch darauf verwiesen, dass für die administrativen Aufgaben keine wissenschaftliche Exzellenz gefragt ist (vgl. EPC Dresden, 2013), sondern administrative „Exzellenz".

Werden hingegen professionelle Beratungs- und Unterstützungsstrukturen etabliert, werden die Wissenschaftler von administrativen Aufgaben entlastet. Ein weiterer wichtiger Aspekt bei dieser Vorgehensweise ist, dass zugleich die Professionalisierung der Wissenschaftsmanager im Sinne von Professionalisierungs- und Skaleneffekten genutzt werden. Ein Administrator kann bspw. mehrere Projekte administrativ unterstützen und vergleichbare Aufgaben bezogen auf mehrere EU-Projekte zusammenlegen. Werden mehrere Administratoren an einer Einrichtung eingestellt, können sich diese auf bestimmte administrative Fachthemen spezialisieren und damit eine höhere Qualität ihrer Leistungen erzielen.

- **Internes Wissensmanagement realisieren**
  Die auf EU-Förderthemen spezialisierten Berater können bei den vorgenannten Informationsveranstaltungen und Beratungssitzungen ihr Know-how weitergeben, das sie aus verschiedenen Beratungsprojekten erworben haben. Sie können darüber hinaus aber auch einen Austausch unter den Wissenschaftlern der eigenen Einrichtung organisieren. Auf diese Weise können erstmalige Antragsteller von den sogenannten „Alten Hasen" lernen. Hierzu können verschiedene Maßnahmen genutzt werden:
- **Peer-Beratung**
  Der Austausch mit Peers, also Forschern, die als Gutachter für die Agenturen der KOM tätig sind, kann wertvolle Tipps bereithalten. Auch erfolgreiche Antragsteller als Koordinatoren oder Partner in anderen EU-Projekten können wichtige Hinweise bezogen auf die Antragstellung geben. Für Antragsteller kann es auch interessant sein, erfolgreiche Anträge zu lesen – dies kann ein Gefühl für Erfolgsmuster vermitteln.
- **Gutachtertätigkeit**
  Die Tätigkeit als Gutachter ermöglicht einen guten Einblick in die (künftigen) Forschungsthemen der eigenen fachlichen Expertise. Zudem können die Entscheidungsprozesse und Erwägungsgründe der Gutachtergremien und der Evaluierungsprozess im Allgemeinen kennengelernt werden. Dieses Wissen kann für eigene Anträge nutzbar gemacht werden.

  Aber auch wenn man selbst kein Gutachter ist, macht es durchaus Sinn, Wissenschaftler mit Erfahrungen als Gutachter im eigenen Antragsprozess als Peer-Beratung anzusprechen. Mit diesem Hinweis sind nicht die Gutachter der jeweiligen Ausschreibung gemeint, auf die sich ein Antragsteller bewerben möchte. Adressat der Anfragen von Antragstellern zum Lernen von Peers sollten Gutachter vergangener Ausschreibungsrunden sein, die sich mit der beantragten Thematik auskennen dürften. Entsprechende Gutachterlisten werden von der KOM im Internet veröffentlicht.

- **Debriefing**
  Nachdem ein Antrag auf EU-Förderung erfolgreich gestellt wurde, kann zu verschiedenen Zeitpunkten ein Debriefing zwischen dem wissenschaftlichen Antragsteller und dem administrativen Unterstützerdienstleister sinnvoll sein, um Gelerntes auszutauschen und eine gute Praxis (Best Practice) zu identifizieren. Dieses Wissen kann künftigen Antragstellern zugänglich gemacht werden.

  Einige Hochschulen setzen darüber hinaus auch eine **Datenbank zum Monitoring** der erfolgreichen, aber auch der erfolglosen Antragstellungen bezogen auf Europäische F&I-Förderung ein (vgl. GWK, 2011, 16). Ihre Auswertung trägt zur Stärken-/Schwächen-Analyse bei. Zudem kann sie die Grundlage strategischer Planungen der Hochschule oder Forschungseinrichtung sein. Auch kann von erfolgreichen Anträgen ein Best Practice abgeleitet werden, das andere Antragsteller für ihre eigenen Bemühungen als Referenz nutzbar machen können. Dies kann um ein Mentoring-Programm ergänzt werden, bei dem erfolgreiche Antragsteller Nachwuchswissenschaftler oder andere Neuantragsteller durch Peer-Beratung unterstützen. Eine Form der Unterstützung ist auch die Bereitstellung von Mustertexten und Checklisten, die Anforderungen der Antragstellung berücksichtigen und die von den Antragstellern auf die eigenen Bedürfnisse hin angepasst werden.

Die einrichtungsinternen Beratungsstellen sind meist die Erstanlaufstelle, die im weiteren Prozess die Wissenschaftler kontinuierlich unterstützen und die Experten des ausdifferenzierten und komplexen regionalen und nationalen Beratungssystems (vgl. Kap. 5.2.2) einbeziehen – sie haben damit eine Lotsenfunktion:

> „Es wird aber eine Überforderung bedeuten, wenn diese neue Rolle nicht mit einer strategisch angelegten Vernetzung einhergeht, in welche die für die Forschung verantwortlichen Professoren, die Beratungs- und Servicestellen und die für die Realisierung der Schwerpunktsetzungen mitverantwortlichen Hochschulleitungen eingebunden sind. Dies setzt eine intensive Kommunikationsbereitschaft zwischen Wissenschaftlern, Hochschulleitung und Verwaltung auf allen Ebenen voraus. Hier sind immer noch Verbesserungen möglich" (vgl. Hippler, 2014)

Die Anforderungen an das (administrative) Projektmanagement sind hoch: Ein klar konzipiertes Managementkonzept mit eindeutigen Entscheidungsstrukturen ist eine wichtige Hilfestellung nicht nur bei der Projektplanung, sondern auch bei der Begutachtung. Ziel der Maßnahmen ist, die Verwaltungsprozesse möglichst weitreichend für die Wissenschaftler zu übernehmen, damit diese sich auf ihre wissenschaftlichen Kernprozesse konzentrieren können (vgl. Uni Göttingen, 2014). Zudem sollen Professionalisierungseffekte nutzbar gemacht werden, um administrative Fehler zu vermeiden, die finanzielle Rückforderungen seitens der EU nach sich ziehen können.

Beispiele für Universitäten mit entsprechenden Projektmanagementstrukturen sind die folgenden: Dresden, Duisburg-Essen, Göttingen, Heidelberg und Köln.

Es ist keine allgemeine Antwort auf die Frage möglich, welche konkreten Aufgaben die PMO der Einrichtungen haben, denn deren Bandbreite ist an den einzelnen Einrichtungen groß – so handelt es sich bei den EU-Beratern um keine homogene Gruppe (vgl. Ubachs, 2014).

Mögliche Aufgaben der Projekt-Management-Offices

Die PMOs können folgende Aufgaben haben, die sich je nach Rolle des Wissenschaftlers im Projekt – Antragsteller, Arbeitspaketleiter oder einfaches Mitglied – hinsichtlich ihres Umfangs und ihrer Verantwortlichkeit unterscheiden können:

Information
Allgemeine Informationsveranstaltungen mit einer breiten Zielgruppe, spezialisierte Veranstaltungen oder Einzelgespräche sollen Wissenschaftler über die Möglichkeiten der EU-Förderung informieren und sie zur Antragstellung motivieren.

Beratung in den verschiedenen Phasen eines EU Projekts
In den verschiedenen Phasen eines EU-Projektes (vgl. Kap. 5.2.1) haben insbesondere Neulinge einen speziellen Beratungs- und Unterstützungsbedarf, der von administrativen Fragen bis hin zu Fragen der redaktionellen Darstellung wissenschaftlicher Aspekte im Antrag reicht. Best-Practice-Beispiele erfolgreicher Anträge sind für Antragsteller eine hilfreiche Hintergrundinformation. Können die internen Beratungsstellen Fragestellungen selbst nicht klären, vermitteln sie an andere interne bzw. externe Experten weiter oder klären den Sachverhalt im Auftrag des Antragstellers.

Finanzcontrolling/Finanzaudits
Im Rahmen eines EU-Projektes fallen diverse Aufgaben im Bereich des Finanzcontrollings an – insbesondere, wenn der Wissenschaftler der eigenen Einrichtung die Koordination eines Verbundprojektes innehat, ist eine administrative Unterstützung sinnvoll. Zu den Aufgaben gehören bspw. das Erstellen der finanziellen Zwischen- und Abschlussberichte sowie die Organisation der finanziellen Audits und die Unterstützung bei technischen Audits.

Zeitmanagement
Im Rahmen des Projektmanagements können Aufgaben übernommen werden, wie die Erinnerung an Meilensteine, Deadlines etc.

Projekt-Audits
Bei der organisatorischen und fachlichen Vorbereitung der seitens der EU vorgesehenen Audits fallen zahlreiche organisatorische Aufgaben an, die von dem PMO übernommen werden können.

Rechtliche Fragestellungen
Im Projektverlauf kommt es zu zahlreichen rechtlichen Fragen, die juristischen Sachverstand erfordern. Dies reicht von Fragen bezüglich der Auszahlung von Mitteln an Projektpartner bis hin zu Fragen der jeweiligen Rechte an dem geistigen Eigentum in der Verwertungsphase.

Kommunikationsaufgaben
EU-Projektnehmer haben – nicht zuletzt aufgrund der stärkeren Innovationsorientierung von Horizont 2020 – zunehmend Aufgaben, ihre Ergebnisse zu kommunizieren. Hierbei fallen auch diverse administrative Aufgaben an, die das PMO zur Entlastung der Wissenschaftler übernehmen kann.

Berichtswesen
Im Projektverlauf sind diverse Berichte u.a. bezüglich der Mittelverwendung erforderlich, die administrative Aufgaben umfassen.

Veranstaltungsorganisation und Öffentlichkeitsarbeit
Im Rahmen eines EU-Verbundprojekts werden digitale Kommunikationskanäle intensiv genutzt. Dennoch finden regelmäßige Veranstaltungen in Projektkonsortien, mit externen Partnern oder Konferenzen statt. Hierbei entstehen neben den wissenschaftlichen Fragen hinsichtlich der Agendagestaltung auch zahlreiche nichtwissenschaftliche Organisationsaufgaben des Veranstaltungsmanagements, bei denen Wissenschaftler unterstützt werden können.

Angesichts begrenzter Ressourcen für die PMO kann eine Strategie sein, im Bereich der EU-Beratung und des -Projektmanagements diskriminierende Dienstleistungen vorzusehen. Wissenschaftler mit einem zuvor erhobenen hohen Potenzial für die Antragstellung erhalten umfangreichere Beratungs- und Dienstleistungsangebote als solche Wissenschaftler, denen nur geringe Erfolgschancen eingeräumt werden. Angesichts der Freiheit von Forschung und Lehre kann Wissenschaftlern die Antragstellung nicht verwehrt werden, wohl aber Sonderleistungen bei der Unterstützung und Ausstattung. Es wird bei diesem Vorgehen zwischen „Basis-Dienstleistungen“ für alle und „Premium-Dienstleistungen“ für ausgesuchte Wissenschaftler unterschieden.

Mögliche Strukturen und Prozesse der Projekt-Management-Offices
Die Strukturen und Prozesse, in denen die EU-Berater und EU-Projektmanager in den Einrichtungen tätig sind, sind heterogen:

- **Zentrale Konzepte**
  Teil der Zentralverwaltung/Zentrale Einrichtung
  PMOs können als Teil der Hochschulverwaltung oder als sogenannte Zentrale Einrichtung geführt werden. Ein Vorteil zentraler Konzepte ist, dass sie bis hin zu einem **integrierten, ganzheitlichen Forschungsmanagement** ausgebaut werden können. Hierbei setzen einige Hochschulen das Konzept eines „One-Stop-Shops“ für Fördermittelberatung um, bei dem die Beratung zu verschiedenen Förderprogrammen des Landes, des Bundes, der EU und Dritter gebündelt wird. Einige ergänzen dies um Projektmanagementdienstleistungen und haben ein umfassendes Science Support Center aufgebaut.
  Ein gutes Beispiel ist das Science Support Center der Universität Duisburg-Essen.

Fallbeispiel: Science Support Center (SSC) der Universität Duisburg-Essen

Das Motto des SSC lautet „Sie forschen, wir machen den Rest" (vgl. Universität Duisburg-Essen, 2014). Damit wird zugleich die Servicephilosophie deutlich, die Wissenschaftler zu entlasten. Das SSC geht hinsichtlich seines Aufgaben- und Dienstleistungsportfolios über die eines EU-Büros oder einer EU-Projektmanagementstruktur deutlich hinaus, indem auch Aufgaben bezogen auf andere nationale Forschungsförderer übernommen werden. Das Dienstleistungsportfolio des SSC umfasst u.a. folgende Aspekte:

- individuelle, intensive und strategische Förderinformation,
- Nachwuchsförderung durch interne Programme und Beratung,
- Beratung zu Patenten und Verwertung,
- Abstimmung mit dem administrativen Bereich,
- Berichtswesen in die Hochschule (Leitung) und nach außen.

Im SSC arbeiten (zum Teil über den EU-Bereich hinaus) Mitarbeiter im Umfang von zehn vollen Stellen.

- **Dezentrale Konzepte**
  In Fällen, in denen starke Fakultäts- bzw. Fachbereichsverwaltungen vorliegen und ein nennenswertes EU-Projektvolumen existiert oder erreicht werden soll, kann es sinnvoll sein, ein PMO direkt in den dortigen Verwaltungen anzusiedeln. Die PMO-Mitarbeiter können sich hierbei spezialisieren und den spezifischen fachlichen Bedürfnissen der Wissenschaftler des jeweiligen Fachbereichs besser entsprechen. Zudem kann dem möglicherweise vorliegenden Bedürfnis nach räumlicher Nähe zwischen Wissenschaftler und Administrator bei dieser Struktur besser Rechnung getragen werden. Um dennoch den fachlichen Austausch und die gegenseitige Unterstützung der diversen Unterstützungsdienstleister bezogen auf rein administrative Aufgaben mit Bezug auf die EU-Förderung hochschulweit zu realisieren, kann ein informeller Austausch, eine virtuelle Arbeitsgruppe oder eine Zentralstelle genutzt werden.
- **Kooperationsmodelle**
  Grundsätzlich können Kooperationsmodelle Größeneffekte nutzbar machen. Diese Modelle können auf verschiedenen Ebenen umgesetzt werden:

  Auf der Ebene der Gesamtuniversität bzw. -fachhochschule können mehrere eigenständige Einrichtungen – meist einer Region – ihre Leistungsprofile in den unterschiedlichen Bereichen ihrer Mission (Forschung, Lehre und Transfer) abstimmen und nach außen mit komplementären Stärken als größere Einheiten auftreten (vgl. Graf, 2012, 12). Sie können dadurch den Studierenden ein breiteres Studienangebot hinsichtlich der angebotenen Fächer und Kurse anbieten. Insbesondere für die Werbung internationaler Studierender kann dies ein gutes Marketingargument sein. Zudem kann die regionale Forschungskapazität dadurch verbreitert und die Kosten für große Infrastrukturen abgefedert werden, wenn mehr Wissenschaftler sie regelmäßig nutzen. Es existierten mehrere Beispiele für solche Allianzen: Niedersächsisch-Technische Hochschule (Braunschweig, Clausthal und Hannover) sowie die Universitätsallianz „Metropole Ruhr" (Bochum, Dortmund, Duisburg-Essen). Auch die Vernetzung von Hochschulen mit Forschungseinrichtungen kann die Größenvorteile erschließen – das Karlsruher Institut für Technologie, bestehend aus der Universität und dem Forschungszentrum, ist dafür ein gutes Beispiel.

Auch ohne diese formale Kooperationsstruktur auf der Ebene der Gesamteinrichtung gibt es weitere Kooperationsmodelle zwischen Universitäten, Fachhochschulen und Forschungsinstituten meist einer Region, die sich rein auf die Zusammenarbeit im Bereich der EU-Projektmanagementstrukturen beziehen. Ein Beispiel kommt aus Nordrhein-Westfalen: Mehrere Universitäten und Fachhochschulen sind aus einem Förderwettbewerb des Wissenschaftsministeriums erfolgreich hervorgegangen. So haben sich z.B. die Universitäten Bielefeld und Paderborn mit den Fachhochschulen Ost-Westfalen-Lippe und Bielefeld zusammengeschlossen, um die nötige kritische Masse an Kompetenzen und Personal zu erreichen, um den Wissenschaftlern professionelle administrative Projektmanagementleistungen anbieten zu können. Es existieren weitere Beispiele, bei denen Universitäten und Fachhochschulen in diesem Bereich kooperieren.

Eine Herausforderung ist bei der Kooperation verschiedener eigenständiger Einrichtungen, dass die Ressourcen und Vorerfahrungen unterschiedlich sein können und damit ungleiche Partner sich zusammenfinden müssen.

Diese Strategie der Kooperation bietet sich insbesondere bei Fachhochschulen an, die nur wenige EU-Projekte aufweisen. Bei ihnen sind die Beratungs- und Unterstützungsstrukturen oftmals nicht optimal ausgestattet, nicht zuletzt weil wenig Nachfrage besteht. Schließen sich mehrere Fachhochschulen zusammen, teilen sie das finanzielle Risiko und können zugleich größere, professionellere Einheiten aufbieten, die die Chance auf zusätzliche Mittel und damit perspektivisch auch auf expandierende Beratungs- und Unterstützungsangebote bieten.

Die Kooperation kann sich aber auch „nur“ auf die Verwaltung der Einrichtungen beziehen. In einigen Ländern existieren dezentrale EU-Beratungsbüros, die von mehreren Hochschulen und Forschungseinrichtungen gemeinsam betrieben werden (vgl. GWK, 2011, 15). Dadurch kann auf die Expertise mehrerer (spezialisierter) EU-Berater zurückgegriffen werden, ohne selbst die kompletten Kosten tragen zu müssen. Diese Maßnahme zur Professionalisierung und Spezialisierung kann die Beratungsqualität erhöhen. Beispielsweise haben bei den Förderungen durch das Land NRW nur Konsortien mehrerer Hochschulen den Zuschlag erhalten.

Sinnvoll ist auch die Vernetzung mit den externen Beratungs- und Unterstützungsdienstleistern, von denen ein Großteil kostenlose Leistungen bietet.

- **Kooperations- oder Outsourcing-Modelle**
  Statt oder zur Ergänzung der Nutzung eigener, interner EU-Beratungsangebote nutzen einige Hochschulen Kooperations- oder Outsourcing-Modelle:

Beispiele liefern die Technische Universität Dresden oder die Westfälische Wilhelms-Universität Münster. Sie verfügen über externe Beratungsdienstleister, die aus der jeweiligen Hochschule hervorgegangen sind.

Fallbeispiel: TU Dresden

Die TU Dresden hat ihre Beratungs- und Unterstützungsstrukturen in das European Project Center (EPC) ausgelagert, das unter dem Slogan „Sie haben die Projektidee – Wir unterstützen Sie bei der Realisierung Ihres EU-geförderten Projektes" arbeitet.

Das EPC ist als zentrale Struktur angelegt, bei der die Institute und Lehrstühle 2007 verpflichtet wurden, das EPC bei EU-Projekten einzubeziehen.

Das Leistungsportfolio umfasst den kompletten Projektzyklus. Von der Potenzialanalyse und Erstberatung bis hin zum „Final Report" erfolgt die Beratung und Steuerung der Projekte aus einer Hand. Das EPC bietet individuelle Beratung und Veranstaltungen für Gruppen an. Es werden Wissenschaftler dabei unterstützt, die richtige Fördermöglichkeit und Ausschreibung für ein geplantes Projekt zu finden oder zu klären, welche Anforderungen bei einer konkreten Ausschreibung zu erfüllen sind. Der Mitarbeiter des **administrativen Projektmanagements** betreut den jeweiligen Wissenschaftler durchweg. Die folgenden Leistungen listet das EPC (2014a) auf:

- **Projektidee**
  Am Beginn eines jeden Projekts steht die Projektidee. Das PMO identifiziert ggf. geeignete Fördermöglichkeiten, erörtert die Rahmenbedingungen und informiert zu aktuellen sowie künftigen Ausschreibungen.
- **Antragstellung**
  Die folgenden Leistungen werden bzgl. der Antragstellung angeboten:
  - Unterstützung bei der Bildung des Konsortiums
  - Ausarbeitung der Managementstruktur
  - Verfassen administrativer Antragspassagen
  - Budgetierung
  - formalkonformes Antragsmanagement
- **Vertragsverhandlung**
  Das PMO unterstützt Antragsteller nach der erfolgten Bewilligung des Antrages wie folgt:
  - Anpassung des Arbeitsplans
  - Anpassung des Budgets
  - Erstellung der Konsortial- und Unterverträge
  - Dokumenten- und Vertragsprüfung
  - Bereitstellung von Zusatzdokumenten
- **Durchführung des Projektes und Berichtswesen**
  Die Serviceleistungen umfassen in dieser Phase:
  - Kommunikation mit dem Fördermittelgeber zu allen administrativen und finanziellen Belangen des Projekts
  - Unterweisung aller Projektbeteiligten zu Fragen der finanziellen Abwicklung und Bewirtschaftung des Vorhabens
  - Prüfung und Abwicklung der Finanzströme
  - Überprüfung der Projektmaßnahmen und -aktivitäten auf deren Zulässigkeit
  - kontinuierliche Budgetüberwachung bzw. -steuerung
  - termingerechte Vorbereitung und Erstellung von Finanz- und Managementberichten
  - Begleitung von Audits
  - Dokumentenmanagement

- **Anreizsystem**
  Die TU Dresden hat auch ein internes Anreizsystem etabliert. Es soll die Wissenschaftler für die Antragstellung motivieren. Nähere Informationen werden allerdings nur im Intranet der TU Dresden und nicht im Internet dargestellt.

Um seinen Leistungen und Aufgaben nachkommen zu können, hat das EPC umfangreiche Vollmachten und eine Produktverantwortung übertragen bekommen. Die Aufgaben und Verantwortlichkeiten werden zwischen Wissenschaftlern und dem EPC klar definiert verteilt.

Als Vorteil des Vorgehens der TU Dresden beschreibt das EPC, dass die hohe administrative Kompetenz des EPC eine strategische Vorbereitung, Beantragung und Abwicklung des Projekts ermöglicht. Zudem sei auch eine begleitende Qualitätskontrolle sichergestellt. Das EPC arbeitet nicht gewinnorientiert, jedoch unter wirtschaftlichen Gesichtspunkten.

Kritiker im Senat hatten bei der Gründung angemerkt, dass die neue Struktur Kosten verursache, weshalb Mittel an anderer Stelle abgezogen werden müssten. Diese Mittel fehlten wiederum der Forschung. Ein weiterer Kritikpunkt war, dass die Verwaltung versuchen würde, sich weitere Anteile an den Overheads der Projektförderung zu erschließen.

Das EPC-Team versuchte daher seine Effizienzvorteile bzw. -gewinne zu verdeutlichen. Hierzu zählen geringe Fehlausgaben in Folge mangelnder Förderfähigkeit sowie geringere Nichtverausgabung aufgrund mangelnder Übertragbarkeit von Restmitteln. Zudem hat es die Kostentransparenz in Einzelgesprächen mit den wissenschaftlichen Antragstellern und Projektnehmern hergestellt, um Befürchtungen vorzubeugen und den Vorteil ihrer Beteiligung den Wissenschaftlern zu verdeutlichen.

Die Refinanzierung des Personals des EPC erfolgt vollständig durch die EU-Projekte, die Verbrauchs- und Ausstattungskosten anteilig. Alle anderen Kosten, wie die Räumlichkeiten, trägt die TU. Im Jahr 2005 verfügte das EPC über drei Personen, 2009 bereits über sechzehn.

Die Darstellung des Fallbeispiels basiert auf den folgenden Quellen: EPC Dresden, 2013; ders., 2014; ders., 2014a; Lehmann, 2009.

Indikatoren für den Erfolg von Unterstützungsmaßnahmen des PMO sind die folgenden, wenngleich sie zum Teil nicht eindeutig auf die Leistung des Beratungs- und Unterstützungssystems zurückgeführt werden können: Steigerung der Anzahl an Anträgen, der Anzahl der Bewilligungen, der Teilnehmerzahlen an Informationsveranstaltungen u.ä.

Die Beispiele zeigen, dass das administrative Informations-, Beratungs- und Unterstützungssystem einer Hochschule bzw. Forschungseinrichtung auf die neuen Herausforderungen von Horizont 2020 reagieren muss, um seine Wissenschaftler in den Phasen der Antragstellung, Antragsverhandlung und Projektdurchführung optimal zu unterstützen. Daher wird eine Beratungsexpertise benötigt, die über die der EU-Berater hinausgeht.

Es wird auch die Expertise der **Transferstelle** benötigt. Sie gewinnt durch die neuen Anforderungen an Projekte in Horizont 2020 an Bedeutung, da die Projekte stärker auf Innovationen ausgerichtet sind. Wissenschaftler müssen in Anträgen nicht nur ihr Forschungsvorhaben vorstellen, sondern auch deren Impact und Verwertbarkeit als Innovation (vgl. Kap. 4.3).

Die Tätigkeit der Transferstellen im Unterstützungsprozess bezieht sich auf sämtliche Phasen eines EU-Forschungsprojektes (vgl. Abb. 10), wenngleich mit jeweils unterschiedlicher Intensivität, was im Einzelfall insbesondere vom fachlichen Fokus des einzelnen EU-Projekts abhängt.

Die Transferstellen sind auch eine Schnittstelle zu Kleineren und Mittleren Unternehmen (KMU). Es ist attraktiv für Wissenschaftler, mit KMU zusammenzuarbeiten, wenn sie in der Breite an Horizont 2020 partizipieren möchten. Einige Instrumente richten sich im Kern an KMU – wie das sogenannte KMU-Instrument von Horizont 2020. Hier werden Konzepte und Machbarkeitsstudien sowie vorwettbewerbliche F&E&I gefördert (vgl. ausführlich Conrads, 2014).

Einige Hochschulen führen die Transferstellen als eigenständige Stabsstellen der Hochschulleitung. Andere gehen dazu über, sie in Forschungsfördereinrichtungen zu integrieren, in denen sie „Tür an Tür“ mit den EU-Beratern sitzen. Die Transferstelle sollte in einer Hochschule jedoch weiterhin ihre angestammten Aufgaben wahrnehmen, die über den EU-Bereich hinausgehen.

Für den Wissenschaftler ist das PMO meist der zentrale Ansprechpartner in der Projektabwicklung. Das PMO interagiert wiederum mit den verschiedenen Dezernaten der **zentralen Verwaltung**, bspw. ist das **Haushaltsdezernat** für die Buchungen und Beschaffungen zuständig, das **Personaldezernat** für Personalfragen wie Einstellungen und das **Dezernat Gebäudemanagement** für Raumfragen und gegebenenfalls Baumaßnahmen.

Die in der Abbildung 11 dargestellte **Allgemeine Förderberatung** und das **Allgemeine Projektmanagement** sind Platzhalter. Aufgrund des Fokus dieser Veröffentlichung wird auf die dahinter stehenden Beratungs- und Unterstützungsleistungen bezogen auf Förderprogramme des Bundes, des Landes, der DFG, Stiftungen und anderer Mittelgeber nicht eingegangen. Mit diesen Bereichen können ein fachlicher Austausch sowie eine gemeinsame Nutzung von (Personal-)Ressourcen bestehen, womit eine weitere Spezialisierung und damit Professionalisierung erfolgen kann.

Wird die Europäisierung strategisch betrieben, gewinnt die **Hochschulleitung** für die Mitteleinwerbung an Bedeutung. Die Zeit ist vorbei, in der die EU-Beratungseinrichtungen unbeachtet von der Leitung individuelle Wissenschaftler unterstützt haben. Die in den vorangegangenen Kapiteln dargestellten Möglichkeiten, die Europäisierung zur Profilierung und Weiterentwicklung der eigenen Einrichtung nutzbar machen zu können, hat dazu geführt, dass die internen EU-Einheiten an Bedeutung gewonnen haben. Sie werden bspw. in die Planungen des **Planungsdezernats,** aber auch der Hochschulleitung, einbezogen, um die Strategie der Einrichtung zu unterstützen.

Die EU-Referenten der Hochschulen bezeichnen sich selbst als „[...] mittellose, motivierte Multiplikatoren [...]“ (vgl. Ubachs, 2014). Es ist wichtig, dass die Berater über einen regelmäßigen Kommunikationskanal zur Hochschulleitung verfügen, damit EU-Fragen bei strategischen Entscheidungen – sofern angezeigt – berücksichtigt werden können. Es ist sinnvoll, die PMS in eine Europäisierungsstrategie einzubetten und als profilbildenden Teil der strategischen Planung der

Hochschule auszugestalten. Eine Unterstützung der Struktur sollte durch eine enge Anbindung an die Hochschulleitung erfolgen.

Prozessbegleitend ist zu bestimmten Verfahrensschritten der Einbezug der **Leitungsebene** erforderlich. Wann und wie dies erfolgt, ist je nach Einrichtung unterschiedlich. Bspw. hat das Deutsche Zentrum für Luft- und Raumfahrt (DLR) den Prozess im Vorfeld der konkreten Antragstellung so gestaltet, dass der Antragssteller zunächst eine Projektskizze erstellt und sich mit dem entsprechenden Fachbereich zwecks Mitfinanzierung abstimmt (vgl. Clevens, 2013, 20). Ein Sachbearbeiter im Institut vor Ort kümmert sich um die administrativen Prozesse und erstellt eine Risikoanalyse. Nachdem alle erforderlichen DLR-Stellen ihre Zustimmung gegeben haben, kann ein Antrag eingereicht werden (vgl. Clevens, 2013, 20).

Die Einflussmöglichkeiten der Hochschulleitung unterscheiden sich je nach Bundesland, weil angesichts der unterschiedlichen Hochschulgesetze und auch wegen der verschiedenen individuellen Organisationskulturen in Deutschland kein einheitliches Modell bzgl. ihrer formalen Entscheidungskompetenzen mehr existiert – es gibt sehr starke Senate (z.B. in den Ländern Bremen und Rheinland-Pfalz), starke Hochschulleitungen (z.B. Saarland und Hessen) oder starke Hochschulleitungen in Kombination mit Hochschulräten (z.B. Nordrhein-Westfalen, Bayern) (vgl. Hüther, 2013, 808).

Im Einzelfall muss die Macht von Hochschulleitungen – verstanden als Chance, ihre Entscheidungen in der Hochschule durchzusetzen – institutionell abgesichert werden, damit sie auch tatsächlich Wirkungen erzielen kann (vgl. Hüther, 2013, 808). Hierzu zählt u.a. die Chance, ggf. Sanktionen durchsetzen zu können. Dies kann durch eine Ressourcenallokation in Form von Beratungs- und Unterstützungsleistungen, interne Forschungsförderung, Stellen oder das Gehalt der Professoren erfolgen.

Zum Unterstützungsangebot können auch einige Maßnahmen gehören, die zu einem **attraktiven Umfeld** einer Einrichtung für Wissenschaftler beitragen, wie z.B. Kinderbetreuung, Dual-Career-Angebote, Unterstützung bei Behördengängen beim Zuzug zum jeweiligen Standort. Es handelt sich um Maßnahmen, die grundsätzlich die Attraktivität eines Standortes erhöhen: Will man die besten Forschenden für die eigene Einrichtung gewinnen, reicht es mitunter nicht mehr aus, nur ein gutes administratives Umfeld anzubieten, das den Forschenden möglichst viel Zeit für ihre Kernprozesse bietet. Die „[...] Betreuung von Wissenschaftlern über die eigentliche wissenschaftliche Tätigkeit hinaus wird zunehmend internationaler Standard“ (GWK, 2011, 8).

Diesbzgl. sieht es der WR (2010a, 144f.) für erforderlich an, dass die Hochschulen

- „verlässliche und transparente Karriereperspektiven schaffen und insbesondere den Spielraum bei der Einrichtung von tenure-track-Angeboten ausschöpfen,

- Stellen auf Professorenebene wie für den wissenschaftlichen Nachwuchs durchweg international über die fachüblichen Kanäle sowie über das Portal EURAXESS ausschreiben,
- transparente und zügige Berufungsverfahren etablieren,
- Angebote zur Beratung und Eingliederung ausländischen Personals machen (z.B. durch Welcome Center) und dabei auf die Bedürfnisse von Doppelkarrieren eingehen,
- verstärkt strukturierte Doktorandenprogramme anbieten, um ausländischen wissenschaftlichen Nachwuchs anzuziehen, sofern noch nicht geschehen,
- in geeigneten Fächern Lehrveranstaltungen in englischer (oder einer anderen nicht-deutschen) Sprache auf hohem Niveau anbieten und auch Angebote zum Erlernen der deutschen Sprache für ausländische Nachwuchskräfte machen,
- eigenes wissenschaftliches wie nicht-wissenschaftliches Personal beim Fremdsprachenerwerb unterstützen,
- die Verwaltungsunterstützung von Forschenden bei Antragstellung und Abwicklung von EU-Projekten verbessern,
- die Voraussetzungen für die statistische Erfassung der Nationalität/Herkunft des Personals einschließlich der Doktorandinnen und Doktoranden schaffen."

Die im Folgenden genannten Maßnahmen sind zum Teil speziell auf den Bildungsbereich, zum Teil auf den Forschungsbereich zugeschnitten, andere sind übergreifend. Es handelt sich um einige Beispiele, die um weitere innovative Maßnahmen ergänzt werden können:

Welcome Center

Neben einer weltoffenen Willkommenskultur sind Welcome Center institutionalisierte Unterstützungsstrukturen in Form von Serviceeinrichtungen an Forschungs- und v.a. Hochschulstandorten. Sie betreuen ausländische Wissenschaftler und ihre Familien sowie Studierende bei der Ankunft und Eingliederung. Zu den angebotenen Serviceleistungen können verschiedene administrative Unterstützungsleistungen gehören, die zum Teil über die Einrichtung und deren Tätigkeitsfeld hinausgehen. Beispiele sind die Unterstützung der Wissenschaftler und/oder Studierenden bei den örtlichen Meldebehörden, bei der Schul- und Wohnungssuche, Einführungskursen, Sprachenerwerb etc. (vgl. GWK, 2011, 8). Das Welcome Center sollte auch einen Zugang zu den verschiedenen wissenschaftsbezogenen administrativen Unterstützungsdienstleistungen bieten, die Wissenschaftlern angeboten werden, wie die EU-Antragsberatung oder administrative Projektmanagementstrukturen.

Studierenden-Service Center

Innerhalb der Welcome Center können auch spezielle Service Center für internationale Studierende etabliert oder die Mitarbeiter in den Studierendensekretariaten für die inländischen Studierenden entsprechend geschult werden. Für den Bereich der Bildung werden solche Service Center von verschiedenen Hochschulen umgesetzt (vgl. Uni Gießen, 2006). Sie sind für in- und ausländische Studierende für den gesamten Studienprozess von der Studienberatung bis hin zur Vermittlung in den Arbeitsmarkt zuständig und weisen idealerweise eine hohe Serviceorientierung auf.

Internationale Studienzentren
Ein Service Center wird häufig um ein Internationales Studienzentrum für in- und ausländische Studierende ergänzt, das vor allem Sprachen- sowie interkulturelle Studien- und Weiterbildungsangebote bietet (vgl. Uni Gießen, 2006).

Dual Career Center
Auch Dual Career Center sind Serviceeinrichtungen – sie richten sich an in- wie ausländische Wissenschaftler. Ihre Aufgabe ist, den (Ehe-)Partnern von Wissenschaftlern angemessene Stellen zu vermitteln, damit auch sie sich beruflich weiterentwickeln können. Insbesondere bei wissenschaftlichen Doppelkarrieren können Hochschulen entsprechende Möglichkeiten schaffen, um Spitzenkräften ein attraktives Umfeld zu bieten.

Kinderbetreuung
Die Verbesserung der Familienfreundlichkeit wird zunehmend als relevanter Standortfaktor wahrgenommen. Dies gilt insbesondere in der sogenannten „Rush-Hour des Lebens“, während der wissenschaftliche Nachwuchs die wichtigste berufliche Entwicklungsphase auf dem Weg hin zur eigenen Professur und oftmals die Gründung einer Familie unter einen Hut bringen muss.

Tenure Track
Insbesondere die Postdoktorandenphase ist die Zeit der höchsten Mobilität. Damit gehen häufig Arbeitgeberwechsel einher. Es handelt sich zugleich um die Phase der größten Karriereunsicherheit (vgl. WR, 2010a, 8; Kippenberg, 2010). Die Ermöglichung des Tenure Tracks ist eine Maßnahme, um den Wissenschaftlern eine berufliche Perspektive in der Wissenschaft zu eröffnen und die Unsicherheit zu reduzieren. Dabei leiten Nachwuchswissenschaftler zunächst selbständig eine Forschungsgruppe und können eigenständig wissenschaftlich arbeiten – im Falle einer positiven Evaluation, die meist nach vier bis sechs Jahren erfolgt, ist eine Festanstellung möglich (vgl. Kippenberg, 2010). Die verschiedenen Maßnahmen von Hochschulen im Bereich des Tenure Tracks tragen dazu bei, wissenschaftliche Karrieren planbar zu machen.

Neben dem klassischen, thematisch festgelegten Tenure Track experimentiert z.B. die Technische Universität Dresden im Rahmen der Exzellenzstrategie mit einer sogenannten Open-Topic-Tenure-Track-Ausschreibung: Sie ist thematisch völlig frei ausgeschrieben und stellt bei entsprechender Leistung eine langfristige Anstellung in Aussicht (vgl. Müller-Steinhagen, 2014, 458). In Dresden gingen für die ersten zehn ausgeschriebenen Tenure-Track-Professuren mehr als 1.300 nationale und internationale Bewerbungen ein.

Regionale Vernetzung
Um die zuvor genannten Maßnahmen anbieten zu können und die damit verbundenen Möglichkeiten auch dann auszuschöpfen, wenn ein geringer Bedarf bei der jeweiligen Einrichtung vorliegt, kann es sinnvoll sein, regional oder landesübergreifend mit weiteren Organisationen zu kooperieren. Das Ziel ist, sich gegenseitig zu unterstützen. Dadurch kann die nötige kritische Masse bzgl. der Nachfrage nach den angebotenen Leistungen erreicht werden: „Dual Career-Zentren können dann besonders erfolgreich arbeiten, wenn sie als regionale Verbünde auf allen Ebenen des Arbeitsmarktes vernetzt sind und aus einem vielfältigen und großen Stellenpool schöpfen können: eine Vernetzung mit anderen Arbeitgebern kann andere Hochschulen, außeruniversitäre Forschungseinrichtungen, die öffentliche Verwaltung, die Industrie- und Handelskammern, einzelne Wirtschaftsunternehmen sowie die Jobcenter einbinden“ (GWK, 2011, 9).

5.2.4 Lobbying in Brüssel als Kür

In Ergänzung zu den zuvor genannten eher nach innen gerichteten Strukturen, Prozessen und Maßnahmen können auch nach außen gerichtete interessenpolitische Maßnahmen bzw. **Lobbying** mit dem Ziel eingesetzt werden, den Erfolg der Einrichtung bei der Antragstellung in Bezug auf europäische Förderprogramme zu steigern.

Mehr als 1.000 Verbände, diverse Lobby-Unternehmen, (Anwalts-)Kanzleien, PR-Agenturen, Vertretungen von Organisationen – vor allem aus der Wirtschaft, aber auch aus der Wissenschaft – sind im Lobbying in Brüssel aktiv. Beispielsweise verfügen die Hochschulen mit dem Büro der Hochschulrektorenkonferenz über eine Repräsentanz in Brüssel. Daneben haben auch einige deutsche Hochschulen zusätzlich eigene Büros vor Ort eingerichtet, um spezifisch die eigenen Interessen zu vertreten und Informationen gemäß ihrer individuellen Bedarfe zu sammeln. Auch die Organisationen der Großforschung, wie Fraunhofer und Helmholtz, sind mit eigenen Repräsentanzen vor Ort vertreten.

Des Weiteren sind einige europäische Netzwerke und Verbände, welche die Interessen von Forschungseinrichtungen und/oder Hochschulen bündeln, auf dieser Ebene aktiv. Hierzu gehören z.B.: COIMBRA, European Academy of Sciences (EURASC), European Association of Research and Technology Organisations (ERATO), European Regions Research and Innovation Network (ERRIN), EuroTech Universities, Federation of All European Academies (ALLEA), Informal Group of R&D Offices (IGLO), European University Association (EUA), League of European Research Universities (LERU), Science Europe.

Aber auch bestimmte Personengruppen versuchen ihre Interessen ad hoc zu formulieren, beispielsweise 47 Nobelpreisträger und Fields-Preisträger sowie zahlreiche Forschende, die mit einem Protestbrief gegen Kürzungen des Budgets von Horizont 2020 protestierten (vgl. Nettelbeck, 2012, N5).

Die diversen Lobbyisten versuchen den Informations-, Meinungsbildungs- und Entscheidungsfindungsprozess der EU zu beeinflussen (vgl. Piepenschneider, 2012, 31). Eine weitere Aufgabe besteht darin, ihre nationalen Auftraggeber über aktuelle und geplante Entwicklungen zu informieren und Strategien zu entwickeln, um eine möglichst große Unterstützung der Anliegen ihrer Auftraggeber zu erreichen.

Die Bemühungen der Einrichtungen werden in Brüssel per se nicht negativ konnotiert, sondern als positiv beschrieben. Sie tragen dazu bei, dass der relativ kleine Verwaltungsapparat der KOM über komplexe Sachverhalte aufbereitete Informationen erhält – die Informationszulieferungen der Lobbyisten sind damit ein wichtiger Bestandteil der (Recherche-)Arbeit der KOM in der Phase der politischen Meinungsbildung und Entscheidungsfindung. Dies geht sogar so weit, dass diese Berater bei der Ausgestaltung von Gesetzesvorhaben unterstützen (vgl. Piepenschneider, 2012, 31).

Der europäische Lobbyismus erfolgt auf mehreren Ebenen. So versuchen die Lobbyisten nicht nur die europäischen Einrichtungen zu beeinflussen, sondern auch auf nationaler und regionaler Ebene (in Deutschland: Ebene der Bundesländer) die jeweiligen Regierungen. Dieser Aufwand wird allerdings häufig nur bei weitreichenden Vorhaben betrieben.

Das Strategienset im europäischen Lobbyismus ist komplex. So werden Koalitionen geschmiedet zwischen nationalen Einrichtungen unterschiedlicher Mitgliedsstaaten, zwischen europäischen Dachorganisationen usw.

Zahlreiche Wissenschaftsorganisationen, wie die Helmholtz-Gemeinschaft (HGF), die Max-Planck-Gesellschaft (MPG), die Fraunhofer Gesellschaft, und die Wissenschaftsgemeinschaft Gottfried Wilhelm Leibniz e.V (WLG), sind vor Ort in Brüssel mit eigenen Büros vertreten, die mit den Beratern in den Einrichtungen eng zusammenarbeiten.

Es existieren keine Brüssel-Repräsentanzen einzelner Forschungsinstitute aus dem Bereich der Großforschung. Hingegen haben die Großforschungseinrichtungen jeweils eine gemeinsame Vertretung etabliert, die für sie und ihre Institute arbeitet.

Einige Hochschulen, wie die Freie Universität Berlin, verfügen über eigene Interessenvertretungen in Brüssel. Andere, wie die Technische Universität München, haben sich mit anderen wenigen europäischen Universitäten mit ähnlichen Interessen zusammengeschlossen.

Die Mehrheit der deutschen Universitäten hat jedoch keine individuelle Interessenvertretung in Brüssel eingerichtet, sondern nutzt das Büro der Hochschulrektorenkonferenz (HRK). Zudem nutzen die deutschen Hochschulen – wie auch die Forschungsinstitute – die Leistungen der Kooperationsstelle Wissenschaft der Wissenschaftsorganisationen (KoWi), die vor allem Informations- und Beratungsdienstleistungen übernimmt. Hingegen ist die KoWi nicht interessenpolitisch tätig.

Für die Interessenvertretung der Hochschulen und Forschungseinrichtungen gegenüber den Institutionen der EU sprechen mehrere Gründe. Ob dies am besten durch die HRK, eine Repräsentanz in Eigenregie oder im Netzwerk mit einigen ausgewählten meist „elitären" gleichgesinnten Einrichtungen erfolgt, ist eine strategische und operative Frage, die jede Einrichtung individuell für sich klären muss. Grundsätzlich kann eine Brüssel-Repräsentanz – unabhängig von ihrer konkreten Organisationsform – verschiedene Aufgaben und Ziele verfolgen.

Im Folgenden wird ein Überblick über mögliche Aufgaben und Ziele gegeben, der keinen Anspruch auf Vollständigkeit erhebt und der nicht durch jede Repräsentanz in gleicher Weise wahrgenommen wird. Die tatsächlichen Aufgabenschwerpunkte und Zielsetzungen der Einrichtungen sind eine strategische Frage, mit der sich die jeweilige Einrichtung auseinandersetzen muss. Die Aufgaben und Ziele können in vier Bereiche untergliedert werden: Information, Beratung, Vernetzung und Lobbying:

- **Information**
  Die EU gibt zahlreiche Veröffentlichungen heraus, die oftmals langwierig entwickelt werden. Im fachlichen Austausch mit anderen Akteuren vor Ort und insbesondere mit der KOM können Repräsentanzen die bildungs-, forschungs- und innovationspolitischen Entwicklungen und Entscheidungsprozesse in der EU nachverfolgen. Im Sinne eines Frühwarnsystems können sie sich bereits zu einem frühen Zeitpunkt über sich abzeichnende Entwicklungen informieren. Dieses Wissen können die Brüssel-Büros an die sie entsendenden Einrichtungen aufbereitet weitergeben. Auf der Grundlage können diese entsprechende Strategien verfolgen, um Entscheidungen zu beeinflussen, oder sich möglichst frühzeitig auf Entscheidungen einzustellen. Im Vorfeld von Ausschreibungen kann es einen Wettbewerbsvorteil bedeuten, wenn Themen frühzeitig bekannt sind und leistungsstarke Netzwerke für die spätere Beantragung bereits dann geschmiedet werden können. Die Brüssel-Repräsentanz kann im Bereich der Information ihrer (Mutter-)Einrichtung auch eine beratende Funktion bspw. im Zuge der Antragstellung für Projekte übernehmen – von der Arbeit am Antrag bis hin zu Unterstützungsmaßnahmen im Bereich des Lobbyings.
- **Vernetzung**
  Im Bereich des Lobbyings kann ein höheres interessenpolitisches Gewicht dadurch erreicht werden, dass sich mehrere Akteure mit gleich gelagerten Interessen vernetzen und diese gemeinsam artikulieren. Auf diese Weise steigen die Chancen, die Meinungs- und Entscheidungsfindungsprozesse der EU entsprechend der eigenen Ziele und Positionen beeinflussen zu können. Durch ein Büro vor Ort sinkt, bezogen auf die einzelnen Gelegenheiten zur Vernetzung, der Aufwand.
- **Beratung und Lobbying**
  Ziel der Lobbymaßnahmen ist es, die Entscheidungsprozesse der EU gezielt zu beeinflussen. Dies müssen nicht nur die veröffentlichten Richtlinien und Programme sein. Auch Entscheidungen in Bezug auf Arbeitsprogramme, die die Schwerpunkte der Förderung für einen bestimmten Zeitraum festlegen, können ein Gegenstand interessenpolitischer Maßnahmen sein.

Um als Organisation in Brüssel nachgefragt und gehört zu werden, ist es wichtig, dass sie inhaltlich fokussiert aufgestellt ist und klare Ziele verfolgt. Es existieren verschiedene Zugangswege, die eigene Forschungsagenda und die eigenen Interessen gegenüber den EU-Entscheidungsträgern vorzustellen und in die Meinungsbildungs- und Entscheidungsfindungsstrukturen einzubringen. Sie unterscheiden sich hinsichtlich der Wahrnehmbarkeit des eigenen Anliegens bei der KOM und bzgl. des Aufwands und der Kosten.

Während Aufgaben im Bereich der Informationen v.a. von der EU für die Hochschulen und Forschungseinrichtungen nutzbar gemacht werden sollen, geht es bei der Beratung darum, dass die Repräsentanzen versuchen, die EU zu unterstützen. Dadurch schaffen sie für die EU, v.a. die KOM und die Abgeordneten des EP, einen Mehrwert. Dies geschieht dadurch, dass sie diese nicht nur als Informationslieferanten nutzen, sondern diese auch informieren. Angesichts der komplexen Sachverhalte, mit denen sich die KOM und die Abgeordneten mitunter beschäftigen, sind sie auf diese fachliche Information und Unterstützung angewiesen.

Der Zweck dieser Beratungsfunktion geht aber über die Unterstützung der KOM hinaus. Sie dient auch dazu, die Meinungsbildungs- und Entscheidungsfindungsprozesse der EU im Sinne des Lobbyings gemäß der eigenen Interessen zu beeinflussen. Die Beratungsfunktion kann in informellen Informationsgesprächen oder bei öffentlichen Veranstaltungen mit der KOM und mit Abgeordneten wahrgenommen werden. Auch die Organisation eigener Veranstaltungen zu Themen, die auf EU-Ebene relevant sind, kann Aufmerksamkeit für die eigenen Interessen und Ziele erregen. Beispielsweise bietet das Wissenschaftsministerium NRW zweimal jährlich unter dem Titel „Grand Challenges – Answers from NRW" Veranstaltungen an, die sich mit den Themen der in Horizont 2020 definierten großen gesellschaftlichen Herausforderungen beschäftigen und die Leistungsfähigkeit des Wirtschafts- und Wissenschaftsstandortes NRW in den entsprechenden Bereichen darstellen.

Weitere informelle Formen der Beeinflussung der Meinungsbildungs- und Politikformulierungsprozesse sind die Mitarbeit in nationalen und europäischen Interessengruppen, die Kontaktierung von Mitarbeitern der Kommission, der Mitgliedsstaaten, Kontaktierung von Abgeordneten (direkt oder über ihre Mitarbeiter) und von Mitgliedern der v.g. formellen Beratungs- und Unterstützungsstrukturen der EU sowie die Teilnahme an Konferenzen und die Veröffentlichung von Stellungnahmen.

Neben diesen offenen Formaten gibt es auch institutionalisierte Formen der Beratung. Hier ist die Mitarbeit in offiziellen Beratungsgremien der KOM zu nennen, die zu den sie interessierenden Themen etabliert werden. Da nur wenige Positionen in diesen Gremien zur Verfügung stehen, unterstützt eine Brüssel-Repräsentanz die Kandidaten ihrer Einrichtungen bei der Besetzung von Beratergremien. Eine weitere institutionalisierte Form der Beratung ist auch die Tätigkeit als sogenannte Nationale Sachverständige in der KOM. Hierbei werden Mitarbeiter einer Einrichtung auf Zeit an die KOM abgeordnet. Diese übernimmt die Bezahlung. Nach der mehrjährigen Tätigkeit kehren die Mitarbeiter in der Regel an die entsendende Einrichtung zurück. Die Mitarbeit als Nationale Sachverständige hilft, die Prozesse in der KOM im betreffenden Politikfeld besser zu verstehen, Themen mitzugestalten und ein relevantes persönliches Netzwerk in die KOM und zu anderen Akteuren des eigenen Politikfeldes aufzubauen, die auf europäischer Ebene aktiv sind.

Weitere institutionalisierte, formelle Formen der Beratung der EU sind Konsultationen, External Advisory Groups und Programmausschüsse, die Tätigkeit als Gutachter bzgl. EU-Förderprojekten. Letztlich können sich Forschende und Experten selbst bei der EU melden.

Das Thema Lobbying wird hier nicht weiter vertieft. Für die intensivere Beschäftigung mit der Lobbying-Thematik – unabhängig von den Politikfeldern Bildung, Forschung und Innovation – bieten sich beispielsweise die Veröffentlichungen Joos (2011) und Coen, Richardson (2009) an. Die Autoren bieten einen guten ersten Einstieg und einen Überblick zum Thema „Lobbying in der EU".

5.3 Gestaltung des Europäisierungsprozesses

„Stets gilt es zu bedenken, dass nichts schwieriger zu bewerkstelligen, nichts von zweifelhafteren Erfolgsaussichten begleitet und nichts gefährlicher zu handhaben ist, als eine Neuordnung der Dinge."
Nicolo Macchiavelli (1469–1527)

Das eine Erfolgsrezept für die Gestaltung eines Europäisierungsprozesses existiert nicht – dafür sind Hochschulen und Forschungseinrichtungen zu unterschiedlich. Verschwindet eine Europäisierungsstrategie nicht nach ihrer Erarbeitung in der Schublade, sondern wird sie in der Organisationspraxis tatsächlich gelebt, so wirkt sie sich entsprechend den Ausführungen der vorherigen Kapitel auf diverse Strukturen und Prozesse der Einrichtung aus.

Damit handelt es sich bei dem Europäisierungsprozess im Kern um einen Strategie- und Change-Management-Prozess, der die gesamte Einrichtung erfasst. Ein so verstandener Veränderungsprozess ist hoch voraussetzungsvoll und auf die Bedingungen des jeweiligen Systems Hochschule beziehungsweise Forschungseinrichtung maßzuschneidern. Zu den einrichtungsspezifischen Bedingungen zählen z.B. Ressourcen, Organisationskultur, Zielsetzungen und allgemeine Entwicklungsstrategien einer konkreten Einrichtung. Statt des einen Erfolgsrezepts werden in diesem Kapitel einige Ansatzpunkte für die Entwicklung eines Umsetzungsplans für einen Europäisierungsprozess dargestellt.

Vorausgeschickt sei, dass angesichts der thematischen Ausrichtung dieser Ausarbeitung und der Komplexität der Organisationsform Hochschule, das Thema „Change Management" an dieser Stelle nicht grundlegend bearbeitet wird. Es kann nur angerissen werden.

Grundsätzlich ist es für den Erfolg des Europäisierungsprozesses von großer Bedeutung, dass sich die **Leitung der Hochschule bzw. Forschungseinrichtung** aktiv an ihm beteiligt. Das Change Management ist eine genuine Managementaufgabe der Einrichtungsleitung (vgl. Schott, Wick 2005, 197), die diesen Gestaltungsanspruch haben sollte.

Im Hochschulbereich kommt der Impuls für die Entwicklung von Europäisierungsstrategien immer häufiger von der Hochschulleitung (vgl. KoWi, 2011, 7). Ein wesentlicher Grund dafür ist, dass Europäisierung, wie in Kap. 5.1 erläutert wurde, ein Querschnittsthema ist, das diverse Bereiche der Einrichtung und ihrer Administration beeinflusst. Daher ist der Blick der Leitung auf das Gesamtinteresse der Organisation relevant.

Ohne die Leitung und die Einbindung der weiteren internen Entscheidungsgremien können die erforderlichen Organisationsentscheidungen im Zuge des Europäisierungsprozesses bezogen auf größere Organisationseinheiten und ihr Zusammenwirken in der Regel nicht vorgenommen werden.

Neben diesem formalen Argument ist die Beteiligung der Leitung auch aus psychologischen Gründen relevant. Das Projekt bekommt dadurch den Stellenwert, der nötig ist, damit sich alle internen Einheiten beteiligen und dem Prozess angesichts einer meist hohen Arbeitsauslastung dennoch eine entsprechende Priorität einräumen. Hierarchische Steuerungsinterventionen stehen im Raum, sollten sich Einheiten nicht an dem Prozess beteiligen.

Zudem ist auch die Leitungskompetenz in Form der Mittelzuweisung bezogen auf den Europäisierungsprozess relevant: Denn es sind ausreichende Finanzmittel für die verschiedenen, in Kap. 5.2.3 genannten, Maßnahmen erforderlich (vgl. auch Wissenschaftliche Kommission Niedersachsen, 2003, 17). Zudem sind auch personelle und finanzielle Ressourcen für den Veränderungsprozess selbst nötig.

Während die Leitungen von Forschungseinrichtungen häufig weitreichende Möglichkeiten für Top-down-Steuerungsinterventionen haben, stehen Hochschulleitungen hingegen vor besonderen Herausforderungen angesichts einer „[...] partiell legitimierten Steuerungsresistenz der Forschenden und Lehrenden" (Gralke, Scherm, 2014, 45): „Vor allem die Vermittlung zwischen der Autonomie der Hochschulmitglieder und der Strategiefähigkeit im Interesse der Gesamtorganisation wird als eine der zentralen Herausforderungen für Führungskräfte angesehen. [...] Selbst nach der Stärkung der Position der Hochschulleitungen in den letzten Jahren kann somit von einer Hinwendung zu einem „Durchregieren" nicht die Rede sein" (Püttmann, 2013, 2). Diese Organisationsform der Hochschulen wird auch als lose Kopplung bezeichnet.

Trotz dieser Steuerungsresistenz sind Steuerungsinterventionen möglich, weil die Forschenden und Lehrenden einer Hochschule nicht autark sind: „Sie benötigen den Zufluss insbesondere finanzieller Ressourcen, deren Quellen sich im Zuge der bekannten Reformen verändert haben" (Gralke, Scherm, 2014, 45). Durch Ressourcenzuweisung, wie Räume, zusätzliche Mitarbeiter und besondere Beratungs- und Unterstützungsleistungen im Sinne von Premium-Dienstleistungen, kann steuernd eingegriffen werden. Es ist aber relevant, dass die Hochschulleitung die übrigen Gremien einbindet – und das nicht nur, weil sie über bestimmte Entscheidungskompetenzen verfügen. Wie grundsätzlich bei Change-Management-Prozessen ist es auch wichtig, die **„Betroffenen zu Beteiligten zu machen.“** Angesichts der v.g. Herausforderung von Hochschulleitungen – dass sie kaum durchregieren können – gilt hier, dass die Partizipation der Betroffenen in Veränderungsprozessen erforderlich ist (vgl. Püttmann, 2013, 2). Hierzu ist Transparenz nötig: Nach Erfahrung von Karmann (2014) ist es wichtig zu erläutern, warum welche Entscheidungen getroffen werden. Dies kann dazu beitragen, Gerüchten und einer Abwehrhaltung möglichst vorzubeugen. Zudem kann eine Analyse der Interessen der einrichtungsinternen Stakeholder sinnvoll sein, um deren Einbindung in den Veränderungsprozess zu planen und adressatengerecht zu kommunizieren.

Mit der Mitarbeiterbeteiligung an Projekten mit Auswirkungen auf die Gesamtorganisation und den Arbeitsplatz bzw. das Tätigkeitsspektrum der Mitarbeiter – wie es bei einem Europäisierungsprozess entsprechend Kapitel 5.2 der Fall ist – werden die folgenden Ziele verfolgt:

- Erhöhung der Mitarbeiterzufriedenheit und deren Motivation,
- Abbau von Informationsasymmetrien zwischen Vorgesetzen und Mitarbeitern sowie dadurch
- verbesserte Qualität sowie
- kürzere Dauer von Entscheidungsprozessen,
- gemeinsames Lernen (vgl. Stratmann, 2005, 6f., 13) und
- Nutzbarmachung von Expertenwissen der Mitarbeiter.

Einige Autoren sprechen die folgenden Kritikpunkte an: Naivität gegenüber den etablierten Machtstrukturen und deren Durchsetzungsfähigkeit sowie Ziele der Organisation und der Mitarbeiter sind nicht deckungsgleich (vgl. ders., 13). Ein Beispiel für Letzteres ist die Durchführung von Rationalisierungsmaßnahmen, die für den Erhalt der Konkurrenzfähigkeit der Organisation wichtig sein können, aber die Arbeitsplätze und Aufstiegsmöglichkeiten der Mitarbeiter reduzieren.

Angesichts der Größe – bspw. einer Hochschule und ihrer Verwaltung – ist es nicht sinnvoll und praktizierbar, eine direkte Partizipation aller Mitarbeiter vorzusehen. Die Projektdurchführung würde zu schwerfällig werden, wenn zu viele Akteure in zu vielen Gesprächskreisen beteiligt werden müssten (vgl. Zimmermann, Stark, Rieck, 2006, 51; Müller-Böling, Küchler, 1998, 33). Um Partikularinteressen und Fachwissen zu kanalisieren, wurden in Verwaltungseinheiten und Einheiten des akademischen Betriebs einer Hochschule, Gremien und Leitungen gewählt. Angesichts zum Teil großer Gremien sollten sie Vertreter in die Meinungsbildungs- und Entscheidungsvorbereitungsgremien des Europäisierungsprozesses entsenden, so dass diese arbeitsfähig bleiben. Die Vertreter können den entsendenden Gremien berichten und sie auf diese Weise in die Meinungsbildungs- und Entscheidungsfindungsprozesse einbinden. Genauso verhält es sich mit den Verwaltungseinheiten, deren Leitungen (Dezernenten, Hauptabteilungsleiter) an dem Prozess beteiligt werden sollten. Dies kann dazu beitragen, Konflikten vorzubeugen und insbesondere dazu dienen, das Fachwissen der Verwaltungseinheiten nutzbar zu machen.

Bei dem hier vorgeschlagenen Vorgehen wird eine repräsentative Partizipation gewährleistet. Hierbei ist allerdings bei Hochschulen kritisch anzumerken, dass die Einteilung in Statusgruppen (Studierende, wissenschaftliche Mitarbeiter, Verwaltungsmitarbeiter, Professoren) nicht immer eine allgemeingültige Abgrenzung ist, die bei allen zu entscheidenden Fragen trägt (vgl. Müller-Böling, Krasy, 1998, 38). Je nach Sachfrage können Interessenkonstellationen entstehen, die verschiedene Statusgruppen übergreifen. Zudem kann es dazu kommen, dass eine Statusgruppe keine einheitlichen Interessen vertritt. Bestimmte Gremien, wie der Statusgruppen übergreifende akademische Senat, können diesen Interessenkonstellationen Rechnung tragen und diese berücksichtigen.

Neben dem vorgeschlagenen Vorgehen der repräsentativen Partizipation sollten auch sämtliche Organisationsmitglieder zu bestimmten Zeitpunkten in den Europäisierungsprozess eingebunden werden. Auch dies beugt Konflikten und möglichen Verweigerungshaltungen vor und macht Fachwissen nutzbar. Die Einbindung kann durch die Kommunikation der Zwischenstände bezogen auf die Einführung geschehen. Hierzu ist ein Kommunikationskonzept, entsprechend der spezifischen Situation der Einrichtung, zu entwickeln. Die Kommunikation kann z.B. über eine Projektinternetseite, Flyer, Mitarbeiterzeitungen oder regelmäßige Personalversammlungen erfolgen. Das Kommunikationskonzept sollte abhängig von der spezifischen Situation der Universität vor Ort entwickelt werden. Hierzu gehören Workshops, die sich an spezielle Gruppen richten oder die offen sind für bestimmte interessierte Gruppen. Das Ergebnis sollte im Meinungsbildungsprozess berücksichtigt werden, damit sich die Teilnehmer ernst genommen fühlen.

Möglichst werden daher die vorgenannten **Top-Down- und Bottom-up-Einführungsstrategien** miteinander verbunden. Dann wird – im Idealfall – die Top-Down-Durchsetzungsmacht mit der Unterstützung durch die Mitarbeiter kombiniert, was ein gutes Erfolgsrezept ist. Wie die beiden Einführungsstrategien kombiniert werden, hängt vom Einzelfall, bspw. der Organisationskultur, ab.

So könnte das Präsidium, beziehungsweise Rektorat, ein eigenes Thesenpapier oder Strategiekonzept hin zu einer Europäisierungsstrategie zu Beginn des Veränderungsprozesses vorlegen, das anschließend in hochschulweiten Veranstaltungen diskutiert wird. Der Vorteil besteht darin, dass die Diskussionen strukturiert sind und ein Rahmen vorgegeben wird. Dies reduziert die Gefahr, dass die Diskussionen in unerwünschte Themenbereiche vordringen, und trägt dazu bei, dass die Diskutanten schwerpunktmäßig die vom Präsidium gesetzten Themen diskutieren. In ihrem Diskussionspapier sollte das Rektorat bzw. Präsidium allerdings nicht der Versuchung erliegen, den Diskussionen vorwegzugreifen oder den Raum der möglichen Diskussionen zu sehr einzuschränken. Dann würden sich die Beteiligten sicherlich nicht ernst genommen fühlen, was zu Verweigerungshaltungen führen könnte.

Teile der Aufgaben im Veränderungsprozess kann die Einrichtungsleitung an ein temporäres Projektteam und dessen Leitung delegieren. Dieses Team unterstützt die federführende Einrichtungsleitung, damit der Europäisierungsprozess zielgerichtet durchgeführt und sichergestellt wird, dass kontinuierlich daran gearbeitet wird. Des Weiteren ist es wichtig, um die Einbindung der Mitarbeiter zu organisieren, damit die vorgenannten Top-Down- und Bottom-up-Einführungsstrategien miteinander verwoben werden.

Die Einrichtungsleitung sollte auch die Identifikation des Veränderungsbedarfs, die Vorgabe der Veränderungsziele und auch die Kommunikation der Ergebnisse in die Einrichtung und deren Umfeld nicht an das Projektteam abgeben. Den Veränderungsbedarf und die -ziele kann die Leitung von einem Projektteam ausarbeiten lassen, aber die Letztentscheidung sollte bei der Leitung und den internen Entscheidungsgremien verbleiben. Das Projektteam kann über eine Projektvereinbarung – eine Zielvereinbarung – an die Leitung gebunden werden.

Für die Projektleitung existieren verschiedene Optionen:

- **EU-Büro/-Projektmanagementbüro**
  Wie in Kapitel 5.2.3 deutlich wurde, ist das PMO der Mittelpunkt der Beratungs- und Unterstützungsstrukturen mit Bezug auf europäische Fördermaßnahmen. Daher liegt es nahe, es als Projektleitung vorzusehen.
- **Akademisches Auslandsamt**
  Gerade bei der Europäisierung im Bereich von Lehre und Studium könnte es sich grundsätzlich anbieten, das für die Auslandskontakte und die Betreuung ausländischer Studierender zuständige Akademische Auslandsamt mit der Projektleitung zu betrauen. Allerdings ist dies, bezogen auf die Europäisierung, nur für einen Ausschnitt zuständig, weshalb es in der Regel weniger geeignet für die Projektleitung ist.
- **Stabsstelle**
  Eine Methode kann sein, eine Stabsstelle eigens für die Entwicklung der Europäisierung der Einrichtung einzusetzen. Ein Vorteil wäre, dass sie gewissermaßen neutral wahrgenommen wird – sofern die personelle Besetzung keinen anderen Schluss nahelegt. Eine solche Konstruktion hätte im Vergleich zu den vorgenannten den Vorteil, dass intern nicht angenommen wird, dass sich die eine Organisationseinheit zu Lasten anderer mit Kompetenzen und Personal stärkt und die Entwicklung der Struktur und Prozesse des Beratungs- und Unterstützungssystems gemäß der eigenen Interessen steuert. Zudem würde die Projektgruppe durch die direkte Anbindung an die Leitung an Bedeutung und damit an Durchsetzungschancen gewinnen. Ein Nachteil kann sein, dass ihre Kompetenz in Frage gestellt wird. Zudem kann sie auf Ablehnung in den Organisationseinheiten stoßen, wenn sie als Einrichtung von außen wahrgenommen wird, die die Kompetenz der Organisationseinheiten in Frage stellt. Hier ist ein sensibles Vorgehen gefragt und es sind die internen Einheiten an dem Projektteam ausgewogen zu beteiligen – dadurch werden die „Betroffenen zu Beteiligten“ gemacht.

> Die Stabsstelle kann beispielsweise beim Prorektor bzw. Vizepräsidenten Forschung und/oder Lehre, beim Kanzler oder direkt beim Rektor angesiedelt werden. Wo sie sinnvollerweise verortet wird und wie sie personell zusammengestellt wird, ist erneut eine einzelfallbezogene Entscheidung, die die Bedingungen einer Einrichtung berücksichtigen muss.

Die Stabsstellenlösung wird aufgrund der vorgenannten Argumente empfohlen. Unabhängig von der Frage, wem die Projektleitung übertragen wird, sollte sichergestellt werden, dass sie eng mit den Beteiligten der Beratungs- und Unterstützungsprozesse, aber auch der Einrichtungsleitung zusammenarbeitet.

Ein Beispiel zur Einbindung und Beteiligung der verschiedenen Akteure einer Hochschule nennt Karmann (2014), indem er von seiner Erfahrung mit Prozessen zur Einführung einer leistungsorientierten Mittelvergabe (LOM) berichtet. Die LOM stellt einen Strategieprozess dar, denn damit kann die Fakultätsausrichtung maßgeblich beeinflusst werden. Gemäß Karmann (2014) bleibt häufig

> „[...] nur der – oft mehrjährige – Weg, die Einführung eines LOM-Modells in zahlreichen informellen Professorien, in Arbeitstreffen von Vorbereitungsgruppen, die die Fachspezifika der Fakultät repräsentieren, und in Rückkopplungsschleifen mit der Universitätsleitung vorzubereiten, um das konkrete Mittelverteilungsmodell abschließend im Fakultätsrat bei hoher Zustimmungsquote, aber auch hoher Akzeptanz in der Gesamtfakultät beschließen zu können."

In Anlehnung an Veröffentlichungen zum Change Management kann der Europäisierungsprozess in mehrere Kernschritte unterteilt werden (Abb. 12):

Die Kernschritte bestehen jeweils aus mehreren weiteren Teilschritten.

(1) Problemdefinition

Ausgangspunkt des Europäisierungsprozesses ist die Problemdefinition. Dabei wird die Frage gestellt, warum für die Einrichtung welcher konkrete Handlungsbedarf besteht. Diese wichtige Phase der Problemdiagnose sollte partizipativ angelegt werden (vgl. Stratmann, 2005, 11f.). Durch die Mitwirkung an der Problemidentifikation soll das Bewusstsein bei den Führungskräften und Mitarbeitern geschärft sowie Verständnis dafür geschaffen werden, dass Änderungen an der Aufbau- und Ablauforganisation erforderlich sind. Wichtig ist dabei, dass den Mitarbeitern auch die Ergebnisse der gemeinsam identifizierten Probleme kommuniziert werden, damit die intendierten oben genannten Ziele der Mitarbeiterbeteiligung erreicht werden.

In dem Rahmen der Problemdefinition ist es sinnvoll, eine SWOT-Analyse bezogen auf die eigene Einrichtung als Gesamtorganisation, aber auch bezogen auf die Europäisierungsaktivitäten bzw. EU-bezogenen Aktivitäten durchzuführen.

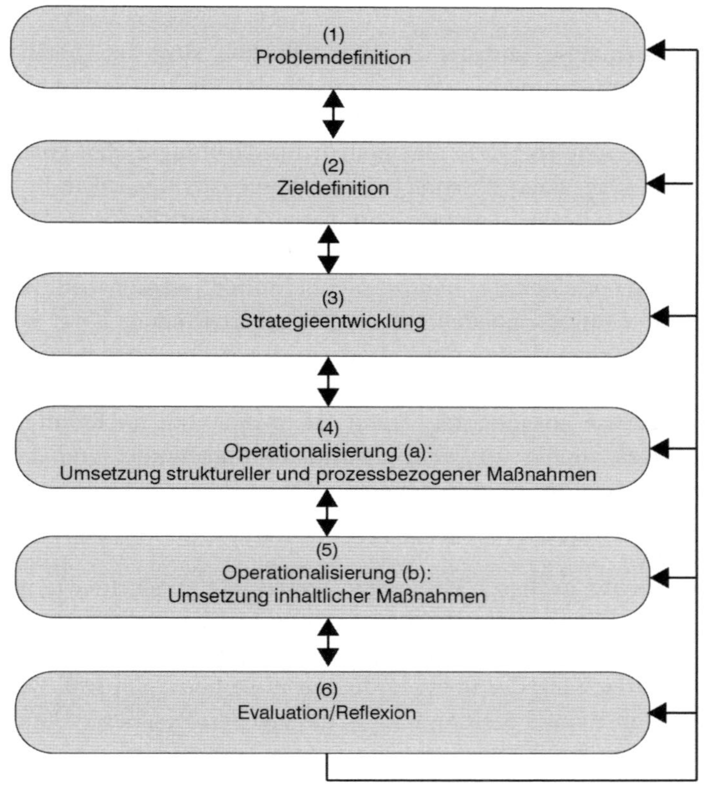

Abbildung 12:
Kernschritte eines Europäisierungsprozesses, eigene Darstellung

Dies dient dazu, zum einen die Rahmenbedingungen der eigenen Einrichtung zu klären und zum anderen die Grundlagen für die folgenden Schritte des Veränderungsprozesses zu legen.

Die SWOT-Analyse bezieht sich auf verschiedene Bereiche: Forschung, Lehre/ Studium, Transfer bzw. Innovation. Zudem wird auch die Verwaltung bzw. das interne Beratungs- und Unterstützungssystem hinsichtlich der Ressourcen, Strukturen und Prozesse berücksichtigt. Insbesondere die Schnittstellen innerhalb des Beratungs- und Unterstützungssystems, mit externen Einrichtungen und den unterschiedlichen Stellen im Verwaltungs- und Wissenschaftsbetrieb, sind hier Gegenstand. Hier werden Optimierungspotenziale analysiert und beispielsweise geeignete Kandidaten für eine Antragstellung beim ERC identifiziert. Dies ist die Grundlage der Entwicklung einrichtungsspezifischer Ziele, Strukturen, Prozesse und Maßnahmen.

(2) Zieldefinition

Ausgehend von der SWOT-Analyse und der Problemdefinition sind die spezifischen Ziele der konkreten Einrichtung auf der Grundlage der ihr zur Verfügung stehenden und auch der aufbaubaren Ressourcen abzuleiten. Diese hängen, wie in Kapitel 5.1 dargestellt wurde, eng mit den allgemeinen Entwicklungszielen einer Einrichtung zusammen und sind daher entsprechend zu berücksichtigen. Die Europäisierungsstrategie ist damit in die allgemeine Strategie der Einrichtung einzubetten und nicht als davon losgelöster Prozess zu betrachten.

Die Entscheidung, wie der Zieldefinitionsprozess strukturiert werden soll, ist eine strategische Frage, die Einfluss auf den Projekterfolg haben kann. Zwar ist die Verwaltung hierarchisch organisiert, jedoch wird sie durch den eher partizipativ organisierten Lehr- und Forschungsbetrieb beeinflusst. Die Verwaltungsprozesse sind auf die Kernprozesse ausgerichtet. Somit ist es sinnvoll, im Rahmen des Europäisierungsprozesses für die Verwaltung sämtliche Stakeholder und damit alle hochschulischen Statusgruppen zu beteiligen.

(3) Strategieentwicklung

Ausgehend von den Zielen wird in dieser Phase eine Strategie entwickelt, wie in Kapitel 5.1 ausgeführt wurde. Die allgemeine Entwicklungsplanung bzw. -strategie der Hochschule bzw. Forschungseinrichtung ist der Bezugspunkt der Europäisierungsstrategie, die zur Erreichung der übergeordneten Ziele beitragen soll. Bezüglich der Strategie wurde in Kapitel 5.1 empfohlen, die eigenen Ressourcen und deren Entwicklungsfähigkeit zu bewerten.

(4) Operationalisierung (a): Umsetzung struktureller und prozessbezogener Maßnahmen

Zur Zielerreichung und Umsetzung sind gemäß Kapitel 5.1 und 5.2 einige strukturelle und prozessbezogene Maßnahmen erforderlich, die die gesamte Einrichtung betreffen. Sie müssen mit den bestehenden Strukturen und Prozessen verbunden werden. Dabei ist es sinnvoll, die vorhandenen Strukturen und Prozesse der eigenen Einrichtung zunächst zu analysieren (s. erster Schritt) und eine darauf abgestimmte Umsetzung zu planen. Ansonsten besteht das Risiko, dass die neuen Strukturen und Prozesse unverbunden neben den übrigen stehen und damit nicht genutzt werden bzw. Doppelstrukturen vorgehalten werden. Aus Gründen der Wirtschaftlichkeit, aber auch zur Vermeidung von Effektivitätsverlusten sollte dies verhindert werden.

(5) Operationalisierung (b): Umsetzung der inhaltlichen Maßnahmen unter Nutzung von veränderten Strukturen und Prozessen

Die Anpassung der Strukturen und Prozesse ist die Voraussetzung, damit die eigentlichen Unterstützungsleistungen von den Dienstleistungsempfängern, wie vor allem den Wissenschaftlern, in Anspruch genommen werden können. Auf der

Grundlage der Strukturen und Prozesse setzen die in Kap. 5.2 genannten Maßnahmen an. Hierzu gehört unter anderem das Angebot inhaltlicher Beratungs- und Unterstützungsleistungen wie beispielsweise im Bereich des Finanzcontrollings oder der Zeitplanung für das EU-Projekt.

(6) Evaluation/Reflexion

Um den Erfolg der Maßnahmen und die Ziele und Strategien zu überprüfen, sollte regelmäßig eine Evaluation vorgenommen werden, ob die Planungen für die Einrichtung zum Erfolg geführt haben. Sollten die bisher ergriffenen Maßnahmen nicht zum gewünschten Erfolg geführt haben, schließen sich gegebenenfalls erneut die Phasen (1) bis (5) an, um Anpassungen vorzunehmen. Die Durchführung der Evaluation ist zudem angezeigt, wenn es zu Veränderungen in der Einrichtung gekommen ist, z.B. eine neue interne Entwicklungsstrategie. Gleiches gilt bei externen Veränderungen, wie der Beschluss eines neuen Rahmenprogramms der EU für Forschung und Innovation, wie es beim Wechsel vom 7. Forschungsrahmenprogramm zu Horizont 2020 der Fall war.

Ein sinnvoller Ausgangspunkt für die Entwicklung der Europäisierungsstrategie ist ein Serviceangebot der Kooperationsstelle EU der Wissenschaftsorganisationen, KoWi. Sie (vgl. Kap. 5.2.2) unterstützt bei der Strategieentwicklung im Rahmen ihres Serviceangebots „Strategiegespräch“. Dies ist ein gutes, musterhaftes Beispiel. Die interne Projektleitung kann in der einrichtungsinternen Diskussion, bezogen auf die diversen Themen der Umsetzung des Europäisierungsprozesses, mit der KoWi auf einen profilierten Partner verweisen. Die KoWi kann Erfahrungen und Kompetenzen aus einer Vielzahl vergleichbarer Entwicklungsprozesse einbringen. Zudem muss die Projektleitung durch die Einbindung der KoWi zahlreiche Grundlagen nicht aufwendig selbst entwickeln.

Das Format der KoWi „Strategiegespräche“ ersetzt ihr früheres Serviceangebot mit dem Titel „Potenzialanalyse“ und nimmt wesentliche Elemente davon weiter auf. Weil zum neuen Format der „Strategiegespräche“ noch keine ausführlichen Informationen veröffentlicht wurden, wird im Folgenden das Angebot der „Potenzialanalyse“ näher vorgestellt, das überdies einige Hinweise für die Entwicklung einer eigenen Europäisierungsstrategie einer Forschungseinrichtung – über das KoWi-Angebot hinaus – liefert. Die folgenden Ausführungen wurden aus KoWi (2011, 8–15) übernommen.

EU-Potenzialanalyse

Ziel

Ziel einer EU-Potenzialanalyse ist die Entwicklung und Stärkung der Wettbewerbsfähigkeit einer Hochschule im Bereich der EU-Forschungsförderung. Die EU-Potenzialanalyse setzt dabei auf drei Ebenen an:

- Forschungspolitische Chancen und Herausforderungen einer Positionierung in der EU-Forschungsförderung auf der Basis des vorhandenen Hochschulprofils. Hier ist die EU-Potenzialanalyse vor allem ein Steuerungsinstrument für die Hochschulleitungen.
- EU-Governance-Strukturen an der Hochschule und Unterstützung bei der „EU-Alltagsarbeit" durch bedarfsgerechte Instrumente („Werkzeuge"). Adressat dieser Maßnahmen ist insbesondere die EU-Expertise vor Ort in den Bereichen Forschungsförderung und Drittmittelverwaltung.
- Aktuelles und künftiges Antragspotenzial und Optionen für weiteres Engagement im Kontext der EU-Forschungsförderung. Angesprochen sind hier die Wissenschaftler mit Blick auf ihre fachlichen Interessen und für sie relevanten Querschnittsfragen (Nachwuchsförderung, außereuropäische Zusammenarbeit, Wissens- und Ergebnistransfer etc).

Selbst wenn die skizzierten Ebenen miteinander in Verbindung stehen, sind die möglichen Effekte des Instruments je nach Zielgruppe ganz verschieden; im Ergebnis sollen sie einheitlich der Steigerung der EU-Wettbewerbsfähigkeit der Hochschule dienen.

Zielgruppen

Der Entwicklung der EU-Potenzialanalyse lag bei KoWi der Impuls zugrunde, die Verantwortung der Hochschulleitungen für die Entwicklung der Einrichtung in einem neuen Beratungsinstrument aufzunehmen. Zugleich ist es aber Kennzeichen aller KoWi-Services, die EU-Expertise vor Ort zu stärken; die Beratung der Wissenschaftler bildet historisch den Kern des KoWi-Tätigkeitsportfolios. In der EU-Potenzialanalyse werden daher alle genannten Gruppen adressiert, zusammengefasst unter den Schlagworten: *„Hochschulleitungen informieren – EU-Referenten unterstützen – Forschende beraten"*.

Mögliche Effekte

Je nach Zielgruppe sind unterschiedliche Effekte einer EU-Potenzialanalyse möglich [...]; gerade bei den mittelbaren Effekten hängt das Eintreten von einer Vielzahl von Faktoren ab, die bisweilen nur schrittweise im Sinne stärkerer EU-Orientierung beeinflusst werden können. Während der Hochschulleitung eine Aufbereitung der aktuellen Antragsmöglichkeiten, die Zusammenstellung von Bausteinen für eine EU-Governance-Struktur oder die Erläuterung der forschungspolitischen Hintergründe direkt zur Verfügung stehen, lassen sich eine dauerhafte Steigerung des EU-Drittmittelaufkommens oder die Profilierung der Einrichtung in Europa erst mittelfristig erreichen.

Ganz unmittelbare Auswirkungen hat die EU-Potenzialanalyse in der Regel auf die Arbeitspraxis der EU-Referenten. Hier entwickelt KoWi in enger Abstimmung mit den Zuständigen vor Ort bei Bedarf ein Maßnahmenpaket, das die Tätigkeit im „EU-Alltag" dauerhaft erleichtern und effektiver machen soll. Für die Forschenden, die meist den Fokus auf die Mitteleinwerbung richten, kann vor allem die Option einer längerfristigen Karriereplanung in der EU-Forschungsförderung interessant sein.

Kennzeichen

Wodurch ist eine EU-Potenzialanalyse charakterisiert? Zentral für das Konzept ist die eingehende Untersuchung der Wettbewerbsfähigkeit einer Universität oder Hochschule im Bereich der EU-Forschungsförderung. Dieser übergreifende Ansatz lässt sich in eine Reihe prägender einzelner Aspekte auffächern:

- **Systematisch.** Die Erhebung von einschlägigen Daten über die Hochschule, insbesondere zur strategischen Planung sowie zur nationalen und EU-Forschungsförderung, erfolgt planmäßig anhand fester Kriterien. Dies übersetzt sich in eine entsprechende Aufbereitung der aktuellen und künftigen Förder-, Partizipations- und Gestaltungsmöglichkeiten.

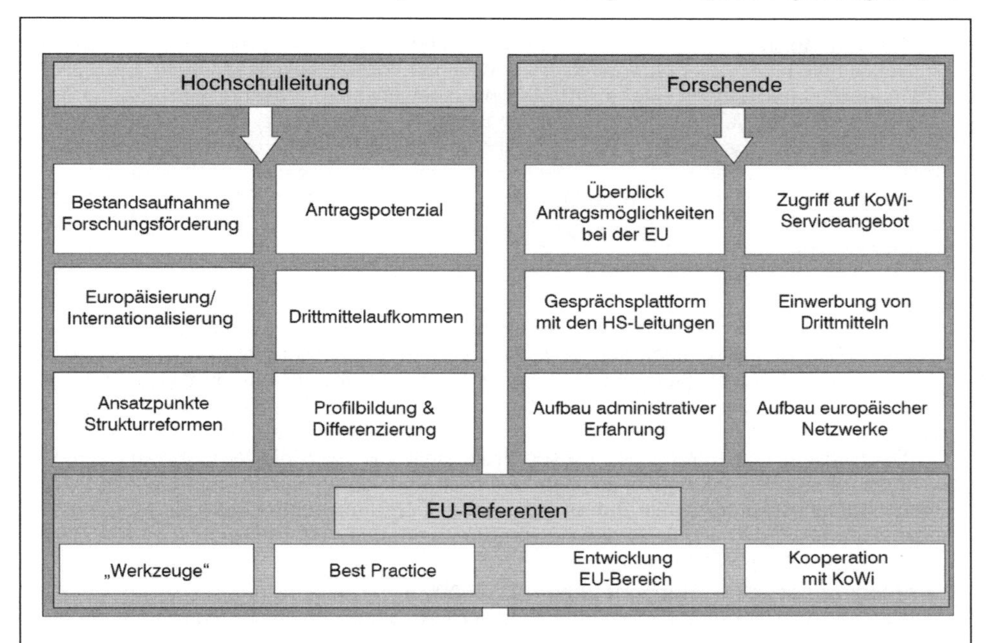

Abbildung 13:
Mögliche Effekte der EU-Potenzialanalyse

- **Konkret.** Die Vorstellung der Ergebnisse umfasst nicht nur die Hochschule als Ganzes und die Fakultäten/Bereiche, sondern auch die Ebene des Instituts und der einzelnen Forschenden; dabei werden auch die für die Antragstellung relevanten Aufrufe und Einreichungsfristen der Förderprogramme genannt. Schließlich werden bei Bedarf die Rahmenbedingungen für die tägliche EU-Arbeit vor Ort untersucht und mit passenden Maßnahmen entwickelt.
- **Bedarfsorientiert.** Eine EU-Potenzialanalyse steht prinzipiell für alle Hochschultypen und -größen zur Verfügung. Sie orientiert sich inhaltlich und zeitlich an den strategischen Planungen der Einrichtung und an den Wünschen der Forschenden und Administratoren.
- **Integrativ.** Als ein Baustein in den internen Steuerungsprozessen der Hochschule will die EU-Potenzialanalyse dabei unterstützen, aktuelle und mögliche EU-Profile der Forschenden mit den EU-Forschungsschwerpunkten der Einrichtung und den entsprechenden organisatorischen Voraussetzungen zusammenzuführen. Damit sind alle „EU-relevanten" Bereiche der Einrichtung (insbesondere Leitung, Strategie, EU- und Forschungsreferat, Drittmittelverwaltung) angesprochen.
- **Nachhaltig.** Individuelle Antragsplanung und die institutionelle Vorbereitung auf kommende europäische Entwicklungen sind ebenso Teil der EU-Potenzialanalyse wie die intensive Unterstützung der Vor-Ort-Expertise im Sinne einer „Hilfe zur Selbsthilfe". In der Regel ist die EU-Potenzialanalyse Ausgangspunkt einer langfristigen Zusammenarbeit zwischen Hochschule und KoWi.
- **Kontextbezogen.** Die Analyse ist eingebettet in übergreifende Entwicklungen des Wissenschaftssystems. Dazu gehören Fragen der europäischen und nationalen Forschungspolitik und der zugehörigen antragsrelevanten thematischen „Policies" ebenso wie wesentliche Veränderungen im Bereich der Steuerungsmodelle und des Wissenschaftsmanagements.

Der anhand dieser Kennzeichen verdeutlichte umfassende Zugang erhebt allerdings im Hinblick auf die konkreten Fördermöglichkeiten keinen Vollständigkeitsanspruch; gearbeitet wird modellhaft und anhand einer exemplarisch ausgewählten „repräsentativen“ Gruppe von möglichen Antragstellern. Darüber hinaus ist zu beachten, dass eine EU-Potenzialanalyse keine fachlich-wissenschaftliche Beratung und auch keine Evaluierung der bestehenden Projekte oder Strukturen darstellt. Gedacht ist sie im Kern als ein hochschuleigenes Instrument im Rahmen der Struktur- und Entwicklungsplanung, dessen Erfolg stark davon abhängt, dass in der Einrichtung Interesse an und Engagement für EU-Forschungsförderung bereits existieren.

Mögliche Inhalte
Die Inhalte einer EU-Potenzialanalyse werden allein von der Hochschule bestimmt. Die Vermittlung richtet sich dann nach den gewünschten thematischen und strukturellen Schwerpunkten; eine EU-Potenzialanalyse integriert als neuartiges „hybrides“ Format stets Elemente von Information, Beratung und Schulung. Dabei bringt das KoWi-Team sein Know-how aus mehr als zwanzig Jahren institutioneller Beratungserfahrung und Vernetzung in Brüssel, Deutschland und Europa ein. Dieses Profil stellt vor allem die Verfügbarkeit aktueller (auch informeller) Informationen, den Überblick über die verschiedenen Optionen des Forschungsrahmenprogramms und arrondierender Förderangebote sowie die Möglichkeit nationaler und internationaler Vergleiche von Strukturen und Verfahren sicher. Inhalte einer EU-Potenzialanalyse können sein:

- **Forschungspolitik – „Horizont 2020“ (2014–2020)**
  Die jüngere Entwicklung der EU-Forschungsförderung hat zu einer Grundsatzdebatte um das Verhältnis der nationalen zur europäischen Forschungsförderung geführt. Im Rahmen einer EU-Potenzialanalyse sind daher u.a. zu behandeln:
  - aktuelle EU-Forschungspolitik und antragsrelevante thematische „Policies“ in Europa,
  - Positionen der nationalen Akteure in Deutschland,
  - Verzahnung der Fördersysteme und Folgen für die Hochschulen.
- **EU-Governance**
  Die Wettbewerbsfähigkeit einer Hochschule auf dem Feld der EU-Forschungsförderung hängt nicht nur von der Qualität der Wissenschaft, sondern auch von den internen Strukturen und Rahmenbedingungen im EU-Bereich ab. Zu diesem Fragekreis gehören Aspekte wie:
  - Ressourcenallokation durch die Hochschulleitung,
  - Supportstrukturen im nationalen und europäischen Vergleich,
  - „Werkzeuge“ zur Unterstützung der EU-Alltagsarbeit,
  - KoWi-Fortbildungsangebote.
- **Mitteleinwerbung**
  Den Wissenschaftlern an der Hochschule soll der Zugang zu den Fördermitteln der EU erleichtert werden. Dazu gilt es bisweilen, Einstiegshürden zu überwinden und in einem schrittweisen Vorgehen zur Antragstellung zu kommen. Wichtige Elemente sind hier:
  - Optionen und fachliche Anknüpfungspunkte,
  - Budgets, Aufrufe und Einreichungsfristen,
  - Hinweise und Hintergründe zur Antragstellung,
  - Kommunikation in und mit Brüssel, „Soft Factors“, Beteiligungsstrategien,
  - Gutachtertätigkeit.

Die genannten Aspekte repräsentieren nur einen (typischen) Ausschnitt der Bandbreite an Inhalten, die im Rahmen der EU-Potenzialanalyse behandelt werden können. Dabei zeigt die Erfahrung der letzten Jahre, dass bei der Auswahl der zu thematisierenden Inhalte gerade die Konzentration auf die Alleinstellungsmerkmale und auf die aktuelle strategische Situation der Einrichtung wichtig für den Erfolg der Maßnahme ist.

Vorbereitung und Ablauf
Eine EU-Potenzialanalyse besteht aus drei Teilen: einer längeren Vorbereitungsphase, der Präsentation der Ergebnisse gegenüber der Hochschulleitung und einer anschließenden etwa einjährigen sog. „Roadmap" (vgl. Abb. 14). In allen Phasen ist eine enge Zusammenarbeit zwischen Hochschule und KoWi notwendig.

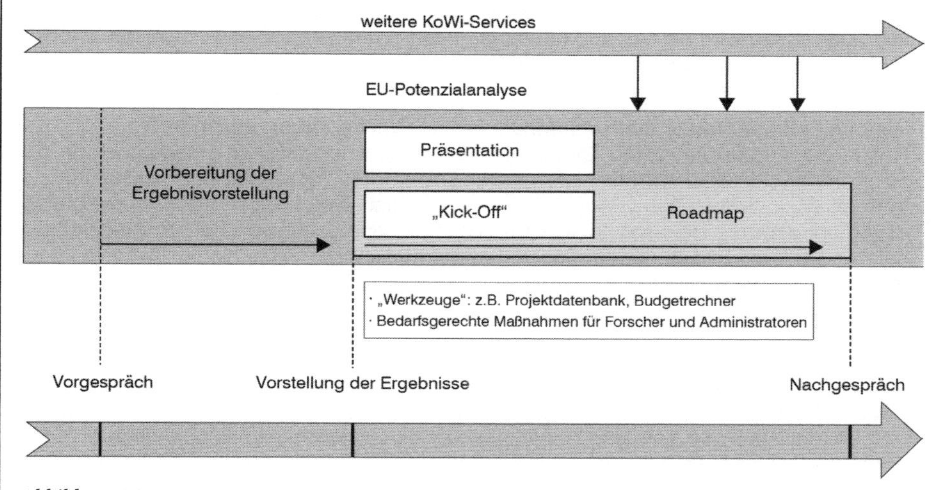

Abbildung 14:
Ablauf der EU-Potenzialanalyse

- **Vorbereitung**
  Gut drei Monate vor der Ergebnispräsentation erbittet KoWi in einem standardisierten Verfahren von der Hochschule Informationen über die geförderten Projekte aus der nationalen und EU-Forschungsförderung. Außerdem bittet KoWi um Profile (CV, fachliche Schwerpunkte, besondere Interessen) von Forschenden, die aus der Sicht der Hochschule entsprechende Voraussetzungen und Interesse an der EU-Forschungsförderung haben (je nach Fächerbreite/Größe der Hochschule zwischen 10 und 25).

  Schließlich bittet KoWi um Materialien, die für Profilbildung und Planung der Hochschule wichtig sind (Entwicklungs- und Strategiepläne u.ä.). Begleitend findet ein Gespräch mit der Hochschulleitung statt, in dem die für die Hochschule zentralen Aspekte und Ziele der Maßnahme erörtert werden. Die KoWi analysiert die vorliegenden Informationen und bereitet sie anhand ihrer Expertise für eine detaillierte Präsentation auf. In diesem Prozess berät sich KoWi kontinuierlich mit der Hochschule; alle Materialien, die die Hochschule zur Verfügung stellt, werden vertraulich behandelt.

- **Präsentation der Ergebnisse**
  Bei der Vorstellung der Ergebnisse vermittelt KoWi vor Ort ein umfassendes Bild über die aktuelle Lage und die mittel- und langfristigen Gestaltungsoptionen der Hochschule im Hinblick auf die EU-Forschungsförderung. Für die Präsentation sind ca. drei bis vier Stunden vorzusehen; sie hat den Charakter eines interaktiven Workshops. KoWi stellt im Nachgang die Endfassung der Präsentation zur Verfügung. Die Präsentation richtet sich an die Hochschulleitung und an die Zuständigen für Strategie und EU-Forschungsförderung.

- **Roadmap**
  Die etwa einjährige Roadmap baut auf den gemeinsam erarbeiteten Ergebnissen aus der Analyse auf und startet mit einer „Kick Off"-Veranstaltung, die sich vor allem an die Forschenden richtet, deren Profile in der EU-Potenzialanalyse untersucht wurden. Sie zielt auf die bedarfsorientierte Vorbereitung und Begleitung der Antragstellung und bietet zu diesem Zweck „maßgeschneiderte" Informationen und Beratung an. Daneben will sie zur Etablierung einer langfristig tragfähigen EU-Governance-Struktur an der Hochschule beitragen. Dazu wird ein Set an Maßnahmen und „Werkzeugen" entwickelt, das die EU-Expertise vor Ort bei der Durchführung ihrer Aufgaben unterstützt. Nach Ende der Roadmap steht KoWi weiter für eine intensive Zusammenarbeit zur Verfügung.
- **Welche Leistung muss die Hochschule bei der Vorbereitung erbringen?**
  Neben der Organisation der Räumlichkeiten und der technischen Ressourcen ist die Hochschule vor allem gebeten, die notwendigen Daten rechtzeitig und vollständig zur Verfügung zu stellen. Das Gelingen einer Potenzialanalyse hängt außerdem wesentlich davon ab, dass die Hochschule sich auf Leitungsebene engagiert und ihre Prägekraft in der Auswahl der Teilnehmer zur Geltung bringt. Schließlich muss die Hochschule intern Prioritäten für die Analyse und „Startfelder" für die Roadmap definieren. Kosten fallen für die Hochschule nicht an.

EU-Strategiegespräche
Um die Nachfrage nach der EU-Potenzialanalyse zu balancieren, dem ganz unterschiedlichen Stand der Aktivitäten in der EU-Forschungsförderung an den Hochschulen Rechnung zu tragen und EU-aktive Teile und Untergliederungen von Hochschulen bedarfsgerecht anzusprechen, hat KoWi im Jahr 2010 das Format des „EU-Strategiegesprächs" entwickelt.

Das EU-Strategiegespräch ist ein von KoWi moderiertes Orientierungsgespräch mit der Leitung der Hochschule oder der Fakultät/des Fachbereichs und den jeweils zuständigen Personen für EU-Forschungsförderung und strategische Entwicklung. Das Format informiert zu aktuellen Entwicklungen und Perspektiven der EU-Forschungsförderung und bietet die Möglichkeit, Profil und Forschungsschwerpunkte der Einrichtung im Hinblick auf die mittel- und langfristige Einwerbung von EU-Drittmitteln zu diskutieren.

Als reguläre Inhalte des Gesprächs vorgesehen sind eine Darstellung des aktuellen Forschungsrahmenprogramms, eine Erörterung der Anknüpfungspunkte, die sich in der Einrichtung bieten, ein vertiefter Ausblick auf die derzeitigen Überlegungen zur Gestaltung der zukünftigen EU-Forschungsförderung („Horizont 2020", ab 2014) und die Anforderungen an eine leistungsfähige EU-Governance-Struktur. Die Schwerpunkte des Gesprächs richten sich grundsätzlich nach den Wünschen der Einrichtung; üblicherweise liegen sie auf den aktuellen Fördermöglichkeiten und auf der dauerhaften Wettbewerbsfähigkeit im EU-Bereich. Im Gegensatz zur EU-Potenzialanalyse sind die Forschenden nicht unmittelbar Zielgruppe des EU-Strategiegesprächs.

Als reguläre Inhalte des Gesprächs vorgesehen sind eine Darstellung des aktuellen Forschungsrahmenprogramms, eine Erörterung der Anknüpfungspunkte, die sich in der Einrichtung bieten, ein vertiefter Ausblick auf die derzeitigen Überlegungen zur Gestaltung der zukünftigen EU-Forschungsförderung („Horizont 2020", ab 2014) und die Anforderungen an eine leistungsfähige EU-Governance-Struktur. Die Schwerpunkte des Gesprächs richten sich grundsätzlich nach den Wünschen der Einrichtung; üblicherweise liegen sie auf den aktuellen Fördermöglichkeiten und auf der dauerhaften Wettbewerbsfähigkeit im EU-Bereich. Im Gegensatz zur EU-Potenzialanalyse sind die Forschenden nicht unmittelbar Zielgruppe des EU-Strategiegesprächs.

Dem EU-Strategiegespräch geht eine intensive Abstimmung mit der Hochschule über die Schwerpunkte und Ziele der Maßnahme voraus. Das Gespräch selbst findet vor Ort an der Einrichtung statt und dauert in der Regel zwei bis drei Stunden; Kosten fallen für die Hochschule nicht an.

Die KoWi-Potenzialanalyse ist ein wichtiger, möglichst integraler Bestandteil der Entwicklung einer Europäisierungsstrategie einer Einrichtung. Dies ist kein Prozess, den eine Einrichtung nach außen abgibt – wie in den vorgenannten Ausführungen der KoWi deutlich wurde. Stattdessen sind die internen Stellen einer Einrichtung inklusive der Leitung stark gefordert, damit die Strategie anschließend in der Organisation gelebt und umgesetzt wird. Eine von außen übergestülpte Strategie ist die Mühe nicht wert, denn sie wird wahrscheinlich in der Organisation nicht gelebt.

In der folgenden Gliederung wird ein Beispiel für den Aufbau einer Europäisierungsstrategie genannt. Dieses Beispiel berücksichtigt die Ausführungen in den Kapiteln 5.1 und 5.2 und wurde in Teilen durch den Aufbau und Inhalt der Internationalisierungsstrategie der Uni Gießen (2006) inspiriert:

1. Management Summar/Leitsätze
2. Ausgangssituation
   - 2.1 Rahmenbedingungen der EU-Bildungs-, Forschungs- & Innovationsförderung
   - 2.2 Nationale und regionale Rahmenbedingungen mit EU-Bezug
   - 2.3 SWOT-Analyse bzgl. der eigenen Einrichtung
3. Strategische Zielsetzung
   - 3.1 Leistungsperspektive
   - 3.2 Zielgruppenperspektive
   - 3.3 Verwaltungsperspektive
   - 3.5 Potenzialperspektive
   - 3.6 Finanzperspektive
4. Struktur- und Prozessebene
   - 4.1 Leitung
   - 4.2 Fakultäten, Institute
   - 4.3 Zielgruppe Wissenschaftler
   - 4.4 Zielgruppe Studierende
   - 4.5 Administratives Beratungs- und Unterstützungssystem
     - 4.5.1 EU-Beratung
     - 4.5.2 Transfer-Beratung
     - 4.5.3 Administratives Projektmanagement
     - 4.5.4 Qualitätsmanagement
5. Maßnahmenebene
   - 5.1 Studium/Lehre
   - 5.2 Forschung
   - 5.3 Transfer
   - 5.4 Institutionelle Partnerschaften
   - 5.5 Marketing, Kommunikation und Lobbying
6. Controlling

Abschließend sei an die Einleitung erinnert: Es existiert keine Musterlösung von der Stange. Stattdessen ist eine Maßanfertigung für die jeweilige Hochschule bzw. Forschungseinrichtung erforderlich. Begründet kann dies damit werden, dass die Voraussetzungen der jeweiligen Hochschulen bzw. Forschungseinrichtungen sehr unterschiedlich sind. Beispiele für Unterschiede hinsichtlich der Voraussetzungen sind u.a.:

- Umfang an Erfahrungen der Einrichtung und/oder ihrer Wissenschaftler mit der Beantragung und/oder Durchführung von EU-Projekten,
- profilierte Wissenschaftler mit Potential zur erfolgreichen Beantragung,
- belastbar etablierte Zusammenarbeit zwischen den Unterstützungsdienstleistern, wie EU- und Transfer- bzw. Innovationsberatern.

Weitere Aspekte sind die Erfahrungen der jeweiligen Einrichtung mit vorherigen Veränderungsmaßnahmen (Change Management). Sind frühere Veränderungsvorhaben gescheitert, kann dies eine Belastung für den Veränderungsprozess der Europäisierung darstellen.

Zudem besteht kein funktionaler Zusammenhang zwischen einer Maßnahme und dem Erfolg im Bereich der Europäisierung. Zahlreiche Aspekte wirken zusammen – sowohl Aspekte, die eine Einrichtung beeinflussen kann, z.B. die eigenen Strukturen und Prozesse sowie Dienstleistungsangebote, als auch solche, die sie nicht beeinflussen kann, wie bspw. die Anzahl von Projektanträgen, die ebenfalls sehr gut evaluiert sind.

Vor diesem Hintergrund erscheint es sinnvoll, das Controlling bezüglich der Zielerreichung sowie die Evaluation eines Umstrukturierungsprojektes, wie es die Europäisierung in der zuvor beschriebenen Weise darstellt, gut zu planen. Dies erleichtert es, Anpassungen vorzunehmen, wenn bestimmte Strukturen, Prozesse und Inhalte nicht zur geplanten Zielerreichung beitragen.

Fragen zu „Management der Entwicklung von Europäisierungsstrategien“

- Diskutieren Sie aus der Perspektive Ihrer Organisation, ob die Europäisierungsstrategie als Teil der Internationalisierungsstrategie zu entwickeln ist. Wie beurteilen Sie die Vor- und Nachteile einer einzelnen Gesamtstrategie oder mehrerer – aufeinander abgestimmter – Einzelstrategien?
- Welche Hindernisse bezogen auf die Verwaltung europäischer Projekte sowie die Beratung und Unterstützung der Akteure (z.B. Wissenschaftler) sind Ihnen aus eigener Erfahrung bekannt oder können Sie sich vorstellen?

Literatur zur Vertiefung

WR (2010a): Empfehlungen zur deutschen Wissenschaftspolitik im Europäischen Forschungsraum, Wissenschaftsrat, Köln.

Der WR setzt sich in der Veröffentlichung sowohl mit Fragen der Wissenschaftspolitik hinsichtlich System- und Strukturfragen als auch mit den Fragestellungen, die sich Hochschulen und Forschungseinrichtungen im Europäischen Forschungsraum stellen, auseinander. Als eine Grundlage ist deren Lektüre zu empfehlen, soll eine Internationalisierungs- und v.a. eine Europäisierungsstrategie entwickelt werden.

ANHANG

6. Schlüsselwortverzeichnis

7. Abkürzungen

Es wurden auch einige Abkürzungen ergänzt, die in dieser Publikation zwar nicht auftauchen, mit denen der/die Leser/in jedoch bei der Lektüre von Veröffentlichungen der EU konfrontiert wird. Aus diesem Grund wurden auch englische Abkürzungen aufgeführt, da viele Veröffentlichungen der EU in Englisch veröffentlicht und nicht übersetzt werden.

AdR	Ausschuss der Regionen
AEUV	Vertrag über die Arbeitsweise der Europäischen Union
AP	Arbeitsprogramm
AStV	Ausschuss der Ständigen Vertreter
BAK	Bundesweiter Arbeitskreis der EU-Referenten deutscher Hochschulen
BIP	Bruttoinlandsprodukt
BMBF	Bundesministerium für Bildung und Forschung
BRICS	Brasilien, Russland, Indien, China, Südafrika
CA	Consortium Agreement
CIP	Competitiveness and Innovation Framework Programme
CoG	Consolidator Grant (ERC)
CORDIS	Community Research and Development Information Service
COREPER	Committee of Permanent Representatives
COSME	Competitiveness of Enterprises and Small and Medium-sized Enterprises
COST	European Cooperation in Science and Technology
DAAD	Deutscher Akademischer Austauschdienst
DESCA	Development of a Simplified Consortium Agreement
DFG	Deutsche Forschungsgemeinschaft
DG	Directorate General
DG Connect	Directorate General for Communications Networks, Content and Technology
DG EAC	Directorate General for Education and Culture
DG ENTR	Directorate General for Enterprise and Industrie
DG RTD	Directorate General for Research and Innovation
DLR	Deutsche Zentrum für Luft- und Raumfahrt
E+	Erasmus+ Programme
EACEA	Educational, Audiovisual & Culture Executive Agency
EC	European Commission
ECAS	European Commission Authentication System
ECHE	Erasmus Charter for Higher Education
ECTS	European Credit Transfer and Accumulation System, Europäisches System zur Übertragung und Akkumulierung von Studienleistungen
ECVET	European Credit System for Vocation Education and Training
EEN	Enterprise Europe Network
EFR	Europäischer Forschungsraum

EFRE	Europäischer Fond für regionale Entwicklung
EHEA	European Higher Education Area
EIB	Europäische Investitionsbank, European Investment Bank
EIP	European Investment Partnerships, Europäischer Investitionspartnerschaften
EIT	European Institute of Technology and Innovation, Europäisches Innovations- und Technologieinstitut
ELL	European Language Label
EMM	EFR-Monitoring-Mechanismus
ENQA	European Association for Quality Assurance in Higher Education
EP	European Parliament, Europäisches Parlament
EQAR	European Quality Assurance Register
EQAVET	European Quality Assurance in Vocational Education and Training
EQAVET	European Quality Assurance Reference Framework
EQF	European Qualifications Framework
ERA	European Research Area
ERA-NET	European Research Area Network
ERAB	European Research Area Board
ERAC	European Research Area Committee
ERC	European Research Council, Europäischer Forschungsrat
ERC-AdG	European Research Council – Advanced Grant
ERC-PoC	European Research Council – Proof of Concept
ERC-StG	European Research Council – Starting Grant
ERC-SyG	European Research Council – Synergy Grant
ERCEA	European Research Council Executive Agency
ERCEA	Exekutivagentur des ERC, ERC Executive Agency
ESCO	EuropeanSkills, Competences, Qualifications & Occupations
ESF	European Science Foundation
ESFRI	European Strategy Forum on Research Infrastructures
ESI	European Structural and Investment Funds (dt. EFRE), die Abkürzungen ESI und ESIF werden häufig synonym gebraucht
ESIF	European Structural and Investment Funds (dt. EFRE) , die Abkürzungen ESI und ESIF werden häufig synonym gebraucht
ESR	Early Stage Researcher (MSCA)
ETN	European Training Network (MSCA)
ETP	Europäische Technologieplattform/ European Technology Platform
EU	European Union, Europäische Union
EUZBLG	Gesetz über die Zusammenarbeit von Bund und Ländern in Angelegenheiten der Europäischen Union
F&E	Forschung und Entwicklung
F&E&I	Forschung und Entwicklung & Innovation
F&I	Forschung und Innovation
FET	Future and Emerging Technologies, Künftige und neu entstehende Technologien
FIS	Forschungsinfrastrukturen
FO	Financial Officer
FP	Framework Programme

FR	Financial Regulation
FRP	Forschungsrahmenprogramm
FTE	Forschung und technologische Entwicklung
FTI	Fast Track to Innovation
FuE	Forschung und Entwicklung
GA	Grant Agreement
GD	Generaldirektion
GfA	Guide for Applicants
GFS	Gemeinsame Forschungsstelle
GG	Grundgesetz
GM	Grant Management
GWK	Gemeinsame Wissenschaftskonferenz
HEI	Higher education institution
HES	Higher or Secondary Education Organisation
Horizon 2020	Horizon 2020 – Framework Programme for Research and Innovation
Horizont 2020	Horizont 2020 – Rahmenprogramm für Forschung und Innovation
HRK	Hochschulrektorenkonferenz
ICT	Information and Communication Technology
InnovFin	EU Finance for Innovators (EU-Finanzmittel für Innovatoren) (Programm der EIB)
ISP	Intensive Study Programme
IU	Innovation Union
JMD	Joint Master Degree
JP	Joint Programming
JPI	Joint Programming Initiative
JRC	Joint Research Centre
JTI	Joint Technology Initiative
JU	Joint Undertaking
KET	Key Enabling Technologies
KIC	Knowledge and Innovation Communities
KMU	Kleine und Mittlere Unternehmen
KOM	Europäische Kommission
KoWi	Kooperationsstelle EU der Wissenschaftsorganisationen
KV	Konsortialvertrag
LEIT	Leadership in Enabling and Industrial Technologies
LoI	Letter of Intent
LS	Life Sciences
MoU	Memorandum of Understanding
MPG	Max Planck Gesellschaft
MS	Mitgliedsstaat
MSCA	Marie-Skłodowska-Curie-Maßnahmen (Marie Skłodowska-Curie-Actions)
MSC-COFUND	Marie-Skłodowska-Curie Kofinanzierungsmechanismus für Mobilitätsprogramme
MSC-IF	Marie-Skłodowska-Curie Individual Fellowships
MSC-ITN	Marie-Skłodowska-Curie Innovative Training Networks
MSC-RISE	Marie-Skłodowska-Curie Research and Innovation Staff Exchange

NA	National Agency
NARIC	National Academic Recognition Information Centre
NCP	National Contact Point
NIGHT	Researchers' Night (MSCA)
NKS	Nationale Kontaktstelle
NQF	National Qualifications Framework
OA	Open Access
OECD	Organisation of Economic Cooperation and Development
OER	Open Educational Resources
OMC	Open Method of Coordination
OP	Operationelles Programm
P2P	Public-Public Partnership
PA	Programmausschuss
PCP	Pre-Commercial Procurement Cofund actions
PI	Principal Investigator (ERC)
PIC	Personal Identification Code
PMO	Project Management Office
PMS	Projektmanagementstruktur
PO	Project Officer
PoC	Proof of Concept (ERC)
PP	Participant Portal
PPI	Public Procurement of Innovative Solutions Cofund actions
PPP	Public-Private Partnership
R&I	Research and Innovation
RI	Research Infrastructures
RIA	Research and Innovation Action
RIS3	smart specialisation strategy
RTDI	Research, Technological Development and Innovation
SyG	Synergy Grant (ERC)
T2G	Time to Grant (Zeit zwischen Antragstellung und Bewilligung)
TRL	Technology Readiness Level
TTG	Time-to-Grant
TWG	Technical Working Group/Technische Arbeitsgruppe
u.ä.	und ähnliches
URF	Unique Registration Facility
VET	Vocational Education and Training
WP	Work Programme
WR	Wissenschaftsrat

8. Literaturverzeichnis

Amos, Karin/ Schmid, Josef/ Schrader, Josef/ Thiel, Ansgar (Hg.) (2013): Europäischer Bildungsraum, Europäisierungsprozesse in Bildungspolitik und Bildungspraxis, 1. Auflage, Baden-Baden.

Banscherus, Ulf (2011): Die fortlaufende Bedeutung akademischer Tradition bei der Europäisierung der Hochschulpolitik – Institutioneller Wandel und Pfadabhängigkeiten in Deutschland, Großbritannien und Finnland, in: Leszczensky, Barthelmes, 2011, S. 131–142.

Becker, Peter (2013): Die europäische Bildungspolitik – Entstehung und Entwicklung eines europäischen Politikfeldes, in: Amos, Schmid, Schrader, Thiel (Hg.), 2013, S. 37–66.

Becker, Ralph/ Graf, Rainer (Hg.)(2010): Strategien in Wissenschaftsorganisationen, Grundlagen, Beispiele, Perspektiven, Bonn. Graf

Behlau, Lothar/ Götter, Roman (2013): Forschungsmanagement, Studienmaterialien im MBA-Studiengang Bildungs- und Wissenschaftsmanagement, Carl von Ossietzky Universität Oldenburg, Oldenburg.

Beichelt, Timm (2009): Deutschland und die Europäische Union, Die Europäisierung des politischen Systems, 1. Auflage, Wiesbaden.

Bergmann, Jan (Hg.)(2012): Handlexikon der Europäischen Union, 4. neu bearbeitete und erweiterte Auflage, Baden-Baden.

Bertram, Andreas (2014): Hochschulentwicklung – eine Herausforderung für die Hochschulgemeinschaft, ein partizipatives Leitungsverständnis des „ermöglichen statt erlauben", Werkstattbericht, in: HSW, 1+2/2014, S. 57–62.

Blossfeld, Hans-Peter et.al. (2012): Internationalisierung der Hochschulen, Eine institutionelle Gesamtstrategie, Gutachten für den Aktionsrat Bildung, hrsg. vom vdw – Vereinigung der bayerischen Wirtschaft, 1. Auflage, Münster.

BMBF (2010): EU-Bildungspolitik, Bundesministerium für Bildung und Forschung, Bonn, Berlin.

BMBF (2013): Horizont 2020 im Blick, Informationen zum neuen Rahmenprogramm für Forschung und Innovation, Bundesministerium für Bildung und Forschung, Stand: Dezember 2013, Bonn, Berlin.

BMBF (2014): Die regionale Dimension von Forschung und Innovation, Bundesministerium für Bildung und Forschung, abgerufen am 13.5.2014, online unter: http://www.horizont2020.de/einstieg-regionen.htm

BMBF (2014a): Ernährungs- und Lebensmittelsicherheit, nachhaltige Land- und Forstwirtschaft, marine, maritime und limnologische Forschung und Biowirtschaft, Bundesministerium für Bildung und Forschung, abgerufen am 13.5.2014, online unter: http://www.horizont2020.de/einstieg-biowirtschaft.htm

BMBF (2014b): Antragstellung beim Europäischen Forschungsrat (ERC), Informationen von der Nationalen Kontaktstelle, Bundesministerium für Bildung und Forschung, Bonn/Berlin.

BMBF (2014c): Richtlinien zur Förderung der strategischen Positionierung von Fachhochschulen (FH) mit Blick auf europäische Forschungsthemen sowie der Erhöhung der Sichtbarkeit von FH in Europa – EU-Strategie-FH, Bekanntmachung des Bundesministeriums für Bildung und Forschung, abgerufen am 7.7.2014, online unter: http://www.bmbf.de/foerderungen/23564.php

Brandenburg, Uwe/ Knothe, Sabine (2008): Institutionalisierung von Internationalisierungsstrategien an deutschen Hochschulen, CHE-Arbeitspapier Nr. 116, Dezember 2008, Gütersloh.

Brumme, Hendrik/ Niess, Peter S. (2010): Neue Organisationsstrukturen, Modernes Hochschulmanagement zur Förderung von Spitzenleistungen in Forschung, Lehre und Transfer, in: Becker, Graf, 2010, S. 188–205.

Bundesministerium für Wirtschaft und Energie (2014): Partnerschaftsvereinbarung zwischen Deutschland und der Europäischen Kommission für die Umsetzung der ESI-Fonds unter dem Gemeinsamen Strategischen Rahmen in der Förderperiode 2014 bis 2020, Teil 1: Kapitel 1 und 2, CCI Nr. 2014DE16M8PA001, abgerufen am 22.5.2014, online unter: http://tinyurl.com/odefclv.

Bundesrat (2012): Beschluss des Bundesrates zur Mitteilung der Kommission an das Europäische Parlament, den Rat, den Europäischen Wirtschafts- und Sozialausschuss und den Ausschuss der Regionen: Eine verstärkte Partnerschaft im Europäischen Forschungsraum im Zeichen von Exzellenz und Wachstum, COM(2012) final, Bundesrats-Drucksache 414/12 (Beschluss), 23.12.2012, Berlin.

Clevens, Sabine (2013): Die EU, 25 Millionen Euro für 2012, Aktivitäten im 7. Forschungsrahmenprogramm, in: wissenschaftsmanagement special, 1/2013, S. 20f.

Coen, David/ Richardson, Jeremy (Hrsg.)(2009): Lobbying in the European Union: Institutions, Actors, and Issues, Oxford.

Conrads, Achim (2014): Fördermöglichkeiten für KMU: Inhalte und Struktur, Vortrag beim 6. Workshop zur Förderung des Austausches zwischen den EU- und Innovationsberaterinnen und -beratern in NRW, 16. Januar 2014, Münster, unveröffentlichte, den Teilnehmern bereitgestellte Präsentation.

CPR (2013): Common Provisions Regulation on the ESIF (CPR), Regulation (EU), No. 1303/2013 of the European Parliament and of the Council of 17 December 2013 laying down common provisions on the European Regional Development Fund, the European Social Fund, the Cohesion Fund, the European Agricultural Fund for Rural Development and the European Maritime and Fisheries Fund and laying down general provisions on the European Regional Development Fund, the European Social Fund, the Cohesion Fund and the European Maritime and Fisheries Fund and repealing Council Regulation (EC) No 1083/2006, Brussels.

DAAD (2013): ERASMUS+, Die neue Welt der Bildungsprogramme, in: DAADeuroletter, Nr. 54, Juli 2013, Bonn.

DAAD (2014): ERASMUS-Mobilität auf neuem Rekordniveau, gemeinsame Pressemitteilung mit dem BMBF, veröffentlicht am 25.3.2014.

Dicke, Klaus (2010): Stärken stärken, Schwächen beseitigen, Herausforderungen der Strategieplanung im Kontext von Schwerpunkt- und Profilbildung, in: Becker, Graf, 2010, S. 50–59.

Diekmann, Wilfried (2013): Horizont 2020 – Chancen für Fachhochschulen, Vortrag an der Hochschule Ostwestfalen-Lippe am 18. April 2013 in Detmold, vom Autor bereitgestellte Fassung. Detmold.

Diekmann, Wilfried (2014): Die Spielregeln für Horizont 2020, Präsentation bei einem Vortrag bei der IHK Trier, 5 Februar 2014 [unveröffentlichte Präsentation].

Diekmann, Wilfried (2014a): Nationale Kontaktstelle für Kleinere und Mittlere Unternehmen, Vortrag beim 6. Workshop zur Förderung des Austausches zwischen den EU- und Innovationsberaterinnen und -beratern in NRW, 16. Januar 2014, Münster, unveröffentlichte, den Teilnehmern bereitgestellte Präsentation.

Dobbins, Michael (2013): Divergente Europäisierung? in: Amos, Schmid, Schrader, Thiel (Hg.), 2013, S. 63–92.

Durinke, Corinna (2010): Der neue Gemeinschaftsrahmen für Forschungs-, Entwicklungs- und Innovationsbeihilfen, Inhalt, Bedeutung und Rechtsnatur, Dissertation an der Juristischen Fakultät der Humboldt-Universität zu Berlin, Berlin.

Eggert, Claudia (2014): Themensetzung im EU-Forschungsrahmenprogramm, Vortrag am 4. Juni 2013 beim IKT-Workshop an der Ruhr-Universität Bochum, Bochum [von der Autorin bereitgestellte Folienpräsentation].

Eising, Rainer (2012): Interessenvermittlung in der Europäischen Union, in: Reutter (Hg.), 2012, S. 837–860.

EP, Rat (2013): Verordnung Nr. 1301/2013 des Europäischen Parlaments und des Rates vom 17. Dezember 2013 über den Europäischen Fonds für regionale Entwicklung und mit besonderen Bestimmungen hinsichtlich des Ziels „Investitionen in Wachstum und Beschäftigung" und zur Aufhebung der Verordnung (EG) Nr. 1080/2006, Amtsblatt der Europäischen Union v. 20.12.2013, L 347/289–302.

EP, Rat (2013): Verordnung Nr. 1303/2013 des Europäischen Parlaments und des Rates vom 17. Dezember 2013, mit gemeinsamen Bestimmungen über den Europäischen Fonds für regionale Entwicklung, den Europäischen Sozialfonds, den Kohäsionsfonds, den Europäischen Landwirtschaftsfonds für die Entwicklung des ländlichen Raums und den Europäischen Meeres- und Fischereifonds sowie mit allgemeinen Bestimmungen über den Europäischen Fonds für regionale Entwicklung, den Europäischen Sozialfonds, den Kohäsionsfonds und den Europäischen Meeres- und Fischereifonds und zur Aufhebung der Verordnung (EG) Nr. 1083/2006 des Rates, Amtsblatt der Europäischen Union v. 20.12.2013, L 347/320-469.

EPC Dresden (2013): Das European Project Center (EPC) Dresden, Vortrag bei dem Workshop der Beratungsstrukturen NRW am 22.01.2013 in Aachen [von EPC bereitgestellte Präsentation].

EPC Dresden (2014): Angebote und Leistungen des European Project Center (EPC) Dresden, abgerufen am 10.7.2014, online unter: http://tu-dresden.de/forschung/epc/services/services

EPC Dresden (2014a): Administratives Projektmanagement, European Project Center (EPC) Dresden, abgerufen am 10.7.2014, online unter: http://tu-dresden.de/forschung/epc/services/administration

ERC (2014): ERC Work Programme 2014 (with indicative budget for 2015), European Research Council, Scientific Council, European Commission C(2013)8632 of 10 December 2013, abgerufen am 7.3.2016, online unter: https://erc.europa.eu/sites/default/files/document/file/ERC_Work_Programme_2014.pdf

Europäische Kommission (2010): Das ABC des Rechts der Europäischen Union, von Prof. Dr. Klaus-Dieter Borchardt, Luxemburg: Amt für Veröffentlichungen der Europäischen Union.

EU (2011): Connecting Universities to Regional Growth: A Practical Guide, European Union, Regional Policy, Brüssel.

eurostat (2013): Bevölkerung am 1. Januar 2013, abgerufen am 5.3.2014, online unter: http://epp.eurostat.ec.europa.eu/tgm/table.do?tab=table&init=1&plugin=1&language=de&pcode=tps00001

eurostat (2013a): Smarter, greener, more inclusive, Indicators to support the Europe 2020 strategy, eurostat Statistical Books, 2013 edition, European Commission, Luxembourg.

EUZBLG, Gesetz über die Zusammenarbeit von Bund und Ländern in Angelegenheiten der Europäischen Union vom 12. März 1993 (BGBl. I S. 313), zuletzt durch das Gesetz vom 22. September 2009 (BGBl. I S. 3031) geändert.

Gaul, Jens-Peter (2012): Die Quadratur des Kreises? Forschungsförderung durch die Europäische Union, in: Forschung & Lehre, 11/2012, S. 883.
Gaul, Jens-Peter/ David, Uwe (2009): Forschungsförderung in Europa – eine Erfolgsgeschichte, Entwicklung und Funktion der Forschungsrahmenprogramme der Europäischen Union, in: wissenschaftsmanagement, 6/2009, Nov./Dez., S. 20–25.
Gieshop, Herbert (2010): „Work in Progress“, Die Freie Universität Berlin auf dem Weg zu einer Internationalisierungsstrategie, in: Becker, Graf, 2010, S. 124–137.
Graf, Rainer (2010): Besser oder anders sein? Ein Vorgehensmodell für den Strategieprozess an Hochschulen, in: Becker, Graf, 2010, S. 10–33.
Gralke, Hans-Jürgen/ Scherm, Ewald (2014): Kooperation als Grundprinzip des Forschungsmanagements, Autonome Forscher in unternehmerischen Universitäten, in: wissenschaftsmanagement, 6, November/Dezember 2013, S. 44–47.
Grimm, Susanne (1994): Entwicklung der Hochschulen in der EU im Spannungsfeld zwischen Europäisierung und Regionalisierung, in: Beiträge zur Hochschulforschung, 1994, Heft 4, S. 569–593.
Gros, Lutz (2012): Der Europäische Forschungsraum (EFR), Vortragspräsentation beim Erfahrungsaustausch zum 7. EU-Forschungsrahmenprogramm, 9./10. Februar 2012, Universitätsclub Bonn.
Grothus, Ulrich (2010): Maßstab für Qualität, Motor zur Veränderung, Strategien zur Internationalisierung der Hochschulen, in: Becker, Graf, 2010, S. 112–123.
GWK (2011): Rückwirkungen des Europäischen Forschungsraums auf das nationale Wissenschaftssystem, Bericht der Gemeinsamen Wissenschaftskonferenz, Juni 2011, Bonn.
Haerdle, Benjamin (2014): Das neue Maß der Dinge, duz 06/2014, S. 20–21.
Hahn, Karola (2004): Die Internationalisierung der deutschen Hochschulen, Kontexte, Kernprozesse, Konzepte und Strategien, Wiesbaden.
Hahn, Karola/ Teichler, Ulrich (2012): Internationalisierungspolitiken und -strategien im deutschen Hochschulsystem, in: Kehm, Schomburg, Teichler, 2012, S. 459–475.
Hamacher, Klaus/ Borrmann, Robert (2010): Vision – Mission – Meilensteine zur Strategiefindung, ... im Spiegel der administrativen und technischen Infrastruktur des Deutschen Zentrums für Luft- und Raumfahrt, in: Becker, Graf, 2010, S. 68–81.
Heinemann, Friedrich et. al. (2012): Europäische Union, Informationen zur politischen Bildung, 279, überarbeitete Neuauflage, Bundeszentrale für politische Bildung, Bonn.
Heublein, Ulrich (2011): Entwicklungen beim internationalen Hochschulmarketing an deutschen Hochschulen, in: Leszczensky, Barthelmes (Hg.), 2011, S. 119–130.
Hippler, Horst (2013): Mehr Handlungsfreiheit für die Hochschulen, Fragen an den Präsidenten der HRK, in: Forschung & Lehre, 10/13, S. 804–806.
Hippler, Horst (2014): Chancen und Herausforderungen für die deutschen Universitäten und Hochschulen in „Horizont 2020“, Rede des Präsidenten der Hochschulrektorenkonferenz (HRK) auf der Bundestagung der Kooperationsstelle EU der deutschen Wissenschaftsorganisationen (KoWi) in Hamburg am 25.06.2014 [vom Brüssel-Büro der HRK dem Autor per E-Mail bereitgestellte Fassung].
Holdinghausen, Heike (2012): Theorie trifft Praxis, in: duz MAGAZIN, 11/2012, S. 14–15.
Holuscha, Elisabeth (2013): Wozu brauchen wir Internationalisierung? Strategie und Implementierung. Ein integrativer und flexibler Ansatz, in: wissenschaftsmanagement special, 2/2013, S. 40–41.

HRK (2012): Bausteine für den internationalen Erfolg, Stand und Perspektiven der Internationalisierung deutscher Hochschulen, Audit „Internationalisierung der Hochschulen", 1. Auflage, Bonn.

HRK (2012a): Die künftige Nutzung der Strukturfonds in den deutschen Bundesländern, Stellungnahme des Senats der Hochschulrektorenkonferenz, 122. Sitzung des Senats am 16.10.2012, Berlin, 16.10.2012, abgerufen am 14.5.2014, online unter: http://www.hrk.de/positionen/gesamtliste-beschluesse/position/convention/die-kuenftige-nut zung-der-strukturfonds-in-den-deutschen-bundeslaendern/

HRK (2013): Berichtspflichten für die Hochschulen im Europäischen Forschungsraum, Rundschreiben der Hochschulrektorenkonferenz Nr. 18/2013, Der Präsident, von der HRK bereitgestellte Fassung v. 15.11.2013.

HRK (2014): Internationalisierung der Hochschulen: BMBF setzt Förderung des HRK-Audits fort, Pressemitteilung der Hochschulrektorenkonferenz vom 6.3.2014, abgerufen am 2.7.2014, online unter: http://www.hrk.de/presse/pressemitteilungen/pressemitteilung/meldung/internationalisierung-der-hochschulen-bmbf-setzt-foerderung-des-hrk-audits-fort-3393/

Hüther, Otto (2013): Alleinherrscher oder Halbstarke?, Handlungsspielräume von Hochschulleitern, in: Forschung&Lehre, 10/13, S. 808–810.

Hüttl, Reinhard (2013): Internationale Forschungszusammenarbeit, „Top-down und bottom-up gewinnbringend miteinander koppeln", in: wissenschaftsmanagement special 2/2013, S. 42–43.

Jones, Erik/ Menon, Anand/ Weatherill, Stephen (Hg.) (2012): The Oxford Handbook of The European Union, 1. Auflage, Oxford.

Joos, Klemens (2010): Lobbying im neuen Europa: Erfolgreiche Interessenvertretung nach dem Vertrag von Lissabon, 1. Auflage, Weinheim.

Karmann, Alexander (2014): Leistungsanreize an Fakultäten – LOM und ihre Fallstricke aus wirtschaftswissenschaftlicher Sicht, abgerufen/veröffentlicht am: 12.06.2014, online unter: http://www.tinyurl.com/LOM-Zeit

Kehm, Barbara M. (2011): Forschung zu Fragen der Internationalisierung von Hochschulen im Kontext des Bologna-Prozesses, in: Leszczensky, Barthelmes (Hg.), 2011, S. 11–24.

Kehm, Barbara M./ Schomburg, Harald/ Teichler, Ulrich (Hg.) (2012): Funktionswandel der Universitäten, Differenzierung, Relevanzsteigerung, Internationalisierung, Frankfurt/New York.

Kehm, Barbara/ Teichler, Ulrich (2012): Internationalität der Hochschulen als Thema neuerer Forschungsarbeiten, in: Kehma, Schomburg, Teichler (Hg.), 2012, S. 445–457.

Kippenberg, Tobias J. (2010): Eidgenössische Technische Hochschule Lausanne, EPFL, Paper anlässlich eines Vortrages bei der Konferenz des Wissenschaftsrates „Aufbruch nach Europa? Die Verantwortung nationaler Akteure im Europäischen Forschungsraum", 29. September 2010, Berlin, abgerufen am 2.7.1014, online unter: http://www.wissenschaftsrat.de/download/archiv/Kippenberg.pdf

Knill, Christoph/ Dobbins, Michael (2013): Theorien der Europäisierung: Kritische Bestandsaufnahme und Implikationen für die Bildungsforschung, in: Amos, Schmid, Schrader, Thiel (Hg.), 2013, S. 17–36.

KOM (2000): Hin zu einem europäischen Forschungsraum, Mitteilung der Kommission an das Europäische Parlament, den Rat, den Europäischen Wirtschafts- und Sozialausschuss und den Ausschuss der Regionen, 18.1.2000, KOM (2000) 6, Brüssel, abgerufen am 12.05.2014, online unter: http://eur-lex.europa.eu/LexUriServ/Lex UriServ.do?uri=COM:2000:0006:FIN:DE:PDF

KOM (2005): Europäische Charta für Forscher, Verhaltenskodex für die Einstellung von Forschern, Europäische Kommission, Brüssel.

KOM (2007): Grünbuch: Der Europäische Forschungsraum: Neue Perspektiven, KOM(2007): 161 endgültig, 4.4.2007, Europäische Kommission, Brüssel.

KOM (2008): Die Europäische Charta für Forscher, Verhaltenskodex für die Einstellung von Forschern, Was beinhaltet sie? Europäische Kommission, Brüssel, abgerufen am 29.7.2016, online unter: http://www.kowi.de/Portaldata/2/Resources/fp7/marie-curie/rights-leaflet-de.pdf.

KOM (2010): Europa 2020, Eine Strategie für intelligentes, nachhaltiges und integratives Wachstum, Mitteilung der Kommission, KOM(2010) 2020 endgültig, Europäische Kommission, Brüssel, 3.3.2010.

KOM (2010a): „Jugend in Bewegung“, Eine Initiative zur Freisetzung des Potentials junger Menschen, um in der Europäischen Union intelligentes, nachhaltiges und integratives Wachstum zu erzielen, Mitteilung der Kommission an das Europäische Parlament, den Rat, den Europäischen Wirtschafts- und Sozialausschuss und den Ausschuss der Regionen, veröffentlicht am 15.9.2010, KOM(2010) 477 endgültig, Europäische Kommission, Brüssel.

KOM (2010b): Youth on the Move, An initiative to unleash the potential of young people to achieve smart, sustainable und inclusive growth in the European Union, Europäische Kommission, Luxemburg, abgerufen am 24.3.2014, online unter: http://europa.eu/youthonthemove/docs/communication/youth-on-the-moveEN.pdf

KOM (2010c): Leitinitiative der Strategie Europa 2020 Innovationsunion, Mitteilung der Kommission an das Europäische Parlament, den Rat, den Europäischen Wirtschafts- und Sozialausschuss und den Ausschuss der Regionen vom 6. Oktober 2010 – Brüssel, 6.10.2010, KOM(2010) 546, SEK(2010) 1161, endgültig, abgerufen am 10.5.2014, online unter: http://ec.europa.eu/research/ innovation-union/pdf/innovation-union-communication_de.pdf

KOM (2011): Beitrag der Regionalpolitik zum nachhaltigen Wachstum im Rahmen der Strategie Europa 2020, Mitteilung der Kommission an das Europäische Parlament, den Rat, den Europäischen Wirtschafts- und Sozialausschuss und den Ausschuss der Regionen, SEK(2011) 92 endgültig, KOM(2011) 17 endgültig, Europäische Kommission, Brüssel, 26.1.2011.

KOM (2012): Europa 2020: Europas Wachstumsstrategie, Europäische Kommission, Brüssel.

KOM (2012a): Eine verstärkte Partnerschaft im Europäischen Forschungsraum im Zeichen von Exzellenz und Wachstum, Mitteilung der Europäischen Kommission an das Europäische Parlament, den Rat, den Europäischen Wirtschafts- und Sozialausschuss und den Ausschuss der Regionen, COM(2012) 392 final, 17.7.2012, Europäische Kommission, Brüssel.

KOM (2012b): Konsolidierte Fassungen des Vertrags über die Europäische Union und des Vertrags über die Arbeitsweise der Europäischen Union, Rat der Europäischen Union, Europäische Kommission, Europäische Kommission, Brüssel, 12. November 2012, 6655/7/08 REV 7.

KOM (2012c): Gemeinschaftsrahmen für staatliche Beihilfen für Forschung, Entwicklung und Innovation, Konsultationspapier, Europäische Kommission, Brüssel, abgerufen am 27.5.2012, online unter: http://tinyurl.com/gemeinschaftsrahmen

KOM (2013): Die Europäische Union erklärt – Wie funktioniert die EU? Europäische Kommission, Brüssel, Luxemburg.

KOM (2013a): Grünes Licht für Erasmus+: EU-Mittel für Qualifikationen und Beschäftigungsfähigkeit für mehr als 4 Millionen Personen, Pressemitteilung der Europäischen Kommission, Straßburg/Brüssel, 19. November 2013.

KOM (2013b): Verordnung (EU) Nr. 1288/2013 des Europäischen Parlaments und des Rates vom 11. Dezember 2013 zur Einrichtung von „Erasmus+“, dem Programm der Union für allgemeine und berufliche Bildung, Jugend und Sport, und zur Aufhebung der Beschlüsse Nr. 1719/2006/EG, Nr. 1720/2006/EG und Nr. 1298/2008/EG, Europäische Kommission, Brüssel.

KOM (2013c): Innovation Union, Competitiveness report 2013, European Commission, DG Research and Innovation, Europäische Kommission, Brüssel.

KOM (2013d): VERORDNUNG (EU) Nr. 1290/2013 DES EUROPÄISCHEN PARLAMENTS UND DES RATES vom 11. Dezember 2013 über die Regeln für die Beteiligung am Rahmenprogramm für Forschung und Innovation „Horizont 2020“ (2014–2020) sowie für die Verbreitung der Ergebnisse und zur Aufhebung der Verordnung (EG) Nr. 1906/2006, Europäische Kommission, abgerufen am 29.7.2016, online unter: http://ec.europa.eu/research/participants/data/ref/h2020/legal_basis/rules_participation/h2020-rules-participation_de.pdf; http://ec.europa.eu/research/participants/portal/desktop/en/funding/reference_docs.html#h2020-legal-basis-rfp

KOM (2013e): A guide to social innovation, February 2013, Europäische Kommission, Brüssel, abgerufen am 12.5.2014, online unter: http://ec.europa.eu/regionalpolicy/sources/docgener/presenta/socialinnovation/socialinnovation2013.pdf

KOM (2014): Bestandsaufnahme der Strategie Europa 2020 für intelligentes, nachhaltiges und integratives Wachstum, Mitteilung der Kommission an das Europäische Parlament, den Rat, den Europäischen Wirtschafts- und Sozialausschuss und den Ausschuss der Regionen, COM(2014) 130, vorläufige Fassung, Stand: 5.3.2014, finale Fassung, Europäische Kommission, Brüssel, abgerufen am 7.3.2016, online unter: http://ec.europa.eu/europe2020/pdf/europe2020stocktaking_de.pdf

KOM (2014a): ERASMUS+, Programme Guide, Valid as of 1 January 2014, Version 2: 27/02/2014, Europäische Kommission, Brüssel, abgerufen am 31.3.2014, online unter: http://ec.europa.eu/programmes/erasmus-plus/documents/erasmus-plus-programme-guide_en.pdf.

KOM (2014b): Haushaltsordnung für den Gesamthaushaltsplan der Union und Anwendungsbestimmungen, Synoptische Darstellung, Vervollständigt durch eine Auswahl von Rechtstexten von Bedeutung für den Haushalt, Europäische Kommission, März 2014, abgerufen am 8.5.2014, online unter: http://tinyurl.com/eu-haushalt

KOM (2014c): Die EU-Kohäsionspolitik 2014–2020, Konzentration der Investitionen auf Hauptwachstumsschwerpunkte, Europäische Kommission, abgerufen am 14.2014, online unter: http://ec.europa.eu/regional_policy/sources/docgener/informat/2014/ficheinnovation_de.pdf; http://ec.europa.eu/regional_policy/de/information/publications/brochures/2013/targeting-investments-on-key-growth-priorities-research-and-innovation

KOM (2014d): EU-Kohäsionspolitik in Deutschland, Europäische Kommission, abgerufen am 7.3.2016, online unter: http://www.bmwi.de/BMWi/Redaktion/PDF/F/fakten-zur-kohaesionspolitik-in-deutschland,property=pdf,bereich=bmwi2012,sprache=de,rwb=true.pdf

KOM (2014e): EU und EIB-Gruppe wollen gemeinsam bis zu 48 Mrd. EUR an FuI-Investitionen erreichen, Pressemitteilung der Europäischen Kommission, IP/14/670, 12. Juni 2014, Brüssel.

KOM (2014f): State aid: Commission adopts new rules facilitating support for research, development and innovation – main changes, Memo der Europäischen Kommission; abgerufen am 21.5.2014, online unter: http://europa.eu/rapid/press-release_MEMO-14-368_en.htm

KOM (2014g): Marie Curie researchers and their long-term career development: A comparative study, Europäische Kommission, abgerufen am 2.7.2014, online unter: http://ec.europa.eu/research/fp7/pdf/mca/marie_curie_researchers_and_their_long-term_career_development.pdf#view=fit&pagemode=none

KoWi (2011): EU-Potentialanalyse für Universitäten und Hochschulen, Kooperationsstelle EU der Wissenschaftsorganisationen, Bonn, Brüssel.

KoWi (2013): Die Beteiligungsregeln in Horizon 2020, Factsheet, Stand: Dezember 2013, abgerufen am 8.5.2014, online unter: http://www.kowi.de/Portaldata/2/Resources/horizon2020/KoWi-Factsheet-H2020-Beteiligungsregeln.pdf

KoWi (2014): European Innovation Partnerships (EIPs), Factsheets, Kooperationsstelle EU der Wissenschaftsorganisationen, Bonn.

Krumbein, Jonas (2014): Kreuzverhör am Morgen – Drittmitteleinwerbung, veröffentlicht/abgerufen am 22.5.2014, online unter: http://tinyurl.com/academics-krumbein

Krzywinski, Nora (2014): Universitätskultur als kritischer Faktor in strategischen Veränderungsprozessen, in: Scherm, 2014, S. 83–98.

Kuhrt, Nicola (2012): Nobelpreisträger warnen EU vor Sparmaßnahmen, Brandbrief, abgerufen am 16.11.2012, online unter: http://www.spiegel.de/wissenschaft/medizin/nobelpreistraeger-warnen-vor-kuerzung-des-eu-haushalts-a-867491.html

Lehmann, Anna (2013): Die Bürokratie, dein Feind und Helfer, in: duz MAGAZIN 08/2013, S. 9–11.

Lehmann, Hannes (2009): Moderne Universitätsverwaltung zum Nulltarif? Services und Finanzierungsmodell des European Project Center, in: Krahn, Britta/ Rietz, Christian/ Simoleit, Wilma (Hrsg.): Forschungsmanagement: Fördermittel einwerben und verwalten, Schriftenreihe „Hochschulen im Fokus“, Tagungsband der gleichnamigen Veranstaltung vom 22. und 23. April 2009, Bonn.

Leszczensky, Michael/ Barthelmes, Tanja (Hg.) (2011): Herausforderung Internationalisierung, Die Hochschulen auf dem Weg zum Europäischen Hochschulraum. Stand und Perspektiven, Dokumentation der 5. Jahrestagung der Gesellschaft für Hochschulforschung am 29.–30. April 2010 in Hannover, HIS: Forum Hochschule, 8/2011, Hannover.

Leszczensky, Michael/ Barthelmes, Tanja (2011a): Einleitung, in: Leszczensky, Barthelmes (Hg.), 2011, S. 1–9.

Lochte, Karin (2010): Aufbruch nach Europa? Grundlinien der Empfehlungen des Wissenschaftsrates, 20.9.2010, hrsg. v. Wissenschaftsrat, Berlin.

Locker-Grütjen, Oliver (2008): Leistungssteigerung durch Forschungsförderung, Strukturelle Hochschulentwicklung in Zeiten der Exzellenzinitiative, in: Wissenschaftsmanagement, Zeitschrift für Innovation, 3/08.

Maiworm, Friedhelm/ Over, Albert (2013): Studentische Mobilität und europäische Identität, hrsg. vom Deutschen Akademischen Austausch Dienst, Studie, Gesellschaft für Empirische Studien bR, Kassel.

Meister-Scheytt, Claudia/ Scheytt, Tobias (2006): Homo academicus mutandus, Zur Bestimmung des Ziels von Universitätsentwicklung, in: Welte, Auer, Meister-Scheytt, 2006, S. 115–136.

Michalowitz, Irina (2007): Lobbying in der EU, Reihe Europa kompakt, hrsg. von Pollak, Johannes, Wien.

Mischke, Johanna (2013): Europa 2020, Die Zukunftsstrategie der EU, Fakten und Trends zu Deutschland und den anderen EU-Mitgliedsstaaten, hrsg. vom Statistischen Bundesamt, Wiesbaden.

MIWF (2014): Bekanntmachung der Programmlinie „Anschubfinanzierung zur Beantragung von EU-Fördermitteln in den Geistes- und Gesellschaftswissenschaften", 2. NRW-Call 2014 im Rahmen des Förder-Programms „Geistes- und Gesellschaftswissenschaften in NRW", Ministerium für Innovation, Wissenschaft und Forschung des Landes Nordrhein-Westfalen, Düsseldorf, abgerufen am 15.7.2014, online unter: http://www.wissenschaft.nrw.de/forschung/foerderung/sonstige-foerderprogramme/foerderprogramm-fuer-geistes-und-gesellschaftswissenschaften-in-nrw/

Mlynek, Jürgen (2014): Gesellschaftliche Herausforderungen, Vortrag bei der Nationalen Auftaktveranstaltung Deutschland zu Horizont 2020, Bundesministerium für Bildung und Forschung, 27./28. Januar 2014, Berlin [eigene Konferenzmitschrift].

Müller-Böling, Detlef (2008): Standpunkte: „Informationsmanagement oder Datenfriedhöfe – das ist hier die Frage". Vortrag beim CHE Symposium Zählen, messen schätzen ... Fluch oder Segen für die Hochschulen? 19. und 20. Juni 2008, Berlin.

Müller-Böling, Detlef/ Fedrowitz, Jutta (Hg.) (1998): Leitungsstrukturen für autonome Hochschulen, Gütersloh.

Müller-Böling, Detlef/ Krasny, Erhard (1998): Strategische Planung an deutschen Universitäten – theoretisches Konstrukt und erste Ansätze einer Methodologie, in: Müller-Böling, Detlef/ Zechlin, Lothar/ Neuvians, Klaus/ Nickel, Sigrun/ Wismann, Peter (Hg.): Strategieentwicklung an Hochschulen. Konzepte – Prozesse – Akteure, Gütersloh, S. 13–47.

Müller-Böling, Detlef/ Küchler, Tilman (1998): Zwischen gesetzlicher Fixierung und gestalterischem Freiraum: Leitungsstrukturen für Hochschulen, in: Müller-Böling, Fedrowitz, 1998, S. 13–36.

Müller-Stewens, Günter (2014): Strategie, in: Gabler Wirtschaftslexikon, abgerufen am 18.7.2014, online unter: http://wirtschaftslexikon.gabler.de/Archiv/3172/strategie-v11.html

Müller-Steinhagen, Hans (2014): „Wer die Wahl hat, hat die Qual", Auswertung der ersten Open Topic Tenure Track-Ausschreibung an der TU Dresden, in: Forschung & Lehre, 6/2014, S. 458–459.

Münt, Gunnar (2014): Die Rolle der EIB in Horizont 2020, Vortrag beim 6. Workshop zur Förderung des Austausches zwischen den EU- und Innovationsberaterinnen und -beratern in NRW, 16. Januar 2014, Münster, unveröffentlichte, den Teilnehmern bereitgestellte Präsentation.

N.N. (2013): Ein Siegel soll die besten Forscher nach Europa holen, in: duz EUROPA, Nr. 01/2013, S. 3–4.

Nettelbeck, Joachim (2012): Forschen auf Wachstum heraus, in: Frankfurter Allgemeine Zeitung, 28.11.2012, S. N5f.

Odendahl, Kerstin (2012): Zeit für ein Umdenken, Die Europäisierung der Bildungssysteme, in: Forschung & Lehre, 11/12, S. 880–882.

Pellert, Ada (2010): Management in Expertenorganisationen, Der Abschied von traditionellen Leitungsvorstellungen, in: Becker, Graf, 2010, S. 40–49.

Piepenschneider, Melanie (2012): Vertragsgrundlagen und Entscheidungsverfahren, in: Heinemann et. al., 2012, S. 16–32.

Preuss, Roland (2014): Das Millionenprojekt, in: SZ, 5.5.2014.

Püttmann, Vitus (2013): Führung in Hochschulen aus der Perspektive von Hochschulleitungen, Eine explorative Untersuchung einer Befragung von Präsident(inn)en und Rektor(inn)en deutscher Hochschulen, CHE-Arbeitspapier Nr. 173, Gütersloh, abgerufen am 9.7.2014, online unter: http://www.che.de/downloads/CHE_AP173_Fuehrung_in_Hochschulen.pdf.

Raue, Bastian (2014): Rechtliche und finanzielle Regelungen in Horizont 2020, Vortrag beim Internen Erfahrungsaustausch der EU-Forschungsreferenten der NRW-Hochschule, EuroConsult, Bonn [unveröffentlichter Vortag anhand von Folien, die vom Referenten dem Verfasser bereitgestellt wurden].

Reischauer, Georg (2014): Wissen, Institution und soziale Netzwerke als Einflussfaktoren auf die Hochschulstrategie, Ein soziologischer Analyseansatz, in: Scherm, 2014, S. 63–82.

Reppel, Katja (2014): Guidance on Synergies between European Structural and Investment Funds, Horizon2020 and other innovation-related EU Funds, State of Play, unveröffentlichte, von der Autorin zur Verfügung gestellte Präsentation vom 31. März 2014, Brüssel.

Reppel, Katja (2014a): Synergien zwischen ESI Fonds, Horizont2020 und anderen innovationsrelevanten EU-Programmen, unveröffentlichte, von der Autorin zur Verfügung gestellte Präsentation, gehalten bei der Veranstaltung „Stärkung von Synergien zwischen EU-Programmen im Bereich Forschungs- und Innovationsförderung, Bundesministerium für Bildung und Forschung, für Wirtschaft und Energie und Europäische Kommission, 9. April 2014, Bonn.

Reul, Herbert (2014): Die Rolle von Horizont 2020 als Impulsgeber für die Europäische Innovationsunion – Perspektiven aus Sicht des Europäischen Parlamentes, Nationale Auftaktveranstaltung zu Horizont 2020 in Deutschland, Bundesministerium für Bildung und Forschung, 27./28. Januar 2014, Berlin [Konferenzmitschrift].

Reutter, Werner (Hg.)(2012): Verbände und Interessengruppen in der Europäischen Union, 2., aktualisierte und erweiterte Auflage, Wiesbaden.

Rey, Ingo (2014): Die Nationalen Kontaktstellen in Deutschland, Vortrag bei der Nationalen Auftaktveranstaltung Deutschland zu Horizont 2020, Bundesministerium für Bildung und Forschung, 27./28. Januar 2014, Berlin [eigene Konferenzmitschrift].

Ridder, Hans-Gerd (2006): Universitäten zwischen Eigensinn und strategischer Orientierung, in: Welte, Auer, Meister-Scheytt (Hg.), 2006, S. 101–114.

Rieke, Volker (2014): Vortrag bei der Nationalen Auftaktveranstaltung Deutschland zu Horizont 2020, Bundesministerium für Bildung und Forschung, 27./28. Januar 2014, Berlin [eigene Konferenzmitschrift].

Sachsen-Anhalt (2013): Internationalisierungs- und Europastrategie für Sachsen-Anhalt, Dresden.

Scherm, Ewald (Hg.) (2014): Management unternehmerischer Universitäten: Realität, Vision oder Utopie? München und Mering.

Scherm, Ewald (2014a): Management und Universität: (k)eine konfliktäre Beziehung, in: Scherm (Hg.), 2014, S. 1–34.

Scherm, Ewald/ de Schrevel, Marcel/ Müller, Ursula M. (2014): Strategisches Universitätsmanagement: Ergebnisse einer Befragung, in: Scherm (Hg.), 2014, S. 99–118.

Schmidt, Siegmar/ Schünemann, Wolf J. (2013): Europäische Union, Eine Einführung, 2. Auflage, Baden-Baden.

Schneijderberg, Christian/ Teichler, Ulrich (2012): Wissens- und Technologietransfer oder Goldfisch im Kugelglas, in: Kehm, Schomburg, Teichler (Hg.), 2012, S. 263–280.

Schott, Eric/ Campana, Christiophe (Hg.) (2005): Strategisches Projektmanagement. Berlin, Heidelberg, New York.

Schott, Eric/ Wick, Marco (2005): Change Management. In: Schott, Campana (Hg.), 2005, S. 195–221.

Schreiterer, Ulrich/ Witte, Johanna (2001): Modelle und Szenarien für den Export deutscher Studienangebote ins Ausland, Eine international vergleichende Studie im Auftrag des DAAD, Herausgeber: CHE Centrum für Hochschulentwicklung, DAAD Deutscher Akademischer Austauschdienst, Gütersloh, Februar 2001, abgerufen am 29.7.2016, online unter: http://www.che.de/down loads/DAADReport.pdf

Schröder, Thomas/ Sehl, Ilka (2011): Herausforderung Internationalisierung, in: Leszczensky, Barthelmes (Hg.), 2011, S. 89–104.

Schulze, Svenja (2013): Begrüßungsrede, Auftaktveranstaltung des Landes Nordrhein-Westfalen zum neuen Rahmenprogramm der Europäischen Union für Forschung und Innovation Horizont 2020, 30. September 2013, Rheinterasse, Düsseldorf.

Schütte, Georg (2014): Vortrag bei der Nationalen Auftaktveranstaltung Deutschland zu Horizont 2020, Bundesministerium für Bildung und Forschung, 27./28. Januar 2014, Berlin [eigene Konferenzmitschrift].

Stamm, Julia (2014): Europas Forschungsförderung und -politik, Auf dem Weg zu neuen Horizonten? Wissenschaftspolitik im Dialog, Eine Schriftenreihe der Berlin-Brandenburgischen Akademie der Wissenschaften, Berlin, Potsdam.

Stramann, Elke (2005): Mitarbeiterbeteiligung im Rahmen eines Organisationsentwicklungsprozesses. Von der Autorin zugeschickte Fassung ihrer Masterarbeit im Fachbereich Kultur- und Sozialwissenschaften der Fern-Universität Hagen, Hannover. Stand des Dokuments: 20.10.2005.

Stratmann, Friedrich (2014): Hochschulverwaltung – ein blinder Fleck in den Diskursen über Hochschulmanagement und Hochschulen als Organisation, in: Scherm (Hg.), 2014, S. 157–174.

Thiele, Ulrike (2013): ERC-Stipendien, Warum die deutschen Wissenschaftler keinen Spitzenplatz belegen, in: duz EUROPA, Nr. 02/2013, S. 6f.

Thieme, Christian (2013): Internationalisierung heißt Fokussierung, in: wissenschaftsmanagement special, 2/2013, S. 36.

Ubachs, Renate (2014): Der Bundesarbeitskreis der EU-Referenten (BAK), Vortrag bei der Nationalem Auftaktveranstaltung Deutschland zu Horizont 2020, Bundesministerium für Bildung und Forschung, 27./28. Januar 2014, Berlin [eigene Konferenzmitschrift].

Universität Gießen (2006): Zukunft durch Internationalisierung, Ein Konzept für die Justus-Liebig-Universität Gießen, beschlossen vom Präsidium der Universität am 6. März 2006, abgerufen am 29.7.2016, online unter: http://fss.plone.uni-giessen.de/fss/internationales/intstrat/strategie/file/Internationalisierungspapier.pdf

Universität Duisburg-Essen (2014): Unser Service für Ihre Forschung, Flyer, abgerufen am 29.7.2016, online unter: https://www.uni-due.de/imperia/md/content/ssc/ges/ssc_flyer_rz_online_72dpi_rgb.pdf

Universität Göttingen (2014): Zentrales administratives Projektmanagement in EU-geförderten Projekten, Projektmanagement für EU-geförderte Projekte – Central Administrative Projectmanagement (CAP), abgerufen am 7.7.2014, online unter: http://www.uni-goettingen.de/de/projektmanagement/479181.html

Universität Salzburg (2009): Commitment of the University of Salzburg to the European Charta for Researcher and the Code of Conduct for the Recruitment of Researchers, 17. September 2009, abgerufen am 29.7.2016, online unter: https://www.sbg.ac.at/aff/download/ecfr/PLUS_Commitment_2009_lowres.pdf

Verschragen, Jeroen (2010): Forschen ohne Grenzen, Von den „Auslandsbeziehungen" zur „Internationalisierungsstrategie", in: Becker, Graf (Hg.), 2010, S. 150–159.

Vertrag über die Arbeitsweise der Europäischen Union, konsolidierte Fassung gem. Amtsblatt der Europäischen Union, C 326, 55. Jahrgang, 26. Oktober 2012.

Vertrag über die Europäische Union, konsolidierte Fassung gem. Amtsblatt der Europäischen Union, C 326, 55. Jahrgang, 26. Oktober 2012.

Wanka, Johanna (2014): Forschung und Innovation als Basis für Wachstum, Qualifikation und Beschäftigung in Europa – Erwartungen an Horizont 2020, Nationale Auftaktveranstaltung zu Horizont 2020 in Deutschland, Bundesministerium für Bildung und Forschung, 27./28. Januar 2014, Berlin [Konferenzmitschrift].

Weidenfeld, Werner (2013): Die Europäische Union, 3., aktualisierte Auflage, unter Mitarbeit von Edmund Ratka, München, Paderborn.

Weiss, Marlene (2012): Wie lange sind Europas Marie-Curie-Stipendien noch ein Aushängeschild, in: duz EUROPA, Nr. 06/2012, S. 4f.

Welte, Heike/ Auer, Manfred/ Meister-Scheytt, Claudia (Hg.)(2006): Management von Universitäten, Zwischen Tradition und (Post-)Moderne, München und Mering.

Wissema, J.G. (2010): Threat or Opportunity? in: Becker, Graf (Hg.), 2010, S. 206–213.

Wissenschaftliche Kommission Niedersachsen (2003): Internationalisierung von Forschung und Lehre an den niedersächsischen Hochschulen, Empfehlungen der Wissenschaftlichen Kommission Niedersachsens, Oktober 2002, 2. Auflage, Hannover.

Wollersheim, Jutta/ Welpe, Isabell M./ Zanner, Markus (2010): Interdisziplinarität als Wissenschaftsstrategie, Integriertes Management fördert die wissenschaftliche Exzellenz, in: Becker, Graf (Hg.), 2010, S. 138–149.

WR (2010): Empfehlungen zur Differenzierung der Hochschulen, Wissenschaftsrat, Drs. 10387-10, 12.11.2010, Lübeck.

WR (2010a): Empfehlungen zur deutschen Wissenschaftspolitik im Europäischen Forschungsraum, Wissenschaftsrat, Köln.

Zandonella, Bruno (2007): pocket europa, EU-Begriffe und Länderdaten, Bundeszentrale für Politische Bildung, Braunschweig.

Zimmermann, Jürgen/ Stark, Christoph/ Rieck, Julia (2006): Projektplanung. Modelle, Methoden, Management. Berlin, Heidelberg, New York.